A INCLUSÃO
MENOR
E O PARADIGMA DA
DISTORÇÃO

Dados Internacionais de Catalogação na Publicação (CIP)
(Câmara Brasileira do Livro, SP, Brasil)

> Orrú, Sílvia Ester
> A Inclusão Menor e o Paradigma da Distorção / Sílvia Ester Orrú. – Petrópolis, RJ : Vozes, 2020.
>
> Bibliografia.
> ISBN 978-85-326-6438-9
>
> 1. Diferença (Filosofia) 2. Educação – Aspectos sociais 3. Educação inclusiva 4. Inclusão escolar 5. Paradigmas 6. Pedagogia I. Título.

20-32503   CDD-371.9

Índices para catálogo sistemático:
1. Educação inclusiva : História, memória e práticas
   371.9

Maria Alice Ferreira – Bibliotecária – CRB-8/7964

SÍLVIA ESTER ORRÚ

A INCLUSÃO MENOR
E O PARADIGMA DA DISTORÇÃO

EDITORA VOZES

Petrópolis

© 2020, Editora Vozes Ltda.
Rua Frei Luís, 100
25689-900 Petrópolis, RJ
www.vozes.com.br
Brasil

Todos os direitos reservados. Nenhuma parte desta obra poderá ser reproduzida ou transmitida por qualquer forma e/ou quaisquer meios (eletrônico ou mecânico, incluindo fotocópia e gravação) ou arquivada em qualquer sistema ou banco de dados sem permissão escrita da editora.

CONSELHO EDITORIAL

Diretor
Gilberto Gonçalves Garcia

Editores
Aline dos Santos Carneiro
Edrian Josué Pasini
Marilac Loraine Oleniki
Welder Lancieri Marchini

Conselheiros
Francisco Morás
Ludovico Garmus
Teobaldo Heidemann
Volney J. Berkenbrock

Secretário executivo
João Batista Kreuch

Editoração: Fernando Sergio Olivetti da Rocha
Diagramação: Sheilandre Desenv. Gráfico
Revisão gráfica: Nilton Braz da Rocha / Nivaldo S. Menezes
Capa: Rafael Nicolaevsky

ISBN 978-85-326-6438-9

Editado conforme o novo acordo ortográfico.

Este livro foi composto e impresso pela Editora Vozes Ltda.

Aos excluídos e sofredores, oprimidos pela vontade de poder e ganância de muitos, tanto quanto pela omissão de centenas de outros.

Aos amorosos resistentes que fazem do amor ao próximo potência de vida e de luta na coletividade. Às Vozes!

Aos que virão depois de nós para que não se esqueçam que recordar é voltar a passar pelo coração as lágrimas, o suor, as lutas, o sangue e as conquistas de nossos antepassados pelas liberdades e direitos sociais.

Aos meus pais, Gervásio (in memoriam) *e Marlene Orrú,*
meus primeiros professores.

Ao Ricardo Leyva, meu companheiro de caminhada com quem divido amores e esperanças, lutas e lágrimas, silêncios e conversações.

Ao meu filho, Jean, a quem amo mais que minha própria vida: resista ao ódio!

Los derechos se toman, no se piden; se arrancan, no se mendigan.
José Martí

Sílvia Ester Orrú
Verão/2019

*Na realidade, todo leitor é, quando lê, o leitor de
si mesmo. A obra não passa de uma espécie
de instrumento óptico oferecido ao leitor a fim de
lhe ser possível discernir o que, sem ela, não teria
certamente visto em si mesmo.*
O tempo redescoberto. Marcel Proust.

*A literatura é um agenciamento, ela nada tem
a ver com ideologia, e, de resto, não existe
nem nunca existiu ideologia.*
Mil *platôs*. Deleuze e Guattari.

Sumário

Prefácio, 9
  Leonardo Boff

Palavras primeiras, 11

Imagem, reflexos e distorções, 15

  Recortes da gênese do conceito de imagem e seus sentidos produzidos, 15

  Imagem, reflexos e outras imagens, 31

  Diferentes forças produzem (in)verdades divergentes, 41

  Ganância e poder: forças propulsoras do paradigma da distorção, 66

  O paradigma da distorção e os conceitos de diferença e humanidade, 102

Inclusão e diferença: sentidos da humanidade, 111

  O amor como fonte da socialização humana, 111

  Inclusão e diferença, 120

  A arte da conversação transcende o paradigma da distorção, 133

Ouço vozes, 137

  Mulheres da resistência: memórias sobre a violência contra a mulher durante a ditadura militar no Brasil, 140

  Povos indígenas: resistência e protagonismo contra o racismo, 150

  Movimento Quilombola: resistência e luta pelo respeito às diferenças, 163

  Mulher negra: feminismo e empoderamento, 169

  Direito de ser mulher: a luta contra a mutilação genital feminina e a cultura patriarcal, 181

  Direitos das mulheres: resistência e enfrentamento contra a violência obstétrica, 186

  Ser professor: a utopia está no horizonte, 199

  Profissão professora: resistência e luta por uma educação libertadora, 207

  Suicídio: o grito silenciado das dores de uma sociedade adoecida, 218

  Ser migrante: dor que dói profundamente, 222

  Política, diferença e movimento social, 224

A condição revolucionária da Inclusão Menor, 237

Infinitudes..., 243

Referências, 245

Prefácio

Esta obra – *A Inclusão Menor e o Paradigma da Distorção* – aborda uma temática atual com acurado cuidado e, ao mesmo tempo, com paixão e com-paixão.

O grande desafio de todas as sociedades complexas é como realizar a inclusão de todos, não obstante as muitas diferenças existentes, e criar uma coesão social que confira rosto humano à convivência social.

A autora, pela categoria *Inclusão Menor*, aborda as formas não convencionais, alternativas de inclusão, feitas não a partir da lei ou das reivindicações, mas por convicções, assegurando as diferenças e evitando as possíveis distorções, ameaças sempre presentes nas práticas concretas dos atores sociais.

Dedica largo espaço ao aprofundamento do paradigma Imagem e de suas possíveis Distorções. Faz um percurso histórico-filosófico da Imagem através dos séculos, dando especial relevância aos autores franceses contemporâneos (Deleuze, Guattari e outros) que se detiveram sobre essa temática.

Tudo, na verdade, começa pela imagem. Já os clássicos afirmavam que nada existe no intelecto que antes não tenha passado pela imagem. Efetivamente, somos perpassados por um universo de imagens, especialmente quando no mundo moderno se criaram os meios mais sofisticados de criação de imagens com sua força intrínseca e ainda as imagens falantes.

Fazemos uma imagem de nós mesmos, dos outros, da sociedade, do mundo e de Deus. Não há como superar essa via. O conceito e sua arquitetônica constituída pelas ciências é uma espécie de destilado das imagens, mas que guardam sempre sua vigência, mesmo quando se trata de assuntos mais abstratos como os da física quântica e das partículas elementares, como já afirmavam Albert Einstein e Werner Heisenberg mais recentemente com a nanotecnologia.

A imagem é sempre colorida, carregada de emoções e de lembranças, como enfatizava Henri Bergson. O conceito, mesmo como um instrumento indispensável de conhecimento, é frio e abstrato.

Na verdade, o que mais persistência possui em nós não são tanto os conceitos, mas as imagens que nós fazemos das coisas ou que restaram de nosso percurso pelas muitas experiências no mundo junto com outros e com o inteiro entorno.

A imagem, entretanto, remete sempre a algo que vai além dela, à própria realidade que, em último termo, é o terra-terra, o concreto concretíssimo que nos envolve, nos resiste e sempre permanece com um desafio por mais que nos enfronhemos nela. O que ela, a realidade, é, no fundo, nos escapa, permanece um desconhecido sempre conhecido, e por isso, produtor de novas imagens.

Mas quando a imagem entra no circuito do poder e da ganância, ela se articula pelo Paradigma da Distorção. Cria outro tipo de imagens que distorcionam a realidade ou fazem crer em outra realidade imaginada. Até a própria humanidade pode ser afetada. As diferenças são reduzidas a desigualdades, o que consuma a Distorção mais grave.

São muito pertinentes as reflexões sobre a diferença e as várias formas de construir a humanidade. Elas são importantes para fazer frente, no mundo de tantos diferentes, à decadência na desigualdade que exclui e distorciona as relações em todas as direções. Mas a conversação e o diálogo aberto, como vem proposto por Paulo Freire, comparecem como o caminho mais eficaz para enfrentar a Distorção.

São profundas e também belas as reflexões sobre o amor, fundador de humanidade e o grande agente civilizador. Aqui é ajudada pelas contribuições do biólogo chileno Maturana, que nos mostrou as bases biológico-cósmicas do amor.

A parte final – Ouço vozes – se apresenta, no conjunto do livro, como a parte mais impactante e até aterrorizante, mas sempre muito ilustrativa. Ela deixa as vítimas das distorções, violências e torturas falarem, a começar pelas mulheres violadas e desumanizadas pela repressão da Ditadura Militar: os indígenas, os quilombolas, os negros e negras, e outras tantas vozes.

Não obstante aos horrores e as distorções, a autora nos transmite uma aura de esperança e de profunda crença na bondade fundamental do ser humano – Infinitudes –, que é um projeto infinito, sempre a impulsioná-lo a ascender e a alcançar níveis mais elevados de humanidade, de solidariedade e de real humanidade.

Com essa investigação, a autora, Sílvia Ester Orrú, oferece-nos uma cuidadosa colaboração aos problemas atuais, quando todos os humanos, com suas diferenças e identidades, encontram-se na única Casa Comum e, juntos, devem construir um outro modo de habitar nela, de produzir, de compartir, de consumir e de cuidar de tudo o que existe e vive.

Leonardo Boff
Petrópolis, Páscoa de 2019.

Palavras primeiras

As muitas palavras fendiam a alma.
Degustava com cuidado as reservadas para cevar a escrita.
Fel com doçura:
Liberdades de ser.

Em nossa cultura contemporânea, a imagem se faz presente em tudo e em todos. Ela se atualiza o tempo todo, de modo que nós, humanos, encontramo-nos reféns e, ao mesmo tempo, produtores de imagens e outras imagens. As imagens sempre estão acompanhadas de discursos, e seus enunciadores, com solércia, conduzem o pensamento para um determinado embarcadouro. As imagens com suas mensagens, subliminares ou notórias, atropelam e, frequentemente, ferem a existência humana. Existência, não pelo entendimento do espírito simplista que reduz o termo ao fato de existir, de estar vivo, mas no sentido de existir na essência, na qualidade de ser singular, no modo de ser e existir no mundo e com o mundo.

Queremos discutir o impacto das imagens no sentido de ferir a existência do outro (de outros) em suas múltiplas identidades, suas origens, sua diversidade e, principalmente, em sua diferença. No contexto de causar feridas tão profundas no seu âmago de forma que tenha dilacerado o seu desejo de viver. Esta laceração da alma não se dá porque uma única pessoa ofendeu aquele alguém, mas sim porque um ajuntamento de pessoas, sugestionado pelo discurso de alguém que lhe seja referência, ultrapassou o limite do respeito à dignidade humana de forma contínua e barbaramente cruel. Esse ato deliberado de minar a resistência toma como recurso primeiro a construção/desconstrução de identidades por meio de imagens e seus muitos significados e sentidos produzidos.

Nosso propósito é discorrer sobre a utilização das imagens para um ferir a existência pela aniquilação e pleno subjugo de pessoas que têm atributos, singularidades, contextos de desvantagens sociais em comum. À medida que um ou alguns desses sujeitos desistem de existir, outros pares são enfraquecidos e incentivados a abdicarem de suas formas de ser, de estar e de se colocar no mundo. É um ataque provocativo e estratégico, principalmente, para ferir a existência da própria consciência como Ser que faz parte de um grupo social, da mesma maneira que objetiva ulcerar a existência da essência e do mover do Ser grupo social, pois, apagando sua chama de vida e de movimento, apagam-se os ícones de luta e empoderamento, produzindo o enfraquecimento e o esquecimento das memórias coletivas, nutrindo, desta forma, o controle social sistêmico.

A história de um grupo que se movimenta em luta social pelo acesso e defesa de direitos sociais e contra a opressão dos menos favorecidos e das minorias[1] que se encontram em contextos de maior vulnerabilidade não pode e não deve cair no esquecimento das gerações. Os acontecimentos e movimentos precisam se manter vivos na memória, não apenas daqueles que vivenciaram a realidade factual, mas também viver na memória de seus descendentes, dos porvindouros e herdeiros de consequências, medos, desafios, lutas e conquistas sólidas gestadas na peleja, no enfrentamento e na resistência permanente aos opressores. Não permitir o esquecimento dos acontecimentos históricos que fomentaram barbáries contra seres humanos em desvantagem social, seja pelo motivo que for, é resistir e se manter conscientemente firme para que a incivilidade e a bestialidade da violência social nunca mais venham a se repetir.

Por isso, construir arquivos de dados históricos, produzir documentários, registrar a história oral e narrativas, celebrar e recordar datas e marcos, conversar com os mais jovens, são ações indispensáveis à preservação da memória. "Graças à memória, o tempo não está perdido, e se não está perdido, também o espaço não está" (POULET, 1992, p. 54). Não obstante, "toda consciência do passado está fundada na memória. Através das lembranças recuperamos a consciência dos acontecimentos anteriores, distinguimos ontem de hoje, e confirmamos que já vivemos um passado" (LOWENTHAL, 1981, p. 75). A memória é atalaia do tempo e do recordar de acontecimentos e movimentos, bem como do velar e zelar pela liberdade que a todo tempo é passível de nos ser sequestrada. Do latim, *recordare* significa, fazer passar novamente pelo coração, este órgão que no passado dizia-se ser a sede da memória.

---

1. O sentido aqui tomado de minorias não tem a ver com quantificação populacional e também não se relaciona com a ideia de minoria nacional presente no interior de um Estado. Da mesma forma, não se restringe ao entendimento classificatório de pessoas que se encaixam no grupo de mulheres, negros, deficientes, imigrantes etc. O sentido tomado de minorias se dirige às pessoas em contextos e situações de desvantagem social. Conforme discutido por Mendes Chaves, minorias significa "um grupo de pessoas que de algum modo e em algum setor das relações sociais se encontra numa situação de dependência ou desvantagem em relação a um outro grupo, "maioritário", ambos integrando uma sociedade mais ampla. As minorias recebem quase sempre um tratamento discriminatório por parte da maioria" (MENDES CHAVES, 1970, p. 149).

Permanecer existindo em tempos sombrios, por si só, já implica ser resistência ao que nos fere. Resistir recordando, fazendo passar de novo pelo coração, as lutas, os suores, as lágrimas e as cicatrizes dos que vieram antes de nós. Resistir recordando aqueles que seguem conosco em busca da paz e da liberdade de Ser como direitos fundamentais da existência humana. Resistir recordando aqueles que virão depois de nós e que nos responsabilizarão pelos fatos e atos do tempo presente que se desdobrarão nos pósteros modos de vida de toda uma geração. Resistir questionando as (in)verdades que nos vendem na forma de sonhos, medos e pesadelos, que nos impõem domesticalização e controle, que nos aludem expressões por meio de imagens belas e despretenciosas, brutais e desertoras.

> Fazem sonhar, embriagam os povos, engendram neles falsas lembranças, exageram seus reflexos, conservam suas velhas feridas, atormentam-nos no seu repouso, conduzem nos ao delírio de grandezas ou ao da perseguição, tornam as nações amargas, soberbas, vãs, insuportáveis (VALÉRY, 1960, p. 935).

E trazendo à memória Maturana, "nós seres humanos somos filhos do amor" (2001, p. 25). Não há como ser resistência a não ser pela insistência de amar sem romance, intensamente, o direito à vida e à liberdade de Ser e existir de todos, sem distinção, em um mundo de espessas forças de vontade de oprimir, dominar e escravizar. Não há como ser resistência a não ser promovendo uma educação libertadora para a cidadania e na concepção da diferença como valor humano. Não há como ser resistência a não ser resistindo pelo amor, o processo de naturalização da des-humanização em que nossa sociedade se encontra, tão enferma, tão triste, tão pobre, tão nua. Esse amor que processa o egoísmo em humanitarismo, no sentido pleno de Humanidade, que se conecta à consolidação do entendimento da diferença como valor humano e do respeito às diferenças nos modos de pensar, existir e estar no mundo, com o mundo e com os outros.

Munidos dessa vontade de potência em amar, acolher e incluir o próximo que está distante de mim, a partir do desejo e ação profunda de que ele, seja quem for, seja e esteja pleno de dignidade, é que se é possível vencer o veneno das imagens proliferadas para manipulação e controle social e compreender a dinâmica de quem se alimenta do paradigma da distorção.

Imagem, reflexos e distorções

Recortes da gênese do conceito de imagem e seus sentidos produzidos

> *Isto a história não cessa de nos ensinar – o discurso não é simplesmente aquilo que traduz as lutas ou os sistemas de dominação, mas aquilo por que, pelo que se luta, o poder do qual nos queremos apoderar.*
> Michel Foucault, 1996, p. 10.

As próximas linhas não têm o intuito de uma abordagem histórico-filosófica profunda e sistematizada sobre a imagem e seu conceito. Porém, uma breve visita para a compreensão do conceito, do sentido e significado da imagem. Sua relevância na construção do pensamento humano e a maneira como ela se faz presente nas relações sociais e em nossas percepções e re[2]-significações sobre o outro e sobre as coisas ao longo da história.

Imagem (*imago*, no latim = máscara) é comumente compreendida como a representação visual de uma pessoa ou coisa. Segundo a tradição ocidental, *imago* relaciona a origem da máscara à morte.

Desde os primórdios da humanidade, o ser humano fez uso da imagem (desenho) para se comunicar, expressar-se e registrar sua história. Pela imagem o ser humano comungou suas experiências, suas vivências, seus conhecimentos, seus sentimentos com outras pessoas, de modo que pudéssemos, inclusive, conhecer como se desenvolveram as civilizações anteriores a nós. A imagem foi uma das

---

2. O prefixo RE- tem um significado próprio e quer dizer "de novo". Marca a repetição e o eterno renovo para o presente.

veredas para a gênese da linguagem escrita. Segundo Debray (1993), "a imagem foi nosso primeiro meio de transmissão, a razão gráfica, mãe das ciências e das leis, surgiu lentamente de uma razão icônica". Os desdobramentos da imagem se mesclam com a história da arte e acontecem na história e pela cultura da humanidade, em seus muitos povos, e expressam valores de uma determinada época de modo que a imagem, ao mesmo tempo, sofre influência e influencia nos contextos históricos, sociais, políticos, culturais, econômicos e educacionais. E, não apenas isto, a imagem é potente recurso de alcance social e político. Por meio da imagem são produzidos significados, re-significações e novos significados.

Na Grécia se iniciou a descrição sobre como se dava o funcionamento da imagem por meio do conceito de imitação, *mimesis* (*imitatio*, em latim) que determina o ato de imitar, copiar, reproduzir ou representar a partir de analogias de semelhança no contexto do mundo ideal ou natural. Para a filosofia de Aristóteles, esse é o fundamento da arte. E o fomento visual é a via de acesso para o cérebro gerar as complexas sensações. Logo, o cérebro é que é o agente enquanto o olho é o meio de passagem. Segundo Meyer,

> Para Aristóteles, o olho recebe um estímulo visual, mas é o cérebro que produz a sensação. Os neurofisiologistas determinaram as leis da transdução das imagens na retina: a complexidade existe já nessa primeira etapa periférica, que não pode ser comparada a uma emulsão fotográfica submetida ao choque de fótons. Mas já Aristóteles compreendera as posições respectivas dos processos de captura luminosa e de integração da imagem (MEYER, 1997, p. 38).

Para Platão, as boas imagens se consagram à imitação no plano das ideias e não no plano natural. Em sua definição: "chamo imagens em primeiro lugar às sombras, em seguida aos reflexos que vemos nas águas ou à superfície dos corpos opacos, polidos e brilhantes e todas as representações deste gênero" (PLATÃO, 2000, p. 25). A imagem pode ser compreendida, nesse sentido, como um instrumento conforme sua correspondência a uma coisa qualquer que ela representa. A imagem, portanto, espelha.

Indubitavelmente, por isso, a imagem foi tratada convenientemente no quadro de uma metafísica (do grego "*meta*" = "depois de", "além de tudo"; e "*physis*" = "natureza" ou "física"), cujos sistemas abordam as questões centrais da filosofia teórica, numa tentativa de descrever seus fundamentos, condições, leis, estruturas, causas ou princípios, além do sentido e o fim determinado da realidade em sua amplitude ou dos seres em sua totalidade. Para os gregos a imagem se movimentou no sentido de representar o lado perceptível de uma determinada realidade que não se vê, que está oculta. É a representação perceptível de uma ideia. Nesse sentido é que o termo grego *Eikon* nomeia a imagem em sua conexão com as ideias, as formas, os arquétipos cujo caráter distintivo se encontra na categoria do que é invisível. Portanto, são as imagens que transformam o mundo das ideias (invisível) em um mundo visível e contemplável, pois tomam parte de sua essência, de sua natureza (FLORES, 2012).

Mas para Bergson, filósofo francês, imagem é produto da percepção que sentimos: "eis-me, portanto, em presença de imagens, no sentido mais vago em que se possa tomar essa palavra, **imagens percebidas quando abro** meus sentidos, **despercebidas quando os fecho**" (BERGSON, 1999, p. 11 – grifo nosso).

E esta percepção é, tão somente, um recorte da realidade, da matéria que existe, da matéria que é movimento ou imagem. A percepção do sujeito é sempre circunscrita à matéria. A percepção produz uma impressão ilusória que os objetos do mundo estão fixados, bem-estabelecidos e com forma definida.

> A matéria, para nós, é um conjunto de "imagens". E por "imagem" entendemos uma certa existência que é mais do que aquilo que o idealista chama uma representação, porém menos do que aquilo que o realista chama uma coisa – uma existência situada a meio-caminho entre a "coisa" e a "representação" (BERGSON, 1999, p. 1-2).

E nós sentimos a partir da nossa experiência com o mundo. De modo que pelas imagens nós arrebatamos os acontecimentos que forjam a maneira pela qual nos relacionaremos com o mundo, com a sociedade e com os próprios objetos. Não obstante, essas experiências, sensações e percepções também vivem e são acessadas pela memória, de maneira que imagem também é memória. Nas palavras de Bergson,

> Na verdade, **não há percepção que não esteja impregnada de lembranças**. Aos dados imediatos e presentes de nossos sentidos misturamos milhares de detalhes de nossa experiência passada. Na maioria das vezes, **estas lembranças deslocam nossas percepções reais**, das quais não retemos então mais que algumas indicações, simples "signos" destinados a nos trazerem à memória antigas imagens. A comodidade e a rapidez da percepção têm esse preço; mas daí **nascem também ilusões** de toda espécie (p. 30). Nossas percepções estão certamente impregnadas de lembranças, e inversamente uma lembrança, [...] não se faz presente a não ser tomando emprestado o corpo de alguma percepção onde se insere (p. 70). Por ela [*imagem-lembrança*] se tornaria possível o reconhecimento inteligente, ou melhor, intelectual, de uma percepção já experimentada; nela nos refugiaríamos todas as vezes que remontamos, para buscar aí uma certa imagem, a encosta de

nossa vida passada (p. 88, acréscimo textual nosso) (BERGSON, 1999, p. 30-88 – grifo nosso).

Na perspectiva de Henri Bergson, o movimento atua no estabelecimento da relação entre imagens, corpo e espírito. Pelo movimento das imagens se sofre a afeção, e por meio deste mesmo movimento o sujeito apercebe e volta a dar movimento aos objetos. Para Deleuze,

> A afeção é aquilo que ocupa o intervalo, aquilo que o ocupa sem o encher ou o tapar. **Ele surge no centro da indeterminação, isto é, no sujeito, entre uma percepção sob certos aspectos perturbante e uma ação hesitante.** Ela é uma coincidência do sujeito e do objeto, ou a maneira como o sujeito se percepciona a si mesmo, ou antes, faz a experiência de si ou se sente "de dentro" (terceiro aspecto material da subjetividade). Ela refere o movimento a uma "qualidade" como estado vivido (adjetivo) (DELEUZE, 2009, p. 106 – grifo nosso).

A relação entre os conceitos de imagem e movimento é tão grandiosa e complexa que se torna difícil fazer a discriminação onde se cruzam e se separam. Nesse sentido, embora existam críticas ao autor acerca de sua imprecisão conceitual, ou como alguns dizem, de sua confusão, Deleuze esclarece que:

> Não há dualidade entre a imagem e o movimento, como se a imagem estivesse na consciência e o movimento nas coisas. O que há? **Somente é em si mesma que a imagem é movimento e em si mesmo que o movimento é imagem.** A verdadeira unidade da experiência é a imagem-movimento. Nesse nível, há apenas imagem-movimento. Um universo de imagens-movimento. As imagens-movimento são o universo (DELEUZE, 1981, p. 1 – grifo nosso)[3].

E Deleuze esclarece o significado de imagem para Bergson, evidenciando que a imagem não é sustentáculo da ação e nem da reação. A imagem é, em si própria, bem como em cada uma de suas partes, tanto a ação como a reação. A imagem é movimento.

> Por que essa palavra "imagem"? É muito simples [...] A imagem é o que aparece. Denomina-se imagem aquilo que aparece. A filosofia sempre tem dito "o que aparece é o fenômeno". O fenômeno, a imagem é o que aparece. Bergson nos diz, então, que o que aparece está em movimento (DELEUZE, 1981, p. 2).

---

3. Cf. DELEUZE, G., 1981. Tradução do original francês.

É sob esta perspectiva que nos alinhamos, na imagem como movimento e não restrita à ordem das representações. Para nós, o plano consciente da criação, reprodução e utilitarismo da imagem é ordenado e ordena movimento. Esse movimento recursivo é potente estratégia daqueles que se encontram em bases altas para controle social e econômico. Contudo, também é importante dispositivo para movimentos sociais plugarem conexões sociais e se fortalecerem na luta e manutenção de direitos sociais. Segundo Foucault, entende-se por dispositivo,

> Um conjunto decididamente heterogêneo que engloba discursos, instituições, organizações arquitetônicas, decisões regulamentares, leis, medidas administrativas, enunciados científicos, proposições filosóficas, morais, filantrópicas. Em suma, **o dito e o não dito são os elementos do dispositivo. O dispositivo é a rede** que se pode estabelecer entre esses elementos (1993, p. 138 – grifo nosso).

Assim, entendemos que a criação, reprodução e utilização da imagem é percepção e concepção para além da intenção das representações sociais. Deve ser ato de consciência sobre Ser e estar no mundo, com o mundo e com os outros em permanente metamorfose social para o bem comum. Demanda espírito questionador sobre o que move a criação, reprodução e utilitarismo de uma imagem, sobre os discursos (pronunciados ou calados) que ela revela e sobre quem está por detrás dos discursos enunciados, materializados pela imagem, que objetivos eles têm. Transpor o entendimento das imagens para além da representação social é buscar o entendimento sobre como uma imagem se movimenta nos espaços sociais e aquilo que ela repercutirá.

Entretanto, na história da humanidade, quando o desconhecido assombrava, e o ser humano se colocava à procura por certas respostas, muitas das explicações eram atribuídas ao sobrenatural. Neste contexto foram e ainda são constituídos os símbolos ou ícones religiosos como uma representação da crença naquilo que é superior ao ser humano. Esse fenômeno se incorpora nas tradições e se constitui como parte da cultura religiosa dos povos, de modo a representar aquilo que creem. Nesse sentido, segundo Flores,

> A tradição judaico-cristã veio prolongar e intensificar esta economia metafísica da imagem pela sua necessidade de conservar o sagrado no domínio do invisível, reservando a sua cultura dos ícones o privilégio de tornarem visíveis os rostos e as refulgências do sagrado sem que a mão humana ali tivesse intervido (*acheropoietos*). Mas estas tradições também temeram desde cedo que este quadro metafísico não retivesse todas as imagens e a sua compulsão *mimética*. No fundo, tratou-se do reconhecimento

de um determinado poder das imagens, designadamente destas se poderem furtar a uma relação com as ideias e de se instituírem através de relações com as coisas, instaurando presenças sem modelo no "mundo das puras essências imutáveis" (Platão) ou, posteriormente, no mundo figural reconhecido e autorizado pelos dogmas da Igreja. O simulacro (*eidolon*), essa imagem que cria a ilusão de poder criar a própria realidade, e que Platão afirma contentar os sofistas, os poetas e os pintores, tem o seu equivalente na tradição judaico-cristã no conceito de "ídolo" (a representação de uma divindade, susceptível de receber um culto por se confundir com ela). A mesma indisposição para com estas imagens vem repetir-se, agora no plano religioso: apela-se para que não se fabriquem ídolos, ou seja, outros deuses ou "falsas transcendências", ao mesmo tempo que uma teologia da imagem começa a reconhecer a necessidade de intervir na recaracterização ontológica da imagem, designadamente no que respeitava às expectativas de *contiguidade* das imagens sagradas (FLORES, 2011).

No Império Bizantino dos séculos VII e VIII a doutrina seguida era o cristianismo. A tradição cultural representava Cristo e os demais "santos" denominados pela Igreja por meio da arte. Um dos propósitos era para manipular os fiéis a adorarem tais imagens que enriqueciam o clero e lhes forjava poder sobre as massas. Tão certo o governo se perturbou com esse poderio, transpôs à proibição à idolatria sob pena de morte a quem mantivesse o intuito à restrição à imagem de Jesus. Esse conflito ficou conhecido como "A questão iconoclasta", em que a posição mais conservadora e iconoclasta[4] como a postura mais comedida a posição iconófila[5], justificando que o preito rendido chega ao "protótipo".

Com o fomento dos conflitos políticos e militares acontecidos na época do Império Bizantino, os anciãos iconófilos alegaram que assim como Deus optou por encarnar em uma forma humana pela figura de Cristo, tornando-o sua imagem, o homem, imitando-o, poderia também criar imagens que o guiassem a Deus. Por meio do clero, na concepção da duplicidade dimensional de Cristo como sendo divino e humano, verbo e carne, visível e invisível, que o conceito de imagem seria, futuramente, estabelecido. Nesse sentido, por meio da imagem o homem teria acesso à revelação do sagrado, do sobrenatural. A imagem foi então conotada à duplicidade, ao que é produzido por reflexão

---

4. Defendia a consubstancialidade entre a imagem e o que ela representava viria corromper, no domínio do que lhes era sagrado, a dimensão do que era considerado invisível.
5. Resguardava não ser idolatria a adoração das imagens de Cristo, da Virgem, dos anjos e dos santos.

como um recurso medianeiro de um olhar para um exemplar (FLORES, 2011). Segundo Mondzain, a produção de imagens, bem como a relação do ser humano com elas, tem suas origens na questão iconoclasta:

> A imagem fez uma entrada real em nossa cultura. Nela, a encarnação cristã deu à transcendência invisível e atemporal sua dimensão temporal e visível, transcendência que negocia com o acontecimento [...]. Doravante, no Ocidente, a manifestação do visível [...] se endereça aos corpos vivos dotados de palavra e julgamento (2003, p. 18).

E ainda, conforme o pensamento de Flores sobre essa linha divisória na cultura,

> O que esta demarcação veio efetivamente providenciar foi o início da definição dos termos de uma **imagem artificial**, isto é, **de uma imagem que deixou de ser "quase a mesma coisa" do que aquilo que designava** (e que segundo Foucault se enquadrava no sistema unitário do pensamento por semelhança da *episteme* pré-clássica) **para passar a ser progressivamente entendida como uma re-presentação**, ou seja, como uma *separação* (e já não uma instância una) que estabelece *ligações* (e já não uma *presença*). É **por** *representação* **– noção essencial a uma teoria dos signos – que o mundo moderno se refere à imagem, ou seja, como algo que significa algo que não está presente** (e por isso *signo* de algo), propondo-se como operação transitiva (de *referência*) de uma primeira instância, um *referente*. Para os modernos a combinatória entre estas duas instâncias (a da representação e a do referente) não é operada por uma mera continuidade (que faria valer a imagem como transparente) mas num plano simbólico, ou seja, no âmbito de uma cultura (e dos seus acordos e convenções), que asseguraria a sua mediação. O signo é aqui progressivamente entendido como uma tríade (e já não por uma relação dual), não podendo dispensar os conceitos, os significados ou os *discursos* como parte ativa na sua gênese (FLORES, 2011 – grifo nosso).

A imagem, portanto, é um recurso de significação. Estudos mais sistematizados sobre a imagem podem ser encontrados desde o século XVI e seguem até os dias atuais. A imagem nasce como uma ação simbólica demandada pela humanidade. Ela produz sentidos e se atualiza continuamente ao longo da história marcando sua construção social e cultural. Na perspectiva de Belting,

> Sua função é a de simbolizar a experiência do mundo e representar o mundo, de maneira que na transformação se indique também forçosamente a repetição. Por outro lado, a experiência

21

da imagem expressa também uma mudança na experiência do corpo, o que faz com que a história cultural da imagem seja também de maneira análoga uma história cultural do corpo [...]. As imagens não nasceram no mundo por partenogênese. De fato, nasceram de corpos concretos da imagem, que deslanchavam o próprio efeito de seu material e formato. Não esqueçamos **que as imagens tiveram a necessidade de adquirir um corpo visível**, posto que eram objeto de rituais no espaço público oferecidos para a comunidade. Ademais, deviam ser instaladas em um lugar propício a sua apreciação, no qual se reuniam corpos que assim formavam um lugar público (2009, p. 30-33 – grifo nosso).

Nesta lógica, a imagem prossegue representando todo o processo histórico e social do ser humano ao longo de sua jornada. São representados, inclusive, sentimentos que acompanham o ser humano desde sempre como o amor, o medo, a culpa, a alegria, a tristeza, o ódio, o desejo, o prazer, o repúdio, a vingança, o preconceito, a discriminação, a intolerância, a angústia, a fé, o fracasso, a perseverança, o abstrato, a exclusão, dentre um rol expressivo de afetos e percepções. Esses sentimentos se perpetuam pelo eterno re-torno no ser humano, embora se diferenciem no modo como cada um irá percebê-lo e experimentá-lo. Todavia, a imagem sofre transformações significativas, distorções, pelo juízo e sentença do ser humano. Segundo Noya Pinto,

O homem tem um ardil: **quando a sua imagem se desgasta, ele a recompõe** [re-compõe, volta a compor]. Os períodos históricos têm mostrado que o homem vai refazendo sua própria maneira de olhar-se. Quando sua imagem se desgasta, temos um surto de novas ideias, um surto de novas posições, que refazem a imagem que ele faz de si próprio (1997, p. 15 – grifo nosso).

A produção da imagem, portanto, é uma ação simbólica que é construída ao longo da história da humanidade pela necessidade de simbolizar algo, bem como produzir intencional sentido conforme o contexto social que lhe resguarde. Uma imagem sempre chamará outra imagem, atualizada ou nova criação para dar movimento às demandas de seu tempo e de sua própria continuidade. De acordo com Mauad,

Compreende-se a produção das imagens como um ato simbólico e as imagens nascem da necessidade de simbolização. Trata-se de uma experiência histórica, pois as imagens se reciclam no processo contínuo de produção de sentido, daí a possibilidade de as imagens como símbolos acamparem em corpos diferentes e se tornarem novas imagens em novos processos de simbolização. Esse processo revela aspectos interessantes da **sociedade que produz e**

recebe imagens. Em momentos diferentes, certas imagens, com sentidos comuns, entram em ação para animar valores e transformar o mundo onde os corpos habitam. Assim, como nascem as imagens? Poderíamos dizer que da prática social de representar e simbolizar, pois nascem dos corpos que se projetam na imagem e das imagens que se animam nos corpos. A imagem existe em relação a um algo que a institui e, ao mesmo tempo, em que se refere a ela (2014, p. 115 – grifo nosso).

As imagens estão repletas de distintos sentidos e significados subjetivos e coletivos. Elas marcam um tempo, uma época, um movimento, uma luta, um luto. A imagem está na própria vida. Contudo, a comunicação técnica por meio de imagens se constituiu um fenômeno moderno ocidental, pós-industrial e capitalista através do processo tecnológico pelos meios de comunicação desenvolvidos no século XX, como o cinema, a televisão, a imprensa e a ascensão dos veículos eletrônicos de comunicação que continuam evoluindo de modo constante. Os processos de iconização influenciam diretamente em nossa cultura e sociedade. Segundo Almeida Júnior,

> Fotografias, histórias em quadrinhos, anúncios publicitários, cartazes, sinais de trânsito, gráficos, logotipos, capas de revistas e até mesmo fachadas arquitetônicas surgem e desaparecem a nossa volta, transformando o ambiente social em uma iconosfera, a qual habitamos como meros espectadores. [...] Diante de nossos olhos, as imagens causam um impacto em nosso psiquismo na proporção direta do número de suas repetições e com a rapidez da mudança. [...] As imagens estáticas ou em movimento transformam a realidade do homem urbano, acarretando mudanças no seu modo de interação com a própria realidade. **As imagens se interpõem também no relacionamento social entre indivíduos e grupos:** nas relações de trabalho e de colaboração (conferências, pesquisas, aulas, dinâmicas de grupo, programas de ação), nas relações de base ideológica (comércio, educação, religião), nas relações de caráter político (propaganda institucional, campanhas eleitorais) e até nos encontros casuais. [...] Trata-se de uma revolução silenciosa porque a apresentação contínua de imagens faz com que, gradativamente, por meio de um processo de saturação, tais imagens se confundam com a realidade até ficarem completamente assimiladas por ela como parte própria e "natural". Ao mesmo tempo, é uma forma de apresentação visual com *ruído*, não porque possa vir sonorizada, como acontece no cinema ou na televisão. Mas, no sentido empregado pela Teoria da Comunicação, as imagens interferem no ambiente, artificializando-o e **perturbando muitas vezes a comunicação interativa e cognitiva**

do indivíduo diretamente com a realidade (1989, p. 10-13 – grifo nosso).

Atualmente, no complexo epílogo da segunda metade do século XXI, após 15 anos do lançamento da rede social virtual Facebook e 10 anos do aplicativo WhatsApp[6], o mundo das imagens penetrou, violentamente, em nosso pensamento contemporâneo. Se antes, no século XX, os discursos presentes nas imagens publicitárias e no cinema já se interpunham no relacionamento social entre as pessoas e já saturavam a realidade com suas mensagens explícitas e subliminares, agora, no emaranhado do real e do virtual produzido pelas redes sociais e pelo poder de alcance que têm em tempo real, podemos considerar que tudo, tudo nos afeta ao mesmo tempo que nos constitui de maneira avassaladora. Tudo é, simultaneamente, movimento. Um movimento que nos afeta, principalmente, nos modos de sentir, Ser, de pensar e de estar no mundo. E pela ferocidade de sua dimensão e interferência, cria laços e redes de conexões de afetos escalados entre idolatrias e ódios que servem para plugar pessoas e enquadrá-las em gavetas identitárias. Em si mesma, ao nosso ver, a questão da representação social se dilui, pois a velocidade da informação, o leme da mentira, o comando pelo medo e, principalmente, a ignorância dos fatores histórico-culturais das conjunturas sociopolíticas (os dispositivos) elevam ao céu e submergem ao inferno os ícones, em um mesmo espaço de tempo de lógica *kairós*[7], onde a comoção precede ao argumento.

Assim, há um enfraquecimento e um desapossar contínuo de representações sociais estabelecidas por ideários identitários, onde a ideologia não faz mais sentido, pois os discursos são rasos e não avançam para a condição de ações concretas. Essa fragilização das lutas identitárias não é por acaso e nem acidental, mas sim intencional, para serem absorvidas pelo ideário liberal que mina a articulação entre a relação capital e trabalho. Haja vista, a imagem de trabalhador tem sido substituída pela imagem de colaborador, o que pode passar, à primeira impressão, uma ideia de acolhimento do empregador para

---

6. A mídia social e rede social virtual Facebook foi lançada em 2004 nos Estados Unidos por Mark Zuckerberg. Em 2012 alcançou a marca de 2 bilhões de usuários ativos. Em março de 2018 alcançou a marca de 2,3 bilhões de usuários por mês; destes, 127 milhões eram brasileiros. O WhatsApp foi criado em 2009 como uma multiplataforma de mensagens instantâneas e chamadas de voz para smartphones. Em fevereiro de 2014 o Facebook comprou o WhatsApp por US$ 19 bilhões. Em abril do mesmo ano, ultrapassou a 500 milhões de usuários e em fevereiro de 2018 alcançou 1,5 bilhão de usuários ativos por mês. Destes, cerca de 120 milhões eram brasileiros.

7. Relaciona-se à mitologia grega. *Chronos* e *Kairós* dizem respeito às personificações do tempo. *Chronos* é o tempo sequencial, físico, cronológico e que pode ser calculado e delimitado. Ele pode nos ser assustador, pois sua natureza é quantitativa. *Kairós* é o tempo oportuno, existencial, de condição qualitativa. "*Chronos* inclui todos os *Kairós* possíveis, mas o contrário não é verdadeiro" (ARANTES, 2015).

com seu empregado, como se as empresas fossem uma grande família. Mas, na verdade, objetiva o desprendimento da concepção consciente de trabalhador, ou seja, aquele que recebe salário para exercer suas funções, de modo a gerar lucro à empresa e, comumente, ser explorado na escala hierárquica.

A estratégia da distorção pelo efeito psicológico de sentimento de pertencimento é eficaz e efetiva. Os oprimidos, por sua vez, dominados pelas comoções das imagens em movimento e dos movimentos fabricados pelas imagens, confundem-se, perdem-se no caminho e despencam no abismo do esquecimento de que o opressor jamais estará ao lado do oprimido. Por esta lógica, são cativos em oficinas de ceramistas de ícones de barro, salvadores da pátria, protagonistas anti-heróis que servem a um determinado fim: ao controle social das massas. Ao olharem apenas para um ou para si, distanciam-se do entendimento de que "somos nós" e de que, historicamente, "fomos ajudados, aspirados, multiplicados" pelo movimento de muitos.

> Para tornar imperceptível, não a nós mesmos, mas o que nos faz agir, experimentar ou pensar. E, finalmente, porque é agradável falar como todo mundo e dizer o sol nasce, quando todo mundo sabe que essa é apenas uma maneira de falar. Não chegar ao ponto em que não se diz mais EU, mas ao ponto em que já não tem qualquer importância dizer ou não dizer EU. **Não somos mais nós mesmos.** Cada um reconhecerá os seus. Fomos ajudados, aspirados, multiplicados (DELEUZE & GUATTARI, 1995, vol. 1, p. 10 – grifo nosso).

Na dinâmica eletrizante em que tudo nos afeta e que tudo se movimenta em redes de conexões múltiplas, onde o real e o virtual se mesclam e no momento em que a capacidade de duvidar e questionar são depreciadas pela vontade própria de crer no que se quer acreditar como informação e conhecimento, dando-se por verdade aquilo que reforça (torna a forçar) o que se quer ouvir e o que mantém a zona de conforto do que já se crê, produz-se, implementa-se e se faz a manutenção de um caos social no qual a monstruosa fábrica de exclusão se move pela distorção. A informação (do latim *informare*, "dar forma", de *in-*, "em", mais *forma*, "aspecto, forma") que se apega como verdade, será aquela que conduzirá ações e reações. Esta apuração e escolha afetiva da verdade, expressa no individualismo e narcisismo, é uma das propriedades da era contemporânea da pós-verdade. É o duelo da percepção sobre a realidade e o boléu em uma *blitz* de inverdades. Em 2016, o termo *post-truth* (pós-verdade) foi nomeado a palavra do ano pelo *Dicionário Oxford*.

> A pós-verdade não é sinônimo de mentira, mas "**descreve uma situação na qual, durante a criação e a formação da opinião**

pública, os fatos objetivos têm menos influência do que os apelos às emoções e às crenças pessoais". A pós-verdade consiste na relativização da verdade, na banalização da objetividade dos dados e na supremacia do discurso emocional. [...] A confusão sobre a realidade, a gestão de manobras conspiratórias para incitar o receio ou a hostilidade de grupos sociais, a vitimização ou as mitomanias políticas são instrumentos de persuasão das massas que remontam à Antiguidade, mas que no século XX causaram os piores desastres, sendo, dois deles, autênticas falhas na história da humanidade: o nazismo e o estalinismo. [...] O populismo de hoje, e de sempre, maneja mais com as persuasões emocionais do que com critérios de racionalidade e de veracidade. O rigor e o populismo são conceitos contraditórios. [...] A pós-verdade não é apenas uma prática que se desenvolve no campo da política. É feita também, de forma perigosa e arbitrária, no âmbito da publicidade e no campo empresarial (ZARZALEJOS, 2017, p. 11-13 – grifo nosso).

[...] Cabe lembrar que a banalização da mentira não é nada novo no século XXI. No entanto, é fato que as profundas raízes da pós-verdade na sociedade da informação e sua efervescência em um contexto de descontentamento político e desilusão diante da globalização, em alguns casos, descarrilaram (GOOCH, 2017, p. 14).

[...] **A pós-verdade deturpa os princípios básicos da convivência humana,** tais como o culto à verdade e à honestidade (ROSALES, 2017, p. 49 – grifo nosso).

Nesta complexidade da afeção e de um universo social caótico em movimento, os pontos de conexões são múltiplos, diversos, fronteiriços e entreligados. O entrecruzar e a dependência mútua entre os acontecimentos em movimento constituem uma complexa "rede paradigma" comum que dita ou recita (cita novamente, repete) a vida em sociedade. Essa rede se prolifera e se amplia de tal maneira que alberga os mais distintos discursos. A rede não é definida por sua forma ou limites, mas sim por sua capacidade de conexão. Nesta ótica, é importante atentar para o que acontece e se movimenta na rede, entre os dispositivos e suas relações de multirreciprocidade, bem como naquilo que acontece e se movimenta entre, dentro e para além dos grupos de conexões. É a partir da intensidade e da chama das relações enunciativas em conexões tecidas na rede em seus dispositivos, que eclodem os discursos. Análogo, é a aproximação do conceito de rizoma de Deleuze e Guattari (1995, vol. 1). Em síntese, o rizoma não se constitui um sistema enraizado, tal como é o arbóreo. No rizoma há diversas linhas e caminhos, sem um ponto central. Cada ponto é, ao mesmo tempo, singular e múltiplo, sem início e término, é apenas meio de conexão e a própria conexão onde as coisas apanham velocidade em um movimento transversal que as carrega. Não há um centro para controle e limitação de fluxo.

> Um rizoma não começa nem conclui, ele se encontra sempre no meio, entre as coisas, "inter-ser", *intermezzo*. A árvore é filiação, mas o rizoma é aliança, unicamente aliança. A árvore impõe o verbo "ser", mas o rizoma tem como tecido a conjunção "e... e... e..." [...]. É que o meio não é uma média; ao contrário, é o lugar onde as coisas adquirem velocidade. Entre as coisas não designa uma correlação localizável que vai de uma para outra e reciprocamente, mas uma direção perpendicular, um movimento transversal que as carrega uma e outra, riacho sem início nem fim, que rói suas duas margens e adquire velocidade no meio (DELEUZE & GUATTARI, 1995, vol. 1, p. 37).

As aproximações entre rede e rizoma podem ser compreendidas como ambos se reportam a um complexo emaranhado entre pessoas que se interconectam de modo incorpóreo e oculto; porém, embebidas de intensidades, vontades e devires.

> O rizoma nele mesmo tem formas muito diversas, desde sua extensão superficial ramificada em todos os sentidos até suas concreções em bulbos e tubérculos. Há rizoma quando os ratos deslizam uns sobre os outros. Há o melhor e o pior no rizoma: a batata e a grama, a erva daninha. [...] Qualquer ponto de um rizoma pode ser conectado a qualquer outro e deve sê-lo. É muito diferente da árvore ou da raiz que fixam um ponto, uma ordem. [...] Um rizoma não cessaria de conectar cadeias semióticas, organizações de poder, ocorrências que remetem às artes, às ciências, às lutas sociais. Uma cadeia semiótica é como um tubérculo que aglomera atos muito diversos, linguísticos, mas também perceptivos, mímicos, gestuais, cogitativos: não existe língua em si, nem universalidade da linguagem, mas um concurso de dialetos, de patoás, de gírias, de línguas especiais. Não existe locutor-auditor ideal, como também não existe comunidade linguística homogênea (DELEUZE & GUATTARI, 1995, vol. 1, p. 14-15).

O rizoma, portanto, constitui-se de conexão de campos múltiplos que são constantes em seus fluxos de entreligações. Por meio da criação de linhas de fuga, possibilita a desterritorialização que rompe as estruturas estabelecidas e elabora novas maneiras de ocupar territórios e gerar a reterritorialização de espaços territoriais. Tais espaços de territórios não se limitam ao conceito de origem física, geográfica e estática, mas para além desse, também são as marcas sociais produzidas pelo ser humano, onde a cultura também se encontra materializada, não obstante, as formas de perceber, sentir, ser afetado e afetar os outros. O território é espaço de infinitas conexões relacionais.

> A noção de território é entendida aqui num sentido muito amplo, que ultrapassa o uso que dela fazem a etologia e a etnologia. Os seres existentes se organizam segundo territórios que os delimitam e os articulam aos outros existentes e aos fluxos cósmicos. **O território pode ser relativo tanto a um espaço vivido quanto a um sistema percebido no seio do qual um sujeito se sente "em casa". O território é sinônimo de apropriação, de subjetivação fechada sobre si mesma.** Ele é o conjunto dos projetos e das representações nos quais vai desembocar, pragmaticamente, toda uma série de comportamentos, de investimentos, nos tempos e nos espaços sociais, culturais, estéticos, cognitivos. O território pode se desterritorializar, isto é, abrir-se, engajar-se em linhas de fuga e até sair de seu curso e se destruir. **A espécie humana está mergulhada num imenso movimento de desterritorialização,** no sentido de que seus territórios "originais" se desfazem ininterruptamente com a divisão social do trabalho, com a ação dos deuses universais que ultrapassam os quadros da tribo e da etnia, com os sistemas maquínicos que a levam a atravessar, cada vez mais rapidamente, as estratificações materiais e mentais. A reterritorialização consistirá numa tentativa de recomposição de um território engajado num processo desterritorializante (GUATTARI & ROLNIK, 1996, p. 323 – grifo nosso).

Conceber a rede como rizoma é compreender seu potencial para a produção de modos de vida e relações que fogem ao controle. A rede faz conexões dimensionais entre tudo e todos de forma vasta, com fluxos incontidos e em condutores que atuam em diversas direções, planos ou sentidos, em fenda desmedida e imponderável. A rede é território de ninguém e de todos, ao mesmo tempo. Ela é potencial de produção do novo e da re-invenção. Sua lógica dilapida a lógica.

Em tempos de pós-verdade e, portanto, dentro de um paradigma da distorção, a rede é uma via para o desvirtuamento de realidades por meio das percepções aportadas em comoções sensacionalistas. A capacidade de criar artefatos imagéticos para a guerra de representações personificadas, bem como de manipular informações e dados, põe o ser humano como refém de seus instintos mais primitivos que emergem pela ausência de racionalidade. De maneira que o ódio e a histeria se materializam em verborragias ofensivas, em destruição de relacionamentos, em excomungações de sentimentos de pertencimento muito mais complexas do que a expulsão concreta pela comunidade religiosa. Instintos primitivos que revelam a ira animalizadora que desvela violências brutais e demandas discriminatórias que estavam adormecidas no espírito e em corpos em processo de des-humanização e cristalização do não amor.

O poder de dominação e controle social por meio das imagens em seus discursos, agregado e totalizado pelas conexões de redes em seus muitos dispositivos, promove a contínua desterritorialização de territórios que, até então, pareciam lugares estáticos, previsíveis e seguros. Com o avançar do colonizador imoderado da contemporaneidade digital, as identidades e os movimentos das minorias são estremecidos pela colonização por meio das inverdades e distorções apelativas da moralidade e do dogma. Sob os esbravejamentos do colonizador, os sentimentos de medo e revolta são alimentados, retroalimentados e aplicados para a manipulação social de lavradores explorados, oprimidos e baralhados. Estes, ludibriados pelos discursos imagéticos de suas referências, entregam-se à esperança de que o opressor os libertará e devolverá sua dignidade ao mesmo tempo que rechaça e nega sua relação com aqueles que lutam, incansavelmente, pela conquista e manutenção de direitos sociais, entre eles, a paz como direito universal que se relaciona, intimamente, com o direito de Ser e estar no mundo, com o mundo e com os outros, sendo respeitado em suas próprias diferenças, em suas singularidades, sejam elas quais forem e na livre-condição de pensar e se expressar criticamente.

Nesse movimento desterritorializante que se revela inumano e impetuoso, permanecer se movimentando para a elaboração de re-invenções nos modos de ser na coletividade e que possibilitem a re-conquista de direitos sociais usurpados, deve ser vontade de potência das minorias. Re-territorializar é preciso! Em Deleuze e Guattari, a vespa nos serve de exemplo:

> Como é possível que os movimentos de desterritorialização e os processos de reterritorialização não fossem relativos, não estivessem em perpétua ramificação, presos uns aos outros? A orquídea

se desterritorializa, formando uma imagem, um decalque de vespa; mas **a vespa se reterritorializa sobre esta imagem. A vespa se desterritorializa, no entanto, tornando-se ela mesma uma peça no aparelho de reprodução da orquídea; mas ela reterritorializa a orquídea, transportando o pólen.** A vespa e a orquídea fazem rizoma em sua heterogeneidade (DELEUZE & GUATTARI, 1995, vol. 1, p. 17).

E, ainda, "escrever, fazer rizoma, aumentar seu território por desterritorialização, estender a linha de fuga até o ponto em que ela cubra todo o plano de consistência em uma máquina abstrata" (DELEUZE & GUATTARI, 1995, vol. 1, p. 18-19). É preciso compreender que o desejo cria territórios e produz agenciamentos nos lugares. Resistir às estratégias de silenciamento, refreamento e aprisionamento, é preciso. Recordar à memória os acontecimentos de lutas, sofrimento, injustiças vividas e conquistas de nossos antepassados e fazê-los passar novamente pelo coração, é caminho para re-significar os contextos, as razões, as lágrimas e os punhos erguidos. Embora nem sempre se possa expressar tudo o que se quer gritar no momento em que se sente o grito subir à garganta como refluxo, **manter-se consciente** do local de onde o oprimido fala e do espaço de poder de onde o dominador discursa já é uma maneira de existir sendo resistência ao que nos fere na coletividade. É ver nas entrelinhas, nos entrelugares, nas fronteiras dos territórios, nesses "entre" onde há mais perigos de existência, possibilidades de criação de linhas de fuga para a luta por uma sociedade mais includente para todos, sem distinção.

As imagens, portanto, medeiam a relação social entre as pessoas. Elas simbolizam objetos e circunstâncias da realidade que suscitam outras realidades que se misturam com sua gênese e com as diversas re-produções (réplicas) de imagens produzidas pela sociedade. Esse processo gera sentidos e significados diversos, tanto no sujeito de modo subjetivo quanto no sujeito coletivo. Por meio das imagens se discursa e se produz e re-produz identidades sociais, identidades que não são fixas e únicas, no entanto, constituem parte da realidade, apesar de sua incompletude. Assim como a luz ou a imagem refletida sobre uma superfície gera uma outra imagem, o mesmo acontece quando se utiliza uma imagem para fins de manipulação social. A imagem refletida evidencia uma outra coisa que também influenciará como um reflexo na forma como o outro, que recebe a informação, perceberá e reagirá em constante e permanente movimento.

Imagem, reflexos e outras imagens

A palavra "reflexo" deriva do latim, *"reflexu(m)"*, verbo no particípio passado de *reflectĕre* (*re* = repetição, recuo + *flectere* que significa, voltar para trás, virar, curvar, dobrar). Reflexo diz respeito ao efeito produzido pela luz em uma superfície espelhada, a duplicação, um clarão indistinto. Na fisiologia e na psicologia, reflexo é a resposta motora involuntária, inconsciente, instintiva e subsequente a um determinado estímulo produzido. Na botânica é a folha ou pétala que se dobra sobre si mesma. Na física, reflexo é aquilo que é refletido, que sofreu reflexão. No contexto gramatical, trata-se do verbo ou do pronome que indica uma ação recaída sobre o próprio sujeito que a pratica. Reflexo, em linguagem figurada, refere-se à imitação ou reprodução de algo, bem como à manifestação indireta de um sentimento ou ideia. É aquilo que chama para fora uma realidade sem muita precisão, como uma imagem de tom pálido, uma imagem confusa, uma lembrança vaga na memória[8].

Gaston Bachelard (1989) argumenta sobre a imagem de Narciso[9] refletida na água e no espelho. Para este autor, o espelho encarcera em si mesmo um outro mundo, uma realidade que lhe foge, uma idealização que, na verdade, é intocável. Os espelhos por meio do reflexo proporcionam uma imagem vaga e estável da realidade.

> A fonte, ao contrário, é para ele um caminho aberto... O espelho da fonte é, pois, motivo para uma imaginação aberta. **O reflexo um tanto vago, um tanto pálido, surge uma idealização.** Diante da água que lhe reflete a imagem, Narciso sente que sua beleza continua, que ela não está concluída, que é preciso concluí-la. Os espelhos de vidro, na viva luz do quarto, dão uma imagem por demais estável. Tornarão a ser vivos e naturais quando pudermos compará-los a uma água viva e natural, quando a imaginação renaturalizada puder receber a participação dos espetáculos da fonte e do rio (BACHELARD, 1989, p. 24 – grifo nosso).

---

8. MICHAELIS. *Moderno Dicionário da Língua Portuguesa*, 2011.

9. Narciso, do grego, tem origem no nome de uma flor, Narkissos, a partir de *nárke*, que significa "o que faz adormecer".

Narciso
Pintura óleo sobre tela de Caravaggio[10]

O espelho se constitui em uma superfície lisa, qualquer, que reproduz imagens que o arrostam. Ele possibilita um modo de auto-observação ao mesmo tempo que torna possível os outros observá-lo. O espelho mostra, superficial e artificialmente, aquilo que reflete. Não há vida ou movimento real, tão somente o espelhamento. O narcisismo faz referência ao Mito de Narciso, onde um belo jovem, que é indiferente ao amor, apaixona-se pela própria imagem refletida na água. Tal qual Narciso, a sociedade contemporânea supervaloriza a imagem e a usa para o controle social e econômico. Pela imagem ela determina

---

10. Michelangelo Merisi, conhecido como Caravaggio, nasceu em 1571 na Itália e morreu ainda jovem, aos 38 anos, de causas desconhecidas. Caravaggio era o nome de sua aldeia, pela qual foi batizado seu nome artístico. Foi um notável pintor e representante do estilo barroco. Em suas composições, preferia sempre se valer de modelos humanos, pessoas comuns da rua, sem nenhum temor de pintar o que não era considerado belo ou a imperfeição em cenários ostensivos. Caravaggio, por volta de seus 26 anos, em Narciso (aproximadamente entre 1597-1599), desloca o belo Narciso da Antiguidade Clássica para representá-lo dentro do contexto do jovem de sua época no século XVI. Na parte superior se encontra o belo Narciso arqueado sobre a água, enquanto na parte superior da tela está a fonte com seu reflexo, ainda não percebido pelo jovem. Nota-se a separação de dois mundos, o real e o simulado. A imagem acima se trata de uma reprodução fidedigna de uma obra de arte de domínio público bidimensional [Disponível em https://commons.wikimedia.org/w/index.php?curid=25450745].

o processo de desrealização e aniquila a identidade do sujeito, de modo a estabelecer uma subjetividade social oca, insustentável e efêmera.

O narcisismo social se revela cotidianamente por meio da mídia, pela admiração exagerada que produz no sujeito coletivo, a renúncia de sua identidade. Essa renúncia se inicia no sujeito que aos poucos se expropria daquilo que lhe é subjetivo, que o torna único e singular, que mais o aproxima de Ser humano, ou seja, ele se afasta e rechaça a diferença, qualidade própria da espécie humana, sua principal e, verdadeiramente, única identidade. Ser notavelmente singular passa a ser algo indesejado. Logo, o desejo de compor um retrato coletivo em que o sujeito possa ser aquilo que diz ser em conexão com o que presumem que ele seja, passa a ser seu desejo de consumo.

Essa circunstância confabula à expropriação do que é subjetivo ao sujeito, que se desapodera de ser, quem de fato é. Ao mesmo tempo esse desapossar alicia a construção de um sujeito coletivo que é a imagem refletida desse narcisismo social que, isocronamente, reverbera uma imagem humana distorcida, transfigurada e monstruosa. O ser humano se despedaça em sua subjetividade e abre mão de ser o protagonista de sua própria história para se tornar um ícone gráfico utilizado para o representar como um personagem figurante do sujeito coletivo, refletido e manipulado pela cultura de massa para o controle social. Quem dera se afligisse para compor com outros, um sujeito coletivo contraditório, porém, consciente de si, autônomo, emancipado, destemido, inconformista, revolucionário e democrático! Um sujeito coletivo protagonista e transformador de sua própria realidade e do mundo que o cerca. Um sujeito coletivo catalisador da diferença.

Gilles Deleuze em seu livro *Lógica do sentido* (1974), propõe uma teoria do sentido a partir das obras mais célebres de Lewis Carroll[11], um dos mais renomados expoentes da literatura *non sense*, *Alice no país das maravilhas* e *Através do espelho*. Carroll também é conhecido por se contrapor à lógica a partir de seus desafios matemáticos e pelo surrealismo de suas poesias. Para Deleuze "o sentido é uma entidade não existente, ele tem mesmo com o não senso relações muito particulares" (1974, p. XV). O sentido e a linguagem coexistem. Ele é o responsável por interconectar as palavras, seus significados e significações contextuais e os corpos. Para o autor, o sentido surge como um efeito incorporal, aproximado à condição das forças que se dá nos corpos, mas que não se circunscreve nestes ou mesmo na linguagem. O sentido é como uma fronteira que conecta as palavras e as coisas, e excede os limites da representação. Sobre "força", Deleuze afirma que:

> Não há objeto (fenômeno) que já não seja possuído, visto que, nele mesmo, ele é, não uma aparência, mas o aparecimento de uma força. Toda força está, portanto, numa relação essencial com

---

11. Pseudônimo de Charles Lutwidge Dodgson (1832-1898).

> uma outra força. **O ser da força é o plural**; seria rigorosamente absurdo pensar a força no singular. Uma força é dominação, mas é também o objeto sobre o qual uma dominação se exerce. [...] Jamais encontraremos o sentido de alguma coisa (fenômeno humano, biológico ou até mesmo físico) se não sabemos qual é a força que se apropria da coisa, que a explora, que dela se apodera ou nela se exprime. Um fenômeno não é uma aparência, nem mesmo uma aparição, mas um signo, um sintoma que encontra seu sentido numa força atual (DELEUZE, 1974, p. 3, 5 – grifo nosso).

Portanto, um mesmo fenômeno pode manifestar distintos sentidos conforme as forças presentes nele ou que tomam posse dele em determinada ocasião. A qualidade das forças e sua determinação inferem na definição do sentido de alguma coisa, consequentemente produz interpretação ao fenômeno. Para Deleuze, todo ser humano (corpo) confere sentido, realiza interpretações a partir do encontro com um determinado corpo (objeto, ser ou ideia), a partir da manifestação de determinadas forças.

O sentido excede ao limite das representações porque a vida ou os modos de vida, bem como a qualidade das forças que o motiva, não são algo que possa ser representado. A vida e o existir não podem ser vivenciados pelo lado de fora ou de um modo representacional. Para bem da verdade, é impossível que alguém se coloque no lugar do outro, porque este não é o outro. Não há como se falar do lugar do outro, porque não é possível se exprimir com propriedade do espaço em que não se está presente, do corpo que não lhe pertence, dos sentidos subjetivos do outro. Tampouco é viável dizer que se pretende dar voz ao outro, uma vez que a voz é do outro e somente este poderá falar por si próprio, por meio da expressão de seu pensamento pela palavra, pela escrita ou por sinais. Outrossim, viver refém do mundo da representação se constitui um modo de vida superficial, vazio do ato de pensar, descobrir, criar, inventar e reinventar novas possibilidades de vida a partir da própria vida. Supor estar no lugar do outro ou ter a pretensão de lhe dar voz, configura-se, no mínimo, um subliminar engenho para possíveis posturas de exclusão.

Não obstante, o ato propositivo de criar e gerir um pensamento representacional sobre a sociedade e as situações sociais[12] por meio da cultura de massa e pela ignorância, também se constitui como uma ação perversa, maquiavélica e cruel para a manipulação e controle social. Uma ditadura dos modos de vida que pela força midiática tem alcance planetário, avassalador na constituição das gerações. Na ausência da capacidade emancipatória de pensar sobre

---

12. Situações coletivas explicadas pelas relações que indivíduos ou grupos de indivíduos estabelecem entre si. Essas não são compreendidas no contexto individual.

si mesmo, sobre as coisas e sobre o mundo que o cerca, o sujeito se encontra subjugado ao poder opressor do seu senhorio, daqueles que se colocam como superiores dominadores[13].

Não há maior escravidão do que a do ato de pensar. Somente o próprio sujeito é capaz de libertar a si mesmo desse tipo de escravidão que tem algemas e correntes, aparentemente, invisíveis, porém densas e cerradas. A escravidão do ato de pensar é o maior coringa[14] que um governo corrupto e tirano pode ter em suas mãos. É um escravismo inteligente, embrutecedor, sentencial e sádico. As forças desse poder domesticador produzem um sujeito coletivo dócil, submisso e desprovido de espírito crítico, um sujeito oprimido.

A representação da sociedade e das situações sociais promovida pela cultura de massa na história do Ocidente tende a aniquilar as forças do ato criativo do pensar. E dociliza o sujeito para que se limite a observar, registrar e reproduzir os modos de vida e os valores cultuados por aqueles que o dominam. Deste modo, geram a ilusão de identidades únicas, fixas e plenas, implantam pseudoverdades, supervalorizam determinados conhecimentos, competências e habilidades em detrimento de outros. Naturalizam os conflitos sociais, categorizam, classificam e rotulam pessoas, fazem da diferença um chavão simplista e produzem costumes que se tornam tradição. Pela representação social e sua relação com identidade e semelhança, a cultura de massa pelas forças do sentido produzido pela imagem orienta o ato de pensar, a produção do conhecimento e dos modos de vida. Por fim, chegam ao seu maior propósito: o controle social para lucro e capital. Sobre a questão do pensamento representacional por meio da imagem, Deleuze diz que,

> O mais curioso nessa imagem do pensamento é a maneira pela qual o verdadeiro é, aí, concebido como universal abstrato. Nunca se faz referência às forças reais que fazem o pensamento, nunca se relaciona o próprio pensamento com as forças reais que ele supõe enquanto pensamento (DELEUZE, 1974, p. 85).

Pela cultura de massa, por meio da representação do pensamento por imagem e pelas próprias palavras, tudo passou a ser naturalmente significado. Fe-

---

13. Segundo o marxismo, dentro do capitalismo, a classe dominante corresponde à burguesia, à classe social que detém os meios de produção, bem como a capacidade de organizar essa produção do capital. Portanto, trata-se também daqueles que participam de todo esse processo para o controle social, mesmo que não possuam o total controle do processo cíclico de expansão da atividade econômica. Nesse sentido, a mídia é a porta-voz que dá a conhecer o poder das classes dominantes à massa populacional.

14. Carta de baralho que no jogo de pôquer altera de valor conforme as demais cartas combinadas que se tem na mão, de modo que o jogador a usa tal como lhe interessa.

nômenos são interpretados, traduzidos, nomeados, explicados e coisificados. Sentido e significação são equalizados e circunscritos aos significados concebidos como verdades. Uma construção social para o controle de muitos, por meio da franca distorção.

As imagens escoltadas pelas frases curtas e convincentes, projetadas pela mídia, estampam o enunciado pretendido pela alta-roda dominante que patrocina o controle social. Produzem sentidos. Imagens que se espelham e representam, ardilosamente, realidades alternativas. Uma realidade costumeiramente espelhada de modo romanceado, impessoal, distante do cotidiano, apartada dos fatos históricos, uma realidade colonizada pelos seus colonizadores. Segundo Deleuze, acerca do sentido,

> As coisas e as proposições acham-se menos em uma dualidade radical do que de um lado e de outro de uma fronteira representada pelo sentido. Esta fronteira não os mistura, não os reúne (não há monismo tanto quanto não há dualismo), ela é, antes, a articulação de sua diferença: corpo/linguagem [...]. É como se fossem dois lados de um espelho: mas o que se acha de um lado não se parece com o que se acha do outro [...]. **Passar do outro lado do espelho é passar da relação de designação à relação de expressão – sem se deter nos intermediários, manifestação, significação.** É chegar a uma dimensão em que **a linguagem não tem mais relação com designados**, mas somente com expressos, isto é, com o sentido. Tal é o último deslocamento da dualidade: ela passa agora para o interior da proposição (1974, p. 26-27 – grifo nosso).

O sentido extrapola a fronteira das representações em seu caráter díspar. "Há muitos sentidos para um só e mesmo designado" e ainda, "não perguntaremos, pois, qual é o sentido de um acontecimento: o acontecimento é o próprio sentido" (DELEUZE, 1974, p. 22, 24). Para Deleuze, tudo aquilo que é designável ou que é designado, por uma questão prévia, também é algo que pode ser consumido, tocado e transposto. De forma análoga, Deleuze nos guia à "Canção do Jardineiro"[15] que, em cada estrofe, faz uso de termos de gênero com distintos sentidos a partir de diferentes olhares. Citamos apenas um grupo dos versos:

> Ele **pensava ver** um argumento
> que provava que ele era o papa,
> **olhou uma segunda vez e se deu conta de que era**
> uma barra de sabão pintada.
> Um acontecimento tão terrível, disse com uma voz fraca,
> extingue toda esperança.

---

15. LEWIS, C. *Anthologie du nonsense*. Paris, 1952/1957. Citado por Deleuze em seu livro *Lógica do sentido* (1974, p. 28-29).

Segundo Deleuze e Guattari, é necessário "passar o muro do significante. Portanto, desfazer os códigos" (2010, p. 434). Em outras palavras, enquanto o sujeito não re-significar os significados pela sua vivência e consciência de Ser e estar no mundo, bem como dos acontecimentos e como estes explicitam o mundo lógico; enquanto o sujeito coletivo se conservar ou persistir no mesmo estado de passividade, frente à tirania contra o cidadão; enquanto não questionar os sentidos imbicados pela mídia; enquanto não se propor as profundas transformações oriundas do pensamento crítico e consciente sobre a condição humana; enquanto não se condoer pelas injustiças do outro que, em um breve porvir, poderão ser suas: quedar-se-á ao subjugo social delimitado pelas forças de poder como uma dominação política. Desse modo, circunstanciados a uma pseudoliberdade de escolhas políticas e a uma pseudodemocracia, são conduzidos para o cumprimento da vontade alheia (obediência), domesticados aos valores próprios daqueles que os dominam na contemporaneidade.

O caráter dúbio dos sentidos presentes no verso, especificamente, no tocante ao "ele pensava ver....", isto é, em um segundo olhar, deu-se conta que era *aquilo*, recorda-nos à imprecisão do espelho. O espelho não traz a exatidão ou perfeição, muito menos a parecença. O que é refletido pelo espelho é uma imagem que, de modo aparente, guia-nos a pensar que estamos vendo o real, mas em um segundo olhar mais atento, percebemos que ela é uma outra coisa. É uma imagem distorcida do real.

Em *Alice no país das maravilhas*, Lewis Carroll (1865) nos apresenta uma menina com uma história, com uma determinada identidade, uma menina que se chama Alice. Ao mesmo tempo, Alice é, para nós, uma história cheia de incompreensividades, repleta de mistérios, segredos, feitos extraordinários, um mundo desconhecido. Uma história que, dentro dos parâmetros humanos, não tem sentido, não tem lógica em todos os seus acontecimentos.

Não é apenas um livro, uma história, porém um convite quase que irrecusável a um mergulho nas profundezas do que é real e pode ser possível para Alice. Bem como daquilo que faz caminho entre "o ser do real como matéria das designações e o ser do possível como forma das significações, devemos ainda acrescentar este 'extra-ser' que define um mínimo comum ao real, ao possível e ao impossível" que se realizam e insistem na proposição (DELEUZE, 1974, p. 35).

No mundo de Alice, somos circunscritos ao paradoxo. Somos atraídos por uma contradição lógica constituída por conceitos que nos dão a ideia de serem simples e razoáveis, conforme a razão. No mundo de Alice os sentidos são múltiplos e distintos, porém, no "nosso mundo", também, não é assim? "O significado não é, por conseguinte, nunca, o próprio sentido". Logo,

> O significante é, primeiramente, o acontecimento como atributo lógico ideal de um estado de coisas e o significado é o estado de

coisas com suas qualidades e relações reais. [...] O sentido como expresso não existe fora da expressão. O significado é a designação, a manifestação ou mesmo a significação, no sentido estrito, isto é, a proposição enquanto o sentido ou o expresso dela se distingue. [...] **A homogeneidade não é, senão, aparente**: sempre uma tem papel de significante e a outra um papel de significado, mesmo que elas troquem estes papéis quando mudamos de ponto de vista (DELEUZE, 1974, p. 37-38 – grifo nosso).

Muitas podem ser as interpretações e análises sobre o clássico *non sense Alice no país das maravilhas*. Irá depender dos sentidos que os referenciais teóricos adotados implicarão nos leitores desse ou de qualquer outro livro. Semelhantemente, há quem considere que a Escritura Sagrada é mais um livro de fantasia, tal como a obra de Carroll, no entanto, há outros, como nós, que a concebem como parâmetro de fé. Para um e para outro, os registros, as parábolas e as mensagens propagadas são distintos em seu sentido, conforme o significado construído pela história e na cultura de cada um. Não somente uma história e cultura de um dado povo ou nação, mas uma história e cultura que acontecem vividamente, também de modo subjetivo, em cada pessoa, em cada sujeito, em cada cidadão. Tanto para um como para o outro, o que se encontra na extremidade da ponte é insano e tolo! Insano e tolo são os sentidos atribuídos à imagem que o observador faz e julga do outro a partir de sua própria lógica. Contudo, a imagem refletida é sempre imperfeita, incompleta, nebulosa e não representativa do real. Nessa ótica, certamente o insano e tolo é o intolerante que encontra na diferença plural do pensar e da condição humana um motivo para julgar, menosprezar, inferiorizar, discriminar, violentar, torturar e excluir seu próximo.

Deleuze (1974) nos chama à atenção sobre os paradoxos articulados por Carroll. Nestes, o autor deixa expresso o sentido que a menina Alice, por vezes, encontra-se perdida, confusa e desorientada. E não somente isso, mas se abala sobre aquilo que pensa ser, que pensava ser um dia ou que talvez venha a ser. Uma imagem paradoxal, confusa de si mesma.

> A Lagarta e Alice ficaram olhando uma para outra algum tempo em silêncio. Finalmente a Lagarta tirou o narguilé da boca e se dirigiu a ela numa voz lânguida, sonolenta.
> "Quem é você?", perguntou a Lagarta.
> Não era um começo de conversa muito animador. Alice respondeu, meio encabulada: "Eu... eu mal sei, Sir, neste exato momento... pelo menos sei quem eu era quando me levantei esta manhã, mas acho que já passei por várias mudanças desde então".
> "Que quer dizer com isso?" Esbravejou a Lagarta. "Explique-se!"

"Receio não poder me explicar", respondeu Alice, "porque não sou eu mesma, entende?"

"Não entendo", disse a Lagarta.

"Receio não poder ser mais clara", Alice respondeu com muita polidez, "pois eu mesma não consigo entender, para começar; e ser de tantos tamanhos diferentes num dia é muito perturbador".

"Não é", disse a Lagarta.

"Bem, talvez ainda não tenha descoberto isso", disse Alice; "mas quando tiver de virar uma crisálida... vai acontecer um dia, sabe... E mais tarde uma borboleta, diria que vai achar isso um pouco esquisito, não vai?"

"Nem um pouquinho", disse a Lagarta.

"Bem, talvez seus sentimentos sejam diferentes", concordou Alice; "tudo que sei é que para mim isso pareceria muito esquisito".

"Você!", desdenhou a Lagarta. "Quem é você?"[16] (CARROLL, 2013, p. 64).

A instância paradoxal, segundo Deleuze,

> É uma instância de dupla face, igualmente presente na série significante e na série significada. É o espelho. É, ao mesmo tempo, palavra e coisa, nome e objeto, sentido e designado, expressão e designação etc. Ela assegura, pois, a convergência das duas séries que percorre, com a condição, porém, de fazê-las divergir sem cessar. É que ela tem como propriedade ser sempre deslocada com relação a si mesma. [...] Da instância paradoxal é preciso dizer que não está nunca onde a procuramos e, inversamente, que nunca a encontramos onde está. Ela falta em seu lugar, diz Lacan. Da mesma forma, podemos dizer que ela falta a sua própria identidade, falta a sua própria semelhança, falta a seu próprio equilíbrio e a sua origem (1974, p. 40).

É provocante e laborioso versar sobre a imagem como uma "ponte" de trânsito da profundura à superfície. A imagem não apresenta corpo consistente, volume ou profundidade, embora ela possa designar um determinado corpo. A imagem que pode ser tocada (como uma fotografia, p. ex.), é uma coisa que insinua certa vulnerabilidade. Não obstante, nos dias atuais, a imagem virtual, sequer pode ser tocada. Mas tanto a que se encontra no contexto físico como a que está no virtual, ambas se mostram ser de curta duração, de fácil desagregação, de simples corrupção, de suscetível dissolução e, por fim, de certa re-composição e substituição. Entretanto, a imagem não para de se movimentar e de movimentar episódios.

---

16. Trecho do cap. 5: Conselho de uma lagarta.

A imagem é produtora de medidas, orientações e re-presentações (de apresentar, novamente, algo da realidade, de maneira simulada, aparente). Nada neutras do que é falso e verdadeiro, do que é bom e do que é mau, do que é real e irreal, do que é certo e errado, do que é belo e do que é feio, do que é dócil e feroz, de quem é covarde e de quem tem honra. No entanto, o sentido encoberto, o expresso entrelinhas, o sentido que não se encontra nos opostos ou nas representações hierárquicas do bem ou do mal, os sentidos que se encontram nos complexos das condições que sustentam a fidedignidade da imagem é que nos interessam.

Portanto, interessa-nos, aquilo que não é explícito, porém é causa de problematização da (in)verdade em questão. Sentidos que nunca se perfilam ou se ombreiam. Todavia, mesclam-se, camuflam-se, disparam-se vorazmente no encruzar das maquinarias políticas e dominantes do opressor, bem como das lutas e dos lutos do oprimido em suas linhas de fuga. Mas vale uma pergunta: quem é o opressor e/ou o oprimido? Trazendo à memória Paulo Freire (1987) "quando a educação não é libertadora, o sonho do oprimido é ser opressor".

Figura na janela
Arte de Martin Whatson©[17]

---

17. Martin Whatson (Noruega, 1984) é um artista de estêncil. Estudou arte e *design* gráfico na Westerdals School of Communication, em Oslo. Desde 2004, participa de diversas exposições nacionais e internacionais. Imagem cedida gentilmente pelo autor [Demais informações e trabalhos estão disponíveis em http://martinwhatson.com/].

Enxergar para além da imagem produzida intencionalmente, é preciso! Sentir a presença dos sentidos que emergem das profundezas dos acontecimentos gerados nas entrelinhas, é compreender que nada, que nenhuma imagem ou palavra lançada, tem só um único sentido e significado. É libertar-se das correntes tirânicas e maquiavélicas dos que produzem e organizam a opressão e a compressão dos seres.

Martin Whatson, em sua obra de arte, afeta-nos com os sentidos subjetivos que em nós produz. Enquanto "tudo" acontece ao redor, na vida e pela vida, em meio a um turbilhão de circunstâncias, um olhar alveja a janela que, para nós[18], é uma parede, um concreto rígido. De forma análoga, poderíamos interpretar que as imagens ostensivas produzidas pelos sistemas de controle social, veiculadas pela mídia por meio da cultura de massa são, metaforicamente, como a rígida parede de concreto. Não problematizam os muitos acontecimentos e tensões que sustentam as condições complexas das facetas de uma verdade valorada. Cabe a interrogação: que valores ou princípios denotam uma verdade anunciada? Quais as forças ativas que se apoderam de um fenômeno e, dão a ele, sentido? Que poder (que instâncias) tem (no sentido de possuir) as forças? "Um mesmo objeto, um mesmo fenômeno muda de sentido de acordo com a força que se apropria dele. [...] Há sempre uma pluralidade de sentidos" (DELEUZE, 1976, p. 5). Há que se pensar que os mensageiros das mensagens anunciadas e enunciadas (discursos) por meio da cultura de massa, vibram com a produção ativa e reativa da mediocridade de pensamento, pois deste modo implementam a asfixia do florescimento da consciência emancipada, enquanto eclodem o império da manipulação pela ignorância e pelo medo.

Diferentes forças produzem (in)verdades divergentes

Conquanto a consciência[19] emancipada, busca a verdade. De fato, pode ser incômoda a afirmação supracitada. Se não há verdades absolutas, se elas se emaranham nos valores e nos sentidos produzidos, se "verdades" são creditadas por quem diz que as possui, se fatos produzidos pela ciência e publicizados pela mídia e periódicos científicos, ainda assim podem não ser a verdade; se não há tribunais de justiça que, de fato, sejam guardiões da justiça e da

---

18. Digo para nós, porque para a mulher pode ser o desconhecido que lhe assusta e que lhe baliza. Ou somente aquilo que ela é capaz de enxergar. Múltiplos são os sentidos!

19. A palavra "consciência" vem do latim, *"conscientia"*, de *"consciens"*, particípio presente de *"conscire"* = "estar ciente", de *"com"*, "junto com" mais *Scire*, "saber, conhecer" (BONOMI, 2008).

verdade, tampouco instituições religiosas podem dar abrigo à Verdade... O que dizer sobre a verdade?

Ora, mais proveitoso nos é questionar: quem procura a verdade? O que quer, quem procura a verdade? O que em nós quer encontrar a verdade? Queremos, de fato, o verdadeiro? (DELEUZE, 1976). Será que conseguimos, realmente, amar a verdade a ponto de buscá-la com persistência e energia, sem maquiagens e tapa-olhos?

A consciência emancipada busca a verdade. Todavia, não cremos que a consciência emancipada tenha que ser aversa ao que se contrapõe à origem materialista. Tampouco cremos que o sobrenatural possa sempre ser a justificativa para os fenômenos que são, neste tempo, inexplicáveis. As forças do ceticismo, bem como as forças do ascetismo religioso ou do hedonismo produzem, a todo o tempo, imagens, reflexos e distorções que se movimentam e movimentam a sociedade humana. São forças que dão origem à diversidade de pensamento e filosofia de vida que sustentam distintos *belief systems*. Tanto uma como as outras são de modo teórico e hipotético, criadas pelo ser humano. Um ser, ao mesmo tempo, fascinante e frágil e que em nossa compreensão agarra-se em algo para crer e dar sentido a sua existência, mesmo que seja a própria incredulidade, seu fio condutor para a vida.

O sujeito pode (embora nem todos desejam) querer a verdade. O sujeito coletivo também pode querer a verdade. Entretanto, é a consciência emancipada que busca a verdade! Ela não se conforma em ser ludibriada. Não apreende uma (in)verdade apenas para nutrir seu ego e autenticar as comodidades de seu pensamento acrítico. Não dá o pulsar de seu coração e de sua razão às aparências. Não se aquieta com apenas uma única e definitiva resposta à pergunta que sequer foi feita pelos que empurram uma conclusão. Mas ela esquadrinha a complexidade dos acontecimentos para construir uma possível explicação as suas inquietações. Ela considera as incertezas e faz da dúvida material e degrau para inferir à valoração da verdade que acolherá junto a si. Desejar não é suficiente! É preciso perseguir, permanentemente, a verdade para que a Vida[20] seja honrada.

O notável é que a verdade, nem sempre buscada, costuma ser desejada por muitos. Desde os mais renomados filósofos até o mais simples camponês, das maiores metrópoles até os lugares mais remotos da Terra. Desde o mais cético

---

20. Sentido de "vida", do latim *"vita"*, tempo de existência e a capacidade que o Ser possui de se desenvolver. Esse tempo e essa capacidade deveriam, ao nosso ver, serem honrados como uma prerrogativa de vida e à vida.

cientista até o crédulo mais "pobre de espírito", cada qual a sua maneira, refuto e propósitos, profere: "e conhecereis a verdade, e a verdade vos libertará"[21].

Entretanto, em seu livro *Proust e os signos*, Deleuze sublinha que a verdade não se dá na dinâmica voluntária, no ato de boa vontade ou em meio ao pensamento inesperado. Ela não pode ser re-conhecida não obstante, ela deriva de um signo[22] e sua chegada ao pensamento é sempre de maneira involuntária. A verdade tampouco é universal, ou seja, não é a mesma para todos os indivíduos ou grupos sociais no presente como também não foi no passado e não será no futuro. Ela não é absoluta. Por conta das diferentes experiências e percepções do tempo para o ser humano durante o processo de civilização, a verdade pode ser colocada em colapso pelo tempo puro[23], aquele que não pode ser re-presentável, um tempo não cronológico, sem movimento (melhor ainda, liberto

---

21. Jo 8,32 [Versão Almeida, revista e atualizada]. Febres messiânicas têm contagiado os povos. Bem longe do Messias anunciado por João, os messiânicos constituem parte de um movimento ideológico que preconiza a incumbência que certo homem ou determinado grupo de homens têm de libertarem os oprimidos. O populismo tem acompanhado muitos acontecimentos político-históricos de fenômenos messiânicos no Brasil e em diversas nações. O messianismo flerta com o totalitarismo, por tabela, com o fascismo que, movido pela histeria coletiva, gera desdobramentos desastrosos à democracia e às conquistas de direitos humanos. O fundamentalismo religioso e o fanatismo político têm se mostrado como fontes que jorram águas amargas de violência, corrupção e exclusão entre grupos sociais que não têm em comum uma mesma base de pensamento. A diferença é extirpada das relações, permanecendo o pensamento cesarístico, cuja manifestação de poder se revela intolerante, abusiva e arbitrária. E, neste sentido, é realizada com consciência a má utilização contextual do Livro Sagrado como doutrina (seja a Bíblia, a Torá, o Alcorão) para distorcer e legitimar ações violentas, torturas, matanças, perseguições, prisões, exílios. Em nome de Deus, Hitler (Alemanha), Mussolini (Itália) e Franco (Espanha) consumaram barbáries legitimadas pelos religiosos mais fervorosos do salvacionismo e são exemplos da materialização do messianismo, não obstante cenhos do fascismo.

22. Sobre signos, Deleuze explica que: "Aprender diz respeito essencialmente aos signos. Os signos são objeto de um aprendizado temporal, não de um saber abstrato. Aprender é, de início, considerar uma matéria, um objeto, um ser, como se emitissem signos a serem decifrados, interpretados. Não existe aprendiz que não seja egiptólogo" de alguma coisa. "Alguém só se torna marceneiro tornando-se sensível aos signos da madeira, e médico tornando-se sensível aos signos da doença. A vocação é sempre uma predestinação com relação a signos. Tudo que nos ensina alguma coisa emite signos, todo ato de aprender é uma interpretação de signos ou de hieróglifos" (2003, p. 4).

23. Sobre o "tempo", no romance de Marcel Proust, *Em busca do tempo perdido: o tempo recuperado* (1992), este não diz respeito ao tempo cronológico, histórico e pautado na sucessão de acontecimentos lineares. Não se trata do tempo domesticado, controlado pelo relógio. O tempo de Proust é absoluto, psicológico, duradouro, denso e repleto de diferenças. É o tempo sentido, vivido, pensado. O tempo em estado puro se encontra no âmago da memória, distanciado das mutantes deformações do mundo exterior. Por meio da memória é possível transitar ao tempo vivido. Importante ressaltar que, segundo Deleuze em Proust e os signos (2003), a obra de Proust não apresenta uma concepção plural do tempo, distinta de um entendimento cronológico do tempo. E não somente isso, mas em sua interpretação da obra de Proust destaca que somente a "Arte nos dá a verdadeira unidade: unidade de um signo imaterial e de um sentido inteiramente espiritual" (p. 38) e acrescenta: "nisto consiste a superioridade da arte sobre a vida: todos os signos que encontramos na vida ainda são signos materiais e seu sentido, estando sempre em outra coisa, não é inteiramente espiritual" (p. 39). Segundo Deleuze, "a obra de Proust é baseada, não na exposição da memória, mas no aprendizado dos signos" (p. 4).

do movimento), embora ele mesmo seja a condição do movimento. Porém, a verdade se relaciona, encontra-se e se cria no tempo. A verdade está no tempo em que se cria, mas não pertence a ele e não pode ser aprisionada nele.

> A crítica de Proust toca no essencial: **as verdades permanecem arbitrárias e abstratas enquanto se fundam na boa vontade de pensar**. Apenas o convencional é explícito. Razão pela qual a filosofia, como a amizade, ignora as zonas obscuras em que são elaboradas as forças efetivas que agem sobre o pensamento, as determinações que nos forçam a pensar. **Não basta uma boa vontade nem um método bem-elaborado para ensinar a pensar, como não basta um amigo para nos aproximarmos do verdadeiro.** Os espíritos só se comunicam no convencional; o espírito só engendra o possível. Às verdades da filosofia faltam a necessidade e a marca da necessidade. De fato, **a verdade** não se dá, **se trai**; não se comunica, **se interpreta**; não é voluntária, **é involuntária**. O grande tema do Tempo redescoberto é o seguinte: a busca da verdade é a aventura própria do involuntário. **Sem algo que force a pensar, sem algo que violente o pensamento, este nada significa.** Mais importante do que o pensamento é o que "dá que pensar"; mais importante do que o filósofo é o poeta. [...] Mas o poeta aprende que o **essencial está fora do pensamento, naquilo que força a pensar** (DELEUZE, 2003, p. 90 – grifo nosso).

Para Deleuze (2003), o signo é o que força e obriga a pensar por meio do embate. Eles mobilizam uma competência: inteligência, memória ou imaginação que colocam o pensamento em movimento, de forma a pensar a essência. O ato de pensar não é algo simples e natural, porém, é a única criação verdadeira. Pensar é sempre interpretar, explicar, desenvolver, decifrar e traduzir um signo.

> O que nos força a pensar é o signo. O signo é o objeto de um encontro; mas é precisamente a contingência do encontro que garante a necessidade daquilo que ele faz pensar. O ato de pensar não decorre de uma simples possibilidade natural, é, ao contrário, a única criação verdadeira. **A criação é a gênese do ato de pensar no próprio pensamento.** Ora, essa gênese implica alguma coisa que violente o pensamento, que o tira de seu natural estupor, de suas possibilidades apenas abstratas. Pensar é sempre interpretar, isto é, explicar, desenvolver, decifrar, traduzir um signo. Traduzir, decifrar, desenvolver são a forma da criação pura (DELEUZE, 2003, p. 91 – grifo nosso).

Nesta perspectiva, não há verdade que, antes de ser uma verdade, não seja a efetuação de um sentido ou a realização de um valor. A verdade enquanto conceito é completamente indeterminada. E ainda, tudo depende do valor e do sentido daquilo que pensamos.

> Não há verdade que, antes de ser uma verdade, não seja a efetuação de um sentido ou a realização de um valor. **A verdade como conceito é totalmente indeterminada. Tudo depende do valor e do sentido do que pensamos. Temos sempre as verdades que merecemos em função do sentido daquilo que concebemos, do valor daquilo em que acreditamos.** Pois um sentido pensável ou pensado é sempre efetuado na medida em que as forças que lhe correspondem no pensamento se apoderam também de alguma coisa fora do pensamento. É claro que **o pensamento nunca pensa por si mesmo, como também não encontra, por si mesmo, o verdadeiro** (DELEUZE, 1976, p. 85 – grifo nosso).

Ainda sobre a questão da verdade de um pensamento, é indispensável compreender que esta deve sempre ser interpretada e avaliada de acordo com as forças ou o poder que o forçam a pensar. Deve-se inquirir acerca das forças que se escondem naquele pensamento que se diz ser verdadeiro, sobre quais são seus sentidos e seus valores e o que essas forças querem mobilizar em cada um de nós. Que conveniências e comodidades a verdade enunciada e anunciada acomoda ao porta-voz? Que modos de vida a verdade de um pensamento exprime e por que e para que exprime? A interpretação, portanto, diz respeito ao sentido, ao fenômeno (um signo, um sintoma que encontra seu sentido numa força atual). A avaliação, por sua vez, traz ambivalências ainda mais complexas dos sentidos e dos valores, pois abarca aos modos de existência daqueles que se encontram envolvidos (julgam e avaliam) e que sujeitam uma vontade. A avaliação é sempre marcada pelo ângulo da força que avalia e é na tensão entre forças que se delibera a verdade, sendo esta, jamais, universal e absoluta.

> A verdade de um pensamento deve ser interpretada e avaliada segundo as forças ou o poder que o determinam a pensar, e a pensar isso de preferência àquilo. Quando nos falam da verdade "simplesmente", do verdadeiro tal como é em si, para si, ou mesmo para nós, devemos perguntar que forças se escondem no pensamento daquela verdade, portanto, qual é o seu sentido e qual é o seu valor. Fato perturbador: o verdadeiro concebido como universal abstrato, o pensamento entendido como ciência pura, nunca fizeram mal a ninguém. O fato é que a ordem estabelecida e os valores em curso encontram aí constantemente seu melhor sustentáculo. **"A verdade aparece como uma criatura bonachona e amiga das comodidades**, que dá sem cessar a todos os poderes estabelecidos a segurança de que jamais causará a alguém o menor embaraço, pois, afinal de contas, ela é apenas ciência pura" (DELEUZE, 1976, p. 86 – grifo nosso).

Neste caminho de busca da verdade a partir da problematização dos problemas, da interpretação e da avaliação sobre a verdade de um facultado pensamento, à tona trazemos novamente as perguntas já feitas anteriormente: quem procura a verdade? O que quer a pessoa que procura a verdade? Que tipo e vontade de potência tem? O que em nós quer encontrar a verdade? Queremos, de fato, o verdadeiro? Será que suportaríamos um encontro com a verdade? Não poderia ser perigoso demais um encontro com a verdade? Por vezes, a ignorância e o enganar a si mesmo não seriam plataformas mais seguras, menos arriscadas? Quais os sentidos e valores que a vontade de verdade ocupa de espaço em nós? O que a história pode nos ensinar sobre multiplicidade de sentidos acerca de acontecimentos, fenômenos, coisas, palavras, pensamentos?

> A história de uma coisa é geralmente a sucessão das forças que dela se apoderam e a co-existência das forças que lutam para delas se apoderar. Um mesmo objeto, um mesmo fenômeno muda de sentido de acordo com a força que se apropria dela. A história é a variação dos sentidos, isto é, "a sucessão dos fenômenos de dominação mais ou menos violentos, mais ou menos independentes uns dos outros" [...]. **Não existe sequer um acontecimento, um fenômeno, uma palavra, nem um pensamento cujo sentido não seja múltiplo.** Alguma coisa é ora isto, ora aquilo, ora algo de mais complicado segundo as forças (os deuses) que delas se apoderam. [...] **Uma coisa tem tantos sentidos quantas forem as forças capazes de se apoderar dela.** Mas a própria coisa não é neutra e se acha mais ou menos em afinidade com a força que se apodera dela atualmente (DELEUZE, 2003, p. 3-4 – grifo nosso).

Assim, o problema da verdade se encontra dependente da questão do valor dos valores. Ao abordar a questão da verdade e da falsidade, Deleuze (2003) delata certa vontade de verdade como gana de controle e dominação, portanto, vontade de poder. Essa vontade de poder suportada em dispositivos de ordem e na imagem dogmática e moralizante do pensamento traz consigo a mentira. Esta eleva o falso ao poder afirmativo mais elevado. A verdade e a falsidade se plugam, uma fica refém da outra, uma define a outra. Já não é mais vontade de verdade, mas uma vontade de enganar que se sustenta na produção de teias de mentiras em redes para firmar o poder. Na manutenção de seu narcisismo, o ser humano cria a todo o tempo as suas (in)verdades, as suas máscaras, suas roupagens de disfarce. Daí a importância de se compreender que todo o conhecimento é interpretativo e que a verdade e a mentira são relativas.

Mais importante do que o próprio pensamento, é aquilo que nos força a pensar. E o que nos força a pensar costuma ser algo violentador do próprio pensamento. Em tempos sombrios de fundamentalismo e fragilidade das relações humanas, encontramos naquilo que nos incomoda, que nos desgasta, que nos subjuga, que nos amordaça, que nos estupra a identidade, que nos esmaga e nos exclui, que nos fere a existência e nos chama à resistência – aquilo que nos força e nos convoca a pensar. Na busca da verdade, que diferenças nos desassossegam? Que problemas nos são próprios? Que potência de vida e de pensamento se enuncia nas (in)verdades que criamos? Que critério ético adotamos para avaliar os favorecimentos e desfavorecimentos à vida?

No intento de sustentar sua razão e (in)verdades criadas, o ser humano também cria suas formas de dominação e poder. O mesmo homem que louva – "Deus acima de tudo" – é o mesmo que descarrega ódio aos que dele pensam, convictamente, diferente. O mesmo professo de ensinamentos sagrados de aceitação e amor ao próximo é o mesmo austero, pronto a jogar na fogueira aquelas que julga como bruxas, aquelas que protagonizam a separação distinta entre um que é Estado laico daquele que é Estado teocrático. O mesmo que que professa o Cristo como salvador e senhor é também o mesmo que dá às costas aos imigrantes, aos famintos e oprimidos, subtraindo o marco histórico de que o Filho do Homem também foi imigrante, esteve faminto e oprimido enquanto fugia com seus pais pelo deserto, rumo a se refugiar no Egito[24]. O mesmo que reza "não matarás" é, identicamente, o que pelas Cruzadas justifica que matar é válido em legítima defesa, mas, corruptamente, não se restringe ao *bellum iustum*[25], porém mata mulheres, crianças, idosos indefesos; vai além, pega os despojos e, não satisfeito, estupra mulheres aos olhos de seus filhos e, selvagemente, escraviza seus descendentes. A justiça como uma derivação de um sentimento reativo como o espírito de vingança ou justiceiro em cima do outro nada tem a ver com justiça, não importa se venha de moralistas religiosos, de conservadores de direita ou militantes de esquerda. Este modo de proceder em nada tem a ver com os princípios do Sol da Justiça, é tão somente a satisfação de uma vingança, de um sentimento de controle e poderio sobre os subjugados. No entanto, "a mensagem de Cristo acede uma função crítico-libertadora contra situações repressivas, sejam religiosas sejam políticas. Ele não veio fundar uma nova religião, mas trazer um novo homem" (BOFF, 1976, p. 39). Nunca é tarde para se retomar os ideários do Ungido que revolucionou

---

24. "A fuga para o Egito". Passagem descrita em Mt 2,13-23.

25. A Doutrina da "Guerra Justa" define em que condições a guerra é algo aceitável (se é que podemos nos conformar que guerras necessitem existir). No que se refere às Cruzadas, tema polêmico, as mesmas se configuram como um contra-ataque dos cristãos da Idade Média aos violentos ataques de muçulmanos. Para além da miséria humana de guerrear e guerrear, há um fio de linha-limite que separa o guerreiro do ser bestial. Quando a bestialidade encarna no homem, saquear, torturar, massacrar, esquartejar e estuprar se tornam atos tão comuns e naturalizados como vestir uma roupa limpa por cima de um corpo fétido, sem banho. É o processo subjetivado da cristalização do pensamento dominante e a des-humanização materializada nas formas de ser, fazer e estar no mundo.

sua época enfrentando a hipocrisia dos religiosos, indiferentes à exclusão dos menos favorecidos.

> Quem não se deixa fascinar pela figura de Jesus de Nazaré? **Ele aliava, num só movimento, uma paixão amorosa e infinita por Deus e uma paixão ardente e libertadora pelos pobres.** Sabia conjugar o universal com o particular. Por isso, unia Reino – a revolução absoluta na criação – com o cuidado pela fome das multidões. Tinha integrada dentro de si a dimensão feminina que o tornava sensível à exclusão em que viviam as mulheres de seu tempo. [...] **Duro contra a religião das aparências dos fariseus**, era ao mesmo tempo compassivo com a pecadora pública Maria Madalena ou com o cobrador de impostos Zaqueu. Humano assim, nos apraz repetir, só Deus mesmo, na sua face materna e paterna, encarnado em nossa humanidade. Ele se transformou num dos mais poderosos arquétipos do Ocidente e hoje da alma humana. Arquétipo do amor incondicional e da proximidade de Deus (BOFF, 2014, p. 51-52 – grifo nosso).

A verdade e a falsidade são facetas plugadas e interconectadas quando se tem como finalidade a dominação e o poder. Os modelos são apresentados para serem esmagados ou então para serem investidos de razão e empregados, eles têm como objetivo subjugar o pensamento: o modelo da ideia, o modelo inteligível, o modelo de moralidade, o modelo de homem, o modelo de messias, o modelo de cristão, o modelo de mulher, o modelo de família, o modelo de legislação. Os modelos são invocados.

> **Invoca seu respeito pelo fato e seu amor pela verdade. Mas o fato é uma interpretação; que tipo de interpretação?** O verdadeiro exprime uma vontade; quem quer o verdadeiro? E o que quer aquele que diz: Eu procuro a verdade? Nunca como hoje viu-se a ciência levar tão longe, num certo sentido, a exploração da natureza e do homem, mas também nunca se viu a ciência levar tão longe a **submissão ao ideal e à ordem estabelecidos** (DELEUZE, 1976, p. 60).

A submissão do pensamento é uma forma de escravizar as pessoas e dominá-las. É um modo de controle tão astuto e perspicaz que, na maioria das vezes, o cativeiro nem é percebido pelo cativo. O controle de massas baseado na manipulação daquilo que se promulga como (in)verdade, a partir dos sentimentos de "amor" pela verdade, é reação friamente equacionada. A submissão ao ideal e à ordem do que está posto na sociedade como moralmente aceito é manobra de acesso aos cargos e às posições sociais mais elevadas da classe dominante. Afinal de contas, o ideal é que operários oprimidos permaneçam como estão (ou seja, servindo aos seus senhores) e a ordem se encontre pareada com o ideal, na qual subalternos não solevantam aos seus senhores. E Chico Buarque, de maneira emblemática, mostra-nos isso em *Construção*[26]:

> Subiu a construção como se fosse máquina
> Ergueu no patamar quatro paredes sólidas
> Tijolo com tijolo num desenho mágico
> Seus olhos embotados de cimento e lágrima

Neste contexto, vale lembrar que é a instituição religiosa que sempre dirá quem são os anjos e quais são os possuídos pelo mal. No processo de exorcização vale acender a fogueira para libertar os santos de serem contaminados pelos profanos. Semelhantemente, será entendido ser o empregador quem precisa lucrar cada vez mais, sendo o empregado um simples favorecido por aquele que bota dinheiro em sua casa para que possa comprar comida para os filhos. Na conformidade dos fatos invocados como modelos ideais e ordenados, o dominado se proporcionaliza como colaborador e se distancia da luta por direitos como sujeito trabalhador. A mulher recatada que encosta a barriga no fogão e cuida da higiene e da alimentação dos filhos é a que se enquadra à ordem da estrutura e sistema patriarcal, tão conveniente ao macho que a domina e a faz crer que sua existência é para saciá-lo e confortá-lo. Submetida e submissa a tal modelo, aniquila-se em seu potencial, põe um sorriso nos lábios como disfarce da mágoa de quem a desqualificou, considera um favor o alimento custeado pelo marido por apenas cuidar da casa. Coaduna ser meramente a "mulher dele", como se fosse uma propriedade, sempre em posição de sentido à ordem institucionalizada pela moral e pelos bons costumes. No compasso de Jacques Derrida, filósofo contemporâneo franco-magrebino,

> A "mulher" se interessa, deste modo, tão pouco pela verdade, ela **acredita tão pouco nela, que a verdade a respeito de si não lhe diz mais respeito.** É o "homem" que acredita que seu discurso sobre a mulher ou sobre a verdade [...] diz respeito à mulher. Que a circunvê. É o "homem" que acredita na verdade da mulher, na mulher-verdade. [...] ela joga com a dissimulação, o enfeite, a mentira, a arte, a filosofia artista; ela é uma potência de afirmação (DERRIDA, 2013, p. 18, 21 – grifo nosso).

> Pois, se a mulher é verdade, ela sabe que não há verdade, que a verdade não tem lugar e que não se tem a verdade. **Ela é mulher**

---

26. Canção do compositor brasileiro Chico Buarque (1944), lançada em 1971. Canção que retrata as pungentes relações entre o capital e o trabalho. Composta durante os períodos mais espinhosos da ditadura militar no Brasil. É considerada uma das composições mais brilhantes da música popular brasileira.

na medida em que não crê na verdade; portanto, nisso que ela é, nisso que se crê que ela seja, e que, portanto, ela não é (DERRIDA, 2013, p. 34 – grifo nosso).

Isto que não se deixa conquistar é feminino; isto que não deve se apressar em traduzir por feminilidade, a feminilidade da mulher, a sexualidade feminina e outros fetiches essencializantes que são justamente o que se crê conquistar quando se permanece na tolice do filósofo dogmático, do artista impotente ou do sedutor sem experiência (DERRIDA, 1979, p. 54).

Os modelos se criam e propõem uma verdade. Mas que interpretação fazemos daquilo que nos é apresentado como a verdade? O que está sendo legislado pelo conhecimento? A que conceitos nos remetem os modelos estabelecidos? O que quer aquele que diz isto ou propõe aquilo? O que quer aquele que diz que não quer *isto* e, estrategicamente, recorre para o desinteresse? O que querem os que perfilham o utilitarismo? Que forças os mobilizam? Que imagens de (in)verdade nos são impostas e a que modelo elas se assemelham? A que querem enformar à submissão nosso pensamento?

Quando Sócrates põe a vida a serviço do conhecimento, é preciso compreender a vida inteira, a qual, consequentemente, torna-se reativa; mas quando põe o pensamento a serviço da vida, é preciso entender essa vida reativa em particular, **a qual torna-se o modelo de toda a vida e do próprio pensamento.** [...] Quando o conhecimento se faz legislador é o pensamento que é o grande submisso. **O conhecimento é o próprio pensamento, mas o pensamento submisso** (DELEUZE, 1976, p. 76 – grifo nosso).

E ainda, que mentiras lustramos quando deixamos de buscar a verdade? Quando preferimos esquecer do que lutar pela verdade, nós nos permitimos condicionar o pensamento à submissão. Tornamo-nos indivíduos e massa adestrada e controlada, distantes da permanente construção do pensamento crítico e desconstrução dos discursos hegemônico-excludentes. Encaixamo-nos aos moldes que nos foram dados como modelos ideais e ordenados, já legitimados pela alta-roda dominante. Assim, o "me engana que eu gosto", o costume com a mentira como fato e ato habitual, encontra discípulos em todas as esferas da sociedade e em todos os seus ramos de atividade. A cultura da mentira encrava na mente e no espírito, de modo que a percepção dos fenômenos, bem como o entendimento dos sentidos e significados, se encontra embaralhada e confusa. A imagem de corrupto é relacionada ao político que roubou milhões, e o conceito de corrupto se remete ao modelo de corrupto propagado, ou seja, o sujeito que é político nesse momento. No entanto, apaga-se da memória que aquele que promete hoje com vistas ao futuro, também tem um passado e um presente de desvirtuações. E, não menos importante, o que invoca por justiça, correção, penalidade e acena para a verdade moral, também é o que sonega impostos, que emite e solicita "nota fria", que frauda horários e firmas de presença na folha de ponto do trabalhador. Todavia, aquele que preserva uma consciência emancipada, cujo ato de pensar não está submisso às (in)verdades dadas, é o que invoca o contraditório e a diferença como elementos que nos forçam a pensar. Este compreende que o ser humano é o criador de todos os seus valores e que para todas as coisas são determinados os sentidos. Ele se encontra lúcido e tem consciência de que existe relatividade entre a verdade e a mentira, segundo as interpretações e avaliações realizadas por cada um.

Na estação da pós-verdade, das *fake news*, local do tempo e do espaço onde as emoções e crenças particulares passaram a ser mais importantes e mais consideradas do que a objetividade dos acontecimentos, a cultura da (in)verdade sobressalta e ganha dimensões colossais. O paradigma da distorção é arroubo de controle social, colonização de territórios, mecanismo de poder, enfraquecimento de identidades sociais, dissipação de células do núcleo minoritário, é o valor da inverdade como potência. É base de simulacro em que aquilo que é falso e superficial é equiparado à mesma proporção de uma verdade, pois o simulacro "é construído sobre uma disparidade, sobre uma diferença, ele interioriza uma dissimilitude" (DELEUZE, 1974, p. 263). O simulacro é matriz para gerar subjetivações e, por isso, tão conveniente no universo político. Contudo, assim como a imagem-cópia não é a própria realidade ou objeto original, embora produza certa semelhança apesar de permanecer sendo outra coisa diferente, no simulacro só há dessemelhança e fantasmas fundados na aparência distorcida e na desconsideração daquilo que, verdadeiramente, compõe o que é original.

> Antes não há senão simulacros, ídolos, imagens, mas não fantasmas como representações de acontecimentos. Os acontecimentos puros são resultados, mas resultados de segundo grau. É verdade que o fantasma reintegra, retoma tudo na retomada de seu próprio movimento. Mas tudo mudou. [...] O simulacro implica grandes dimensões, profundidades e distâncias que o observador não pode dominar. É porque não as domina que ele experimenta uma impressão de semelhança. O simulacro inclui em si o ponto de vista diferencial; **o observador faz parte do próprio simulacro, que se transforma e se deforma com seu ponto de vista** (DELEUZE, 1974, p. 228, 264 – grifo nosso).

Desgraçadamente[27], muitos dos mesmos que produzem leis e discursam acerca dos direitos de todos à educação de qualidade e às igualdades de oportunidades, a não discriminação pelas diferenças, são aqueles que também cingem divisões, *apartheid*, perseguições, maus-tratos e injustiças sociais às minorias, aos menos favorecidos, àqueles que se encontram em desvantagem social pelos processos históricos e culturais produzidos na sociedade. Vários outros que se nomeiam seguidores de um Consagrado Iluminado[28], amoroso e sábio, procedem à perfídia de seus ensinamentos, à deslealdade pelo movimento de suas ações produzidas pelas reais forças que lhe deram energia para cobrir os olhos do cenário de sangue executado pelo carrasco protagonista e lavar as mãos da omissão feito Pilatos. Nesse sentido, é o omisso, também protagonista coadjuvante. No entanto, é a Verdade que, verdadeiramente, liberta os oprimidos pela consciência da força do protagonismo e do lugar de fala e de movimento que se encontram. Nem um pouco menos importante, ingênuo ou romântico, liberta os oprimidos pelo amor que baliza a capacidade de respeitar a todos em suas diferenças, pela paz como direito universal, pelo comungar do bem comum, por não fazer o mal ao outro, tampouco ser omisso diante da desumanidade. O que foge disso é de outro espírito e não tem a ver com a Verdade. Mesmo em tempos de inverdades, o Tempo tudo revela!

Não incomum, tanto a ciência como a religião, em muitas circunstâncias e contextos, legitimam e empoderam tal paradigma e seus ícones, uma vez que razão e verdade são criadas pelo próprio ser humano na história e perpetuadas pela cultura. Tudo é um jogo, um jogo de xadrez com personagens, peças, territórios, objetivos, estratégias calculadas, onde quem toscaneja ou se limita a olhar somente por um ângulo e para o rei, certamente será capturado e seu reino dominado. Xeque-mate!

A cultura é a atividade pré-histórica do homem. Mas em que consiste essa atividade? Trata-se sempre de dar ao homem hábitos, de

---

27. "Graça" é um termo originário do latim, *"gratia"*, que significa mercê, benevolência, favor que se dispensa ou se recebe, generosidade. Graça tem a ver com clemência. Na teologia judaica e cristã, graça é um dom concedido por Deus, é favor seu, misericordioso e amoroso à humanidade. Entretanto, essa graça pode ser livremente recusada pelo ser humano pelo entendimento que este tem livre-arbítrio. A desgraça, contudo, seria a ausência da companhia de Deus e, neste sentido, por dar lugar àquilo que o afasta de Deus, é que seu espírito se aproxima do que é mau ou pior, da naturalização e cristalização do ódio em sua mente, em seu viver, o que resultaria em iniquidades e desamor ao próximo, seja ele quem for.

28. Iluminado é aquele que alcançou iluminação espiritual com profunda compreensão acerca das questões e propósitos da vida, bem como tem entendimento da mente divina e se relaciona diretamente com a divindade. Em todas as religiões há reconhecimento de iluminados que trouxeram valorosos conhecimentos à humanidade. Esses, por seus fiéis seguidores, costumam ser ícones de referência e símbolos cuja existência deve ser tomada como modelo de vida. Embora muitas pessoas afirmem não professar uma determinada religião, grande parte toma para si alguns iluminados como exemplos de vida.

fazê-lo obedecer a leis, de adestrá-lo. **Adestrar o homem significa formá-lo** de tal modo que ele possa acionar suas forças reativas. A atividade da cultura se exerce, em princípio, sobre as forças reativas, **dá-lhes hábitos e impõe-lhes modelos**, para torná-las aptas a serem acionadas. A cultura, enquanto tal, exerce-se em várias direções. [...] Seu objetivo principal é o de reforçar a consciência. É preciso dar a essa consciência que se define pelo caráter fugidio das excitações, a essa consciência que se apoia na faculdade do esquecimento, uma consistência e uma firmeza que ela não tem por si mesma. A cultura dota a consciência de uma nova faculdade que, aparentemente, se opõe à faculdade do esquecimento: a memória. Mas a memória da qual se trata aqui não é a memória dos traços. **Essa memória original não é mais função do passado, mas função do futuro.** Não é memória da sensibilidade, mas da vontade. Não é memória dos traços, mas das palavras. **Ela é faculdade de prometer, engajamento do futuro**, lembrança do próprio futuro. Lembrar-se da promessa feita não é lembrar-se de que foi feita em tal momento passado, mas de que se deve mantê-la em tal momento futuro. Eis aí precisamente o objetivo seletivo da cultura: **formar um homem capaz de prometer, portanto dispor do futuro, um homem livre e poderoso.** Só um homem assim é ativo; ele aciona suas reações, nele tudo é ativo ou acionado. A faculdade de prometer é o efeito da cultura como atividade do homem sobre o homem; o homem que pode prometer é o produto da cultura como atividade genérica (DELEUZE, 1976, p. 111).

Não obstante, os múltiplos sentidos, a diversidade de pensamento e as divergências no entendimento e acolhimento da (in)verdade, engendram diferenças. Diferentes forças produzem (in)verdades divergentes. E em uma incomensurável tentativa de aferir argumentos que suportem a imposição de uma verdade para quem, ao revés, está convicto que tem de posse o que considera verdadeiro; o ódio é, então, procriado. Com pesar, podemos dizer que as diferenças têm sido pivôs para os afetos e produção de sentidos de fúria. Um fel em que os seres humanos se consomem a si próprios. E este amargor humano é projetado, também, na forma de imagens, e estas rodam o planeta em movimento pela cultura de massa. O remate desta pequenez se configura no menosprezo, preconceito, discriminação e exclusão, desenhado das mais diversificadas maneiras em tantos contextos. A diferença, como um atributo próprio da espécie humana e que deveria ser a causa da Humanidade[29], é o travão para os que imaginam[30] que o seguimento da vida pode ser formatado

---

29. No sentido da benevolência, bondade, caridade, generosidade, compaixão...

30. Concebem uma imagem idealizada em sua imaginação.

pela homogeneidade, hegemonia e pela uniforme "dita-dura". E, na força deste sentido, aluem-se os sentidos mais genuínos da Humanidade, de modo que a maldade se torna uma das maiores particularidades da natureza humana, desvelada e revelada em ações diretas e indiretas que machucam, lesam e até dizimam o outro.

O que há por detrás da janela mosqueada no concreto? Que elementos dos acontecimentos ao derredor, e para lá do circuito primário da existência da mulher, interferem e fecundam sentidos nos outros seres humanos? Que forças potencializam os profusos sentidos humanos? O que ou quem somos? Por que somos? Quem queremos ser? O que querem que sejamos? O que dizem que somos? Ou quem presumimos ser? Que imagens nos vendem? Que sentidos as imagens vendem? O que querem que consumamos? A consciência emancipada busca a verdade.

Quando a imagem é consumida levianamente e a busca permanente pela verdade é preterida, o desejo de compor um retrato coletivo em que o sujeito possa ser aquilo que diz ser, em conexão com o que aspiram e presumem que ele seja, passa este a ser seu desejo de consumo. Se vale a máxima: "somos o que consumimos", que imagens têm alimentado nossos sentidos e nossas ações? Perdemo-nos de nós mesmos ou nos encontramos com Alice?

Isto posto, as imagens, tal como os conceitos, vão se desgastando na história e por meio da cultura da humanidade. Embora reflitam alguma semelhança com a realidade, as imagens não são a repetição do real, ao reverso; são distorções.

Roland Barthes traz relevante contribuição para a compreensão da imagem como poderoso recurso ideológico da cultura de massa. Suas obras tratam sobre a dissimulação ideológica codificada pela mídia e a forma intencional como a realidade é encoberta, naturalizando e coisificando os acontecimentos construídos na história. Traduz-se como "um sentimento de impaciência frente ao 'natural' com que a imprensa, a arte, o senso comum, mascaram, continuamente, uma realidade que pelo fato de ser aquela em que vivemos, não deixa de ser por isso perfeitamente histórica" (2001, p. 7). E neste contínuo mascarar, produzem mitos para alastrarem suas mensagens à multidão. Segundo o autor, mito é um sistema de comunicação, uma mensagem, uma forma de significar que é definida pelo modo como se diz e, não, simplesmente, aquilo que alega. O mito é intencionalmente construído com uma função clara de naturalizar e universalizar o que, na verdade, é histórico-cultural.

> **A função do mito é evacuar o real**: literalmente, o mito é um escoamento incessante, uma hemorragia, ou, se se prefere, uma

evaporação; em suma, uma ausência sensível. [...] **O mito não nega as coisas**; sua função é, pelo contrário, falar delas; simplesmente, purifica-as, inocenta-as, fundamenta-as em natureza e em eternidade, dá-lhes uma clareza, não de explicação, mas de constatação. [...] Passando da história à natureza, o mito faz uma economia: abole a complexidade dos atos humanos, confere-lhes a simplicidade das essências, **suprime toda e qualquer dialética**, qualquer elevação para lá do visível imediato, organiza um mundo sem contradições, porque sem profundeza, um mundo plano que se ostenta em sua evidência, cria uma clareza feliz: as coisas parecem significar sozinhas, por elas próprias (BARTHES, 2001, p. 163-164 – grifo nosso).

As imagens estão impregnadas de significados plugados a mensagens consumidas de ilusão, de mentiras, de mitos, de reflexos que distorcem, propositalmente, o acontecimento real, distanciando-se do que é vividamente, significante. Todavia, a imagem, na verdade, não pertence àquele que a vê. Mas quem a vê é que a re-significa com sua subjetividade carregada de sentidos e significados socialmente construídos. Não obstante, o reflexo do real retratado na imagem sofre manipulações para conduzir os sentimentos e as reações da massa que vê, passivamente, de forma contemplativa, a imagem, sem, contudo, ter relação íntima com o acontecimento. Em outras palavras, sem ter conhecimento de causa ou vivências que lhe amparem a analisar minuciosamente o contexto circunstanciado na imagem-movimento.

As imagens refletem a alma de nossa sociedade altamente adoecida. A publicidade midiática avança na utilização de imagens como representações da realidade. Nas redes sociais as imagens são refugos de disseminações de ideias e (in)formações fragmentadas, esquartejadas para a difusão do que se pretende comunicar. Os indivíduos marcados por este segmento se aliam ou se distanciam a partir do aliciamento do produtor das imagens. Os reflexos espelhados pelas mensagens subliminares enuviam ainda mais o acontecimento factual. E assim as relações sociais se tensionam, de modo que o ódio, a violência, a discriminação e a exclusão se manifestam em palavras de ordem até mesmo quando o intento era repudiar tais atos refletidos pela imagem.

O reflexo imediato provocado pela imagem se manifesta na mesma espécie de discurso nos comentários da postagem: ódio, violência, discriminação, exclusão, banimento, morte. E de modo colateral esse vocábulo ofensivo atinge também os comentaristas da imagem pela aproximação ou distanciamento opinativo, bem como toda uma população de espectadores virtuais que em seu cotidiano somatizam e subjetivam as experiências, violentamente ofensivas, e as reproduzem com naturalidade ou, então, as engolem em seco como se fossem galhos de roseira. De uma forma ou de outra, o mal-estar produzido e absorvido é instalado nos corpos. O adoecimento social é materizalizado no comportamento humano. As imagens, portanto, medeiam a relação social entre os sujeitos e se constituem parte integrante do *modus operandi* da fidalguia dominante em curso. A sociedade do escarcéu grita, por meio das imagens que vende, as (in)verdades e os sentidos que o sujeito coletivo deve comprar.

Nesse sentido, os significados produzidos podem causar ruídos, ou seja, podem lograr e afear à realidade, de modo a permitir o acontecimento de manipulações da coisa real como uma potência social ante as massas. Para que o sujeito conheça de fato a coisa real, é preciso que ele esteja imerso ao contexto social de onde se partiu a produção da imagem e se relacione com ele, bem como com as representações simbólicas e ideológicas produzidas. Se assim não o for, é certo haver manejos por quem se re-conhece como dominante da informação para alcançar seus interesses, tanto quanto é (in)discutível a existência de manipulados conduzidos estrategicamente a ordenadas convicções que são construídas na história da sociedade e perpetuadas pela cultura da humanidade.

A exemplo, grupos fascistas, ao iconizar a pobreza no planeta, produzem a imagem que denota que mulheres em condições de miséria geram muitos filhos. Nesta matriz de juízos a causa do aumento da pobreza é o pobre. E é esta a mensagem "distorcida" do acontecimento real que se pretende transmitir às massas. Não se discute as mazelas sociais em que há uma minoria na pirâmide social de posse das riquezas do planeta acumuladas pelo capitalismo de alta exploração extrativista que acaba por sabotar o próprio capitalismo pela insustentabilidade da existência humana.

> A riqueza global total alcançou a impressionante soma de US$ 255 trilhões. Desde 2015, mais da metade dessa riqueza tem ficado nas mãos do 1% mais rico da população mundial. No topo da distribuição, os dados para este ano indicam que, coletivamente, os oito indivíduos mais ricos do mundo detêm uma riqueza líquida de US$ 426 bilhões, valor equivalente à riqueza líquida da metade mais pobre da humanidade (OXFAM, 2017, p. 11).

A produção dessa imagem da pobreza, ideia sistemicamente construída para as massas, acaba por se perpetuar pela cultura, manipulando-as a concluírem que o acúmulo de riqueza é algo natural, sem razão para indagações. Ao revés, gerar filhos é uma irracionalidade do pobre que deve ser reprimida. Contudo, ousamos questionar: qual é a razão da pobreza?

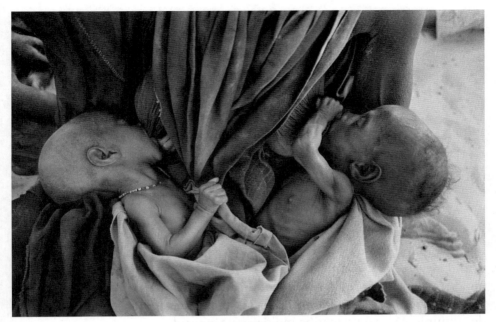

Mãe amamentando os filhos gêmeos
Campo de refugiados de Douentza, Mali, 1985 (85-3-87-3a)
Fotografia de ©Sebastião Salgado[31].

A produção de imagens com denotações distorcidas do acontecimento real é uma forma de manipular e controlar a sociedade para o alcance de determinados objetivos que costumam interessar apenas à fidalguia dominante. Desse modo eles transmitem sua (in)formação às massas e esperam não ser questionados. Gilles Deleuze (1999) expõe o conceito de "sociedade de controle" no qual "palavras de ordem" dizem respeito ao próprio sistema de controle desta sociedade, sendo que a informação se constitui por um conjunto de palavras de ordem. Segundo o autor:

---

31. Sebastião Ribeiro Salgado Júnior nasceu em Aimorés, MG, em 8 de fevereiro de 1944. É um fotógrafo brasileiro. Graduou-se em Economia pela Universidade Federal do Espírito Santo (1964-1967) e realizou estudos de pós-graduação na Universidade de São Paulo. Em razão das perseguições políticas cometidas pela ditadura militar, foi obrigado a solicitar asilo político em Paris, França, no ano de 1969, onde concluiu seus estudos de doutorado em Economia (1971). Adepto da fotografia em preto e branco, construiu seu caminho e se tornou um dos mais célebres fotógrafos da contemporaneidade na área fotojornalística. Em suas viagens e trabalhos se dedicou a fotografar contextos de pessoas em situação de exclusão na sociedade. A imagem "Mãe amamentando os filhos gêmeos" foi cedida gentilmente pelo autor. Demais informações podem ser conferidas no site da Agency Exclusively Devoted to the Photographer Sebastião Salgado [Disponível em https://www.amazonasimages.com/].

> Quando nos informam, nos dizem o que julgam que devemos crer. Em outros termos, informar é fazer circular uma palavra de ordem. [...] elas nos comunicam informações, nos dizem aquilo que julgam que somos capazes ou devemos ou temos a obrigação de crer. Ou nem mesmo crer, mas fazer como se acreditássemos. Não nos pedem para crer, mas para nos comportar como se crêssemos. Isso é informação, isso é comunicação; à parte essas palavras de ordem e sua transmissão, não existe comunicação. O que equivale a dizer que a informação é exatamente o sistema do controle. Isso é evidente, e nos toca de perto hoje em dia (DELEUZE, 1999, p. 10-11 – grifo nosso).

Assim a (in)formação infere tanto na cultura, no sistema de crenças, nas decisões a serem tomadas como também no comportamento do indivíduo; logo, de todo um povo, de toda uma geração, de todo um presente e um futuro. Esse sistema de controle enforma, ou seja, mete em uma forma, em um molde, a subjetividade do ser humano para regular seus comportamentos de maneira a ter em mãos o controle social. E a imagem é um poderoso recurso de comunicação para tamanha moldagem e controle.

Almeida Júnior traz importante contribuição para o entendimento sobre o influxo da cultura de massa por meio da produção de imagens na sociedade. Nas palavras do autor,

> Esta fusão-confusão entre a realidade e o imaginário conduz o indivíduo a uma percepção invertida das realidades e de suas funções, acarretando-lhe, sem o saber, um problema de ordem ético-epistemológica. **A imagem generalizada "desrealiza" o mundo humano na tentativa de representá-lo.** O indivíduo é condicionado a conhecer os sentidos do seu mundo circunstancial através da mediação das imagens e não mais interagindo diretamente sobre a realidade. [...] Como a imagem determina sentidos à consciência que a *visita* (vê) e a *habita* (lê), o indivíduo corre o risco de permanecer somente no âmbito do imaginário, alienando-se dos reais conflitos e contradições da sociedade (1989, p. 26 – grifo nosso).

Nesse contexto, a imagem induz e produz conceitos na sociedade, na mesma proporção em que ela foi criada para simbolizar um determinado conceito. Um "conceito" compreende particularidades, atributos, qualidades e padrões daquilo que é tangível, tanto no plano abstrato como concreto, no virtual como no real. (Im)plantar um certo conceito na sociedade, de modo que ele se perpetue na história e pela cultura, não se traduz como algo difícil ou complexo aos dominadores, ou seja, o conduzir da massa para o porto que se tem traçado como destino. E no cais desse porto onde inúmeros viajantes desembarcam, encontram-se os dogmas para orientar os forasteiros em sua jornada.

Dogma deriva do grego, δόγμα, e significa algo que é apresentado como uma verdade indiscutível, imutável e definitiva. O dogma comumente está relacionado a crenças religiosas, e seus fundamentos não são discutíveis por meio dos parâmetros da ciência, mas sim alicerçados em seu *belief system*, sustentados pela fé daquele que crê.

No entanto, os dogmas também perpassam por sistemas de ideias ou organizações distintas. Essas, semelhantemente, também têm em posse suas máximas, seus preceitos que constituem seu *belief system*[32]. Quer para crenças religiosas, sistemas de ideias ou organizações, é preciso ter "fé" ou, melhor dizendo, manifestar adesão absoluta do ser (ou do espírito, a quem preferir esse termo) àquilo que se tem como verdade. Logo, é preciso ser "crente" para se manter indesviável dos preceitos de uma crença religiosa ou de uma seita, de uma determinada ideologia ou organização. Até para ser ateísta é preciso ter "fé" (convicção) no cânon da descrença.

Conceitos, dogmas e cultura de massa se relacionam intimamente com a produção de imagem como um recurso tendencialmente representativo da (in)formação que se almeja disseminar como forma de controle social. E neste *depositum fidei*[33] (depósito de fé) muitos viajantes forasteiros se embargam e se emaranham nas teias da ilusão, exploração, opressão, dominação, velação, escravidão e adoecimento, muitas vezes em uma espécie de catalepsia da razão.

A produção de imagens, ideologicamente construídas, manejam o comportamento social dos indivíduos (viajantes forasteiros) que pela ausência de conhecimento ou pela falta de vivenciar aquilo que afirmam, e por se encontrarem em terra estranha, creem ser verdade certos "dogmas", tradicionalmente perpetuados. Não obstante, supõem que suas profecias anunciadas também se realizarão, de modo que poucos se atrevem a indagar a veracidade de tantos fundamentos que aparentam ser solidamente estabelecidos. Alegoricamente, trazemos à lembrança a discromatopsia, uma anomalia que interfere no modo como as cores são percebidas, também denominada de daltonismo. A maneira de enxergar as cores para a pessoa que tem essa singularidade sofre alterações. Portanto, as cores que ela vê são verdadeiras para ela. No entanto, se é sabido

---

32. O termo conota um sistema de crenças. Algo conjunto, constituído por princípios e valores que dão sentido e significado aos modos de viver. Uma filosofia de vida.

33. Na Idade Média a Igreja Católica criou o conceito *"depositum fidei"* ("depósito de fé"), que sustentava que à Igreja era confiado um depósito de verdades no qual todos os seus pressupostos eram conteúdos diretamente revelados por Deus.

que o cenário sofre uma distorção pela exceção do desvio que a causa, parece óbvio que o incontroverso não existe. Rebuscar a lisura dos rudimentos faz parte da busca pelo verdadeiro.

À regra, sabe-se que a inoculação possibilitou a proteção contra doenças infeciosas que em outras épocas afligiram milhões de pessoas. À medida que a ciência avançou, metodologias sistemáticas foram se consolidando para dar confiabilidade a esse método de salvaguardar a vida das pessoas. A (in)formação de que muitas vidas poderiam ser preservadas das moléstias galgou pela história, de modo que, hoje, pela imagem que se construiu desta preparação biológica que proporciona "imunidade adquirida ativa" para determinadas doenças, fixou-se em nossa cultura de maneira absoluta como genuína verdade. Não nos restam dúvidas dos muitos benefícios trazidos à humanidade por esta descoberta da ciência.

Entretanto, o que dizer a respeito dos inúmeros casos relatados de manifestações patogênicas e lesões desencadeadas após determinadas inoculações? Seriam todos aqueles que questionam a composição das mesmas, levianos conspiradores? O fato de não haver milhares de pesquisas científicas contradizendo o "axioma" reflete, necessariamente, a ausência de evidências? Quem são os patrocinadores que controlam as (in)formações da imagem imaculada? Os cientistas e familiares dos lesados, exaladores de dúvidas sobre não haver danos e nocividades causadas pela crescença das inoculações, seriam tão revérberos de blasfêmias quanto os hereges julgados e condenados pela "Santa" Inquisição? Seria incabível pensar, para além da imagem bem-aventurada pela cultura, que o capital poderia perverter a essência da criação deste meio de salvar humanos para uma arma passível de ulcerar a humanidade[34] em seu sentido pleno? Somente profissionais da saúde que proclamam que "vacinas" são plenamente seguras e inofensivas é que amam o verdadeiro e praticam a boa ciência? Os que levantam suspeitas sobre efeitos colaterais severos são todos loroteiros e querem o mal da humanidade? O que é "geneticamente comprovado", não poderia ter sofrido mutações a partir de consideráveis intervenções relacionadas às formas como as substâncias químicas podem interagir com os sistemas biológicos? Questionar e implicar a amplificação de estudos e pesquisas sobre como são produzidas as vacinas, o que as compõem, bem como seus efeitos nos corpos, é estar agrupado no conjunto identitário de tresloucados antivacinas? É ser utilitarista e vendido à exploração vantajosa à má ciência? O

---

34. "Humanidade" (do latim, *"humanĭtas"*) refere-se à natureza ou espécie humana, ao conjunto de todas as pessoas. Também diz respeito às características relacionadas ao ser humano, como clemência, benevolência, compaixão, afabilidade, qualidade do que é sensível, beneficência, bondade. Este é o sentido pleno de humanidade.

fato de se questionar com veemência, instantaneamente, já caracteriza como grupo contrário à vacinação? É (in)questionável a possibilidade de erros nesta categoria piramidal?

Ora, o método científico costuma ser movido a partir da dúvida, e é por meio dela que ao invés de aceitar passivamente teorias científicas já descritas, sejam investigadas novas situações versadas para a proposição de possíveis explicações científicas, respostas ou então, confirmação que as teorias convencionais permanecem válidas. Em tempo, segundo Humberto Maturana,

> As explicações científicas não se referem à verdade, mas configuram um domínio de verdade. A ciência é um domínio cognitivo válido para todos aqueles que aceitam o critério de validação das explicações científicas (p. 57). [...] Devido ao seu modo de constituição, as teorias científicas surgem intrinsecamente em um domínio aberto de reflexões sobre tudo, incluindo seus fundamentos, e são, operacionalmente, livres de qualquer dogmatismo (2001, p. 167).

O método científico considera falhas de procedimentos, contextos diversos, influências dos pesquisadores ou outros interessados em determinados resultados, enfim, variáveis aleatórias. Questionar os procedimentos sobre como são produzidas as vacinas, sobre o que as compõem ou possíveis efeitos colaterais que, inclusive, são descritos em suas próprias bulas, não deveria ser motivo para associações à ignorância sobre evidências científicas acumuladas nas últimas décadas, à irresponsabilidade com a saúde global, à má ciência ou a movimentos radicais antivacinas. A ciência não é dedutiva como a matemática clássica. Se hipóteses são levantadas e casos são relatados por pesquisadores que têm questionado os desdobramentos de efeitos colaterais de vacinas relacionados ao autismo ou outras condições clínicas, então, mesmo que sejam tão somente 5% de dúvida, essas interrogações devem motivar o debruçamento de cientistas imparciais no esquadrinhamento investigativo. Não para provarem que vacinas são plenamente seguras e sempre necessárias à imunização de doenças evitáveis ou para comprovarem que as vacinas são totalmente maléficas e desnecessárias à raça humana. Porém, fazerem o trabalho proposto pela ciência: considerar os fatos que legitimam os 5% de dúvida e dar continuidade às investigações que podem impactar, tremendamente, na vida de seres humanos, mesmo que seja em um grupo minoritário de pessoas, igualmente, na sociedade em geral.

Se tais conjecturas tiverem um fio condutor de verdade, é possível exemplificar a produção de uma imagem generalizada e distorcida da realidade, em que se impõe à crença midiaticamente popular de que inocular traz somente benefícios à saúde, enquanto um sem-número de pessoas afirma não ser esta a verdade absoluta. A busca pelo verdadeiro não se faz pelo tapar dos raios de dúvidas, muito menos pelo ódio ao que denota suspeição. A questão não é a oposição do "isto" ou "aquilo", mas sim a coexistência do "isto" com "aquilo" que se agregam na produção do discernimento humano sobre tudo.

Há um conhecido ditado popular: "a propaganda é a alma do negócio". A imagem é um importantíssimo recurso à propaganda. A publicidade e a propaganda são ferramentas próprias de serem utilizadas pelo *marketing*. E este, a partir do estudo para o conhecimento sobre o consumidor, seu comportamento e suas necessidades, constrói suas atividades de comércio para direcionar seus produtos ao mercado que se constitui de consumidores. Deleuze, a respeito das sociedades de controle e do *marketing*, tem uma explicação perturbadora de se ouvir:

> A cada tipo de sociedade, evidentemente, pode-se fazer corresponder um tipo de máquina: as máquinas simples ou dinâmicas para as sociedades de soberania, as máquinas energéticas para as de disciplina, as cibernéticas e os computadores para as sociedades de controle. Mas as máquinas não explicam nada, é preciso analisar os agenciamentos coletivos dos quais elas são apenas uma parte. Face às formas próximas de um controle incessante em meio aberto, **é possível que os confinamentos mais duros nos pareçam a um passado delicioso e benevolente.** A pesquisa sobre os "universais da comunicação" tem razões de sobra para nos dar arrepios. [...] Você pergunta se as sociedades de controle ou de comunicação não suscitarão formas de resistência capazes de dar novas oportunidades a um comunismo concebido como "organização transversal de indivíduos livres". Não sei, talvez. Mas isso não dependeria de as minorias retomarem a palavra. **Talvez a fala, a comunicação, estejam apodrecidas. Estão inteiramente penetradas pelo dinheiro: não por acidente, mas por natureza.** Criar foi sempre coisa distinta de comunicar. O importante talvez venha a ser criar vacúolos de não comunicação, interruptores, para escapar ao controle. [...] As conquistas de mercado se fazem por tomada de controle e não mais por formação de disciplina, por fixação de cotações mais do que por redução de custos, **por transformação do produto mais do que por especialização da produção. A corrupção ganha aí uma nova potência.** O serviço de vendas tornou-se o centro ou a "alma" da empresa. Informam-nos que as empresas têm uma alma, o que é efetivamente a notícia mais terrificante do mundo. **O *marketing* é agora o instrumento de controle social**, e forma a raça impudente de nossos senhores (1992, p. 216, 217, 224 – grifo nosso).

O "terrorismo" pode ser um outro exemplo no qual a imagem atrelada ao conceito, de forma generalizada e absoluta, "desrealiza" o acontecimento factual. A violência deliberada como maneira de intimidar e manipular a sociedade com propósitos políticos, religiosos ou ideológicos, é o cerne do terrorismo. No século XXI o terrorismo passou a ser um fenômeno global em razão de muitos atentados que implicaram a morte de milhares de pessoas. Sentimentos de medo, insegurança, ódio, vingança e intolerância se traduzem como representações simbólicas desta ação horrenda. Os envolvidos em ações terroristas não escondem o desejo de aniquilar o inimigo.

A imagem do ataque às Torres Gêmeas correu o Ocidente na tragédia do "11 de setembro" de 2001. A imagem produziu sentidos e significados configurados no imaginário social como um ato realizado por indivíduos que são fanáticos, sociopatas, fundamentalistas e radicais insanos. Medo é a palavra de ordem! Os fabricantes da cultura de massa mais uma vez atuam com prodígio e conectam a imagem do "11 de setembro" ao medo e ao sentimento imediato de que tais atos necessitam ser reprimidos a qualquer custo. A vindita é justificada e a guerra é declarada ao hostil.

Não obstante, seria o inimigo hostil a ser temido apenas o atacante identificado pela mídia? O fato de não compreendermos o que move um grupo "extremista" a atentar contra a vida de semelhantes poderia explicar a gênese de tanta exímia incitação midiática ao ódio? Como os sistemas de governo e seus mantenedores se reorganizaram economicamente em escala global a partir desses acontecimentos? O que os sistemas de controle desejam que nós acreditemos sem questionar? Segundo Bauman,

> Os **medos lá estão**, saturando a vida cotidiana dos seres humanos na medida em que a desregulamentação do globo atinge seus alicerces mais profundos e os bastiões defensivos da sociedade civil se desmantelam. Os medos estão lá, e recorrer a seus suprimentos aparentemente inesgotáveis e autorreprodutíveis a fim de **reconstruir um capital político exaurido** é uma tentação a que muitos políticos consideram difícil de resistir. Bem antes do 11 de setembro, entregar-se a tal tentação, juntamente com seus formidáveis benefícios, era algo que já tinha sido bem ensaiado e testado. Em um estudo que recebeu o título, ao mesmo tempo adequado e mordaz, de *The Terrorist, Friend of State Power* [O terrorista, amigo do poder do Estado], Victor Grotowicz analisou os usos, pelo governo da República Federal da Alemanha, dos atentados terroristas perpetrados pela Facção do Exército Vermelho numa época em que os "trinta anos gloriosos" do Estado social "começavam a mostrar os primeiros sinais de proximidade

do fim". Ele descobriu que, enquanto em 1976 apenas 7% dos cidadãos alemães consideravam a segurança pessoal como um assunto político importante, dois anos depois uma considerável maioria daquela população achava esse tema mais relevante do que a luta contra o desemprego crescente e a inflação galopante. **Durante aqueles dois anos a nação assistiu pelas telas de TV a imagens** que mostravam as forças em rápida expansão da polícia e do serviço secreto, e ouviu as propostas, cada vez mais audaciosas, de políticos que tentavam sobrepujar um ao outro ao prometerem **medidas sempre mais duras e severas** a serem empregadas na guerra total contra os terroristas (BAUMAN, 2008, p. 198-199 – grifo nosso).

Contudo, diferentemente do que a imagem produzida pela cultura de massa dissemina, os países que mais padecem com atentados terroristas não são os países desenvolvidos, porém o Iraque, a Nigéria, o Paquistão, o Afeganistão e a Rússia (BAKKER, 2015). O número de excedentes vitimados pelos atentados, seja de qual for o inimigo hostil, é de famílias de civis. Manter a ordem pública com fúria contra o inimigo acaba por se mostrar algo natural e aceitável, uma vez que a imagem do medo arrebata a todos. O medo, a ignorância e a mentira são fábricas de exclusão pelo paradigma da distorção. Assim, a suma, violência gera violência, é, violentamente, esquecida. De acordo com Pastana,

Ao estudar o medo contemporâneo associado ao terrorismo, extrai-se que atualmente a dominação política por vezes se efetiva diluindo a opressão em contextos instáveis. Inserido em ambiente propagado como hostil e temerário, o cidadão acaba por aceitar que o preço de sua segurança é a arbitrariedade e o autoritarismo. De fato, **uma das formas mais eficazes de dominação é a de criar uma ideologia justificadora**, que faz com que todo ato autoritário seja visto como circunstancial e necessário. Embora sempre simbólica, essa dominação se efetiva de várias maneiras. A mais comum é certamente o **uso político do medo** (PASTANA, p. 101 – grifo nosso).

E ainda, conforme, Noam Chomsky,

Para compreender os acontecimentos de 11 de setembro é preciso distinguir, por um lado, os executores do crime, e, por outro, o imenso leque de compreensão de que esse crime se beneficiou, inclusive entre os que a ele se opunham. Os executores? [...] Nos meios dirigentes ocidentais, a guerra contra o terrorismo foi apresentada como se fosse uma "luta dirigida contra um câncer disseminado por bárbaros". Mas essas palavras e essa prioridade não são de hoje. Há vinte anos, o Presidente Ronald Reagan e seu secretário de Estado, Alexander Haig, já as enunciavam. E, para conduzir esse combate contra os adversários depravados da civilização, o governo norte-americano instalou, então, uma rede terrorista internacional de amplitude sem precedentes. Praticaram-se inúmeras atrocidades de uma ponta à outra do planeta, e essa rede dedicou o essencial de seus esforços à América Latina. [...] Em primeiro lugar, o terrorismo funciona. A violência também. Em seguida, é um equívoco pensar que o terrorismo seria o instrumento dos fracos. Como a maioria das armas mortíferas, **o terrorismo é, antes de tudo, a arma dos poderosos. Quando se diz o contrário, é unicamente porque os poderosos controlam também os aparelhos ideológicos e culturais que permitem que o terror deles seja visto como uma coisa diferente do terror.** Um dos meios mais comuns de que dispõem para chegar a tal resultado é fazer com que acontecimentos incômodos desapareçam da memória; assim, mais ninguém se lembra deles. [...] **Lutar contra o terrorismo implica reduzir o grau do terror, e não aumentá-lo.** Quando o Exército Republicano Irlandês (IRA) comete um atentado em Londres, os britânicos não destroem Boston, cidade onde o IRA tem muito apoio, nem Belfast. Procuram os culpados e, na sequência, os julgam. Uma forma de reduzir o grau de terror seria parar de contribuir para ele (2001 – grifo nosso).

A imagem do medo, diariamente incutida nas massas, germina o embrionamento da alforria para aniquilação do inimigo, até que a ideia de extirpar um povo passe a ser concebida como uma medida aceitável e legítima para a garantia da paz. E assim, os olhares da massa são desviados das pedras fundamentais dos problemas que, por sua vez, não são de contextos circunstanciais onde o imediatismo é a chave para a saída de emergência. Porém, são de natureza social e implicam uma profunda transformação na sociedade, avessa ao abismo das desigualdades sociais. A imagem para a cultura de massa que relaciona o terrorismo a somente um grupo político ou a determinados povos é produzida de forma distorcida à realidade contextual. O sentido do terrorismo é subjetivo: enquanto para uma nação as organizações militares informais são nominadas como produtoras do terrorismo, para outros povos essas mesmas organizações são mecanismos de luta pela liberdade e resistência ao opressor (múltiplos sentidos). O terrorismo é uma manifestação muito mais complexa e sintoma de adoecimento crônico de nossa sociedade contemporânea. Diferentes forças produzem verdades que divergem entre si.

Ganância e poder: forças propulsoras do paradigma da distorção

A cultura de massa por meio da imagem emoldura a subjetividade humana para alcançar seus objetivos e interesses, comumente relacionados ao capitalismo, custe o que custar, fira a quem ferir. É uma maneira muito eficaz de manter o ser humano em estado de alerta ao mesmo tempo que em contínua produtividade para se manter em efetivo consumo de tudo aquilo que o *marketing* lhe apresenta por meio das tecnologias diversas de informação. E por meio da imagem distorcida da realidade é que os indivíduos compram os padrões estabelecidos pelos dominadores, captadores gananciosos da lucratividade imoral.

A imprensa se configura como o significado coletivo dos meios difusores de informação através da comunicação realizada pelo jornalismo. Esta é entendida como distinta dos meios que exercem a comunicação de entretenimento ou propagandista. Todavia, independentemente do tipo de comunicação ou de seus veículos, a imprensa tem se mostrado como propensa a servir como instrumento de opressão a partir das imagens distorcidas da realidade que produz instantânea e permanentemente.

A imprensa, enunciada no século XIX como o "Quarto Poder", converteu-se como a porta-voz dos que eram considerados invisíveis pela sociedade, como um braço de resistência aos abusos de poder cometidos pelos poderes Legislativo, Executivo e Judiciário. Por meio da mídia, a voz do povo deveria ser ecoada. Lamentavelmente, com o passar do tempo e pela cessão às tentações dos "pecados capitais" da avareza, inveja e orgulho, a imprensa passou a andar de vez de braços dados com a classe dominante, de forma a se eleger como um recurso altamente estratégico para o controle político e, consequentemente, do manejo da cultura de massa na sociedade. No momento atual, a imprensa é inclinada por grupos econômicos, financeiros e empresas globais do planeta e visa atender, plenamente, aos seus interesses. Desta forma, influencia sobremaneira à constituição da opinião pública, manejando e distorcendo acontecimentos factuais para plantar, justificar e implementar os desejos da alta-roda dominante. Portanto, o "Quarto Poder" na contemporaneidade não tem como princípio elevado ecoar a voz dos cidadãos ignorados pela elite. Nada obstante, opera o manejo da imagem que os dominadores almejam estampar para o consumo de produtos, serviços, bem como o sistema, a forma e o regime de governo, além do consumo de ideias. Ao manipular informações e imagens para serem comunicadas ao povo de forma distorcida e desrealizada, sufoca-se os princípios da democracia em uma atitude cesarista.

Neste sentido, quando a imprensa não tem um compromisso com a soberania popular, a busca pelo verdadeiro, o combate a todas as formas de violência e a justiça social, ela se torna uma ferramenta poderosa nas mãos de grupos fascistas para empreender todos os tipos de opressão e tirania na forma de distintos e ardilosos golpes discricionários.

A exemplo, serve-nos a história do líder negro norte-americano Martin Luther King (1929-1968), formado em Teologia, corajoso combatente à violência racial. No ano de 1955, uma mulher negra foi presa por se recusar a ceder seu lugar no ônibus para um homem branco. Martin, então, encabeça um boicote contrário ao *apartheid* nos ônibus que permanece por 381 dias, quando então, a Suprema Corte Americana decide, por fim, proibir a marginalização. Inspirado e fundamentado no *belief system* do líder hindu, Mohandas Karamchand Gandhi, mais conhecido como Mahatma Gandhi (do sânscrito "*Mahatma*", "A Grande Alma"), Martin atua por meio de campanhas em prol dos direitos civis dos negros, primando pela não violência, porém resistente à lei e à ordem de sua época; portanto, agindo em desobediência civil. No ano de 1960 desencadeia a liberação do acesso aos negros às bibliotecas, parques públicos e lanchonetes, e em 1963 conduz 250 mil pessoas à marcha em Washington, onde enuncia e anuncia sua utopia:

> [...] Eu tenho um sonho que um dia esta nação se levantará e viverá o verdadeiro significado de sua crença – nós celebraremos estas verdades e elas serão claras para todos, que os homens são criados iguais. [...] Com esta fé nós poderemos transformar as discórdias estridentes de nossa nação em uma bela sinfonia de fraternidade (KING, 28/08/1963).

A luta liderada por Martin Luther King trouxe colheitas de sementes roçadas em terrenos pedregosos e hostis. Os Estados Unidos, país que se autoafirmava como um modelo de democracia e liberdade, categorizava as pessoas segundo sua raça (não muito diferente dos dias atuais). Os direitos civis igualitários, paridos em 1964, entre brancos e negros, geraram a King o Prêmio Nobel da Paz e também uma morte prematura por meio de um homem branco que disparou um tiro de seu rifle. Mas não eram apenas as questões raciais que dirimiram pela eliminação do líder. Outros interesses que envolviam a ganância e o poder estavam envolvidos. Segundo Mattos,

> Outra grande angústia de King foi sua constatação que, ao mover sua atuação para o norte dos Estados Unidos, os liberais brancos que estavam dispostos a apoiá-lo enquanto ele lutava somente no sul do país, pouco a pouco foram retirando o respaldo à luta pelos direitos civis, especialmente quando passou a expressar com veemência suas opiniões contrárias à guerra no Vietnã e a vincular racismo, pobreza e militarismo, pregando mais do que reformas políticas à re-estruturação do sistema econômico-militar que produzia tanto o racismo como a pobreza, no país e no mundo. O que de fato ele passou a defender tinha

muito mais a ver com revolução do que com reforma, ainda que fosse uma revolução não violenta! [...] Quando se apercebeu finalmente de todas estas interconexões, o acadêmico pastor de Montgomery tornou-se perigoso para o sistema. **Na medida em que seu idealismo liberal foi dando lugar a um não violento realismo radical, o liberal *The New York Times,* após o discurso contra a ação do governo de seu país no Vietnã, o chamou de demagogo populista.** Na medida em que King vai além de seu amor nacionalista por seu país e se firma, em nome de sua fidelidade a fé que abraça, seu compromisso internacional com os pobres, marginalizados e excluídos de todo mundo, seja no Peru, na África do Sul, ou no mundo dominado pelo comunismo soviético, **King se torna uma grande ameaça, talvez mais perigosa** que os militantes do *Black Power.* Na medida em que é capaz de em seu calidoscópio perceber que pobreza, racismo e militarismo estão intrinsecamente relacionados com o poder econômico, King ultrapassa os limites liberais do permissível. Por isso, seu assassinato é seu destino inevitável. Para isso ele estava preparado (2006, p. 7-9 – grifo nosso).

King se tornou uma ameaça perigosa à alta-roda dominante. E a mídia, como arma poderosa nas mãos dos dominadores, mais uma vez expeliu o veneno da distorção, 'em uma investida de macular a imagem daquele que foi além dos limites contornados pelo liberalismo. Entretanto, quando o cárcere não prende uma ideia, quando a força covarde das ameaças à vida não refreia o amor maior por uma causa, quando a distorção não tange à queda moral e política, quando a força motriz de um povo é potencializada por um porta-voz destemido, a Casa Grande chama o carrasco da senzala moderna para aniquilar aquele que a incomoda. Martin Luther King incomodava.

Não muito diferente é a história de Nelson Rolihlahla Mandela (1918-2013). Era advogado, embora não tenha concluído o curso de Direito. Foi presidente da África do Sul no período de 1994 a 1999 e ganhador do Prêmio Nobel da Paz em 1993. Era conhecido como *Madiba,* nome de seu clã e também chamado de *Tata,* que quer dizer "pai". Contudo, as conquistas de Mandela lhe custaram bem caro! O maior líder da África do Sul viveu longos 27 anos (dos 44 aos 71 anos de idade) na prisão, por também ser um grande líder rebelde da resistência não violenta da juventude para a emancipação de seu país do governo de uma minoria branca.

O trabalho midiático manipulado pela elite dominante foi, como sempre, um sucesso. Mandela foi condenado como réu em um vergonhoso julgamento por traição em apoiar a "Carta da Liberdade". Ficou foragido e se tornou o detento mais famoso do planeta. Foi preso por mais de uma vez, sem direito a um julgamento justo, e chegou a ser condenado à prisão perpétua. Também foi denunciado como um terrorista comunista que deveria ser impedido de continuar sua revolução. Sua desobediência civil e resistência lhe elegeram para alvo de injustiças e barbáries por parte das autoridades. Entretanto, na prisão ou fora dela, Mandela permanecia sendo o líder de seu povo como a materialização da ideia que não se pode conter em grades feitas por mãos humanas.

Seu lema era, inteligentemente, não permitir que o ódio lhe tomasse conta, bem como favorecer a consciência de seu povo que o caminho era a paz e não a violência. Sua luta era contra a dominação branca, bem como contra a dominação negra. Sua verdade era a busca incessante pela democracia e liberdade, onde as oportunidades são as mesmas para todos. Embora caluniado por anos a fio, injustiçado e encarcerado, Mandela se tornou o político mais prestigiado e condecorado em vida, tanto por seu próprio país como também pelos Estados Unidos e União Soviética. Deixou o legado da construção de uma sociedade multiétnica, um dos principais atores de oposição ao *apartheid*.

King e Mandela são apenas dois exemplos de personalidades do século XX que foram vítimas de calúnias e distorções fabricadas pela alta-roda dominante, profundamente incomodada, com a influência e o impacto sócio-político-econômico que poderiam engatilhar. Apesar do apoio midiático para perverter fatos e ideologias, ao longo do tempo, o que era "verdadeiro", transpareceu e a história os registrou como audazes protagonistas de direitos humanos e cultura para a paz.

Por meio da (in)gerência midiática e sua força imagética, a disseminação do discurso do ódio se prolifera, velozmente, contra o alvo da esfera que domina. De modo geral, percebe-se que as minorias, bem como temas relacionados aos direitos humanos, lutam contra a pobreza, inclusão social e semelhantes, costumam ser o escopo para a estruturação de ações e discursos opressores. Se a luta é racial, o alvo é o líder militante que precisa ser calado. Se a luta é contra a pobreza, o alvo é aquele que ameaça a riqueza dos magnatas ou dos políticos libidinosos. Se a luta é contra a indústria maquiavélica que escraviza seus imanentes, a mira se aponta ao atrevido delator. Se traz mais ganhos colocar a sujeira debaixo do tapete, o poder que tem nas mãos, as cartas do baralho e do cifrão, faz-se presente e materializa o ódio popular por meio da cultura de massa que ludibria o espectador.

E ainda, se a luta é contra o sistema patriarcal, sequer se registram nos livros de história e nos acervos midiáticos a história das mulheres que protagonizaram transformações sociais e científicas durante a história da humanidade, pois a negação e a ocultação também são potentes armas de ataque aniquilador e manutenção de sistemas político-sociais. Debaixo da tutela do patriarcado, ser mulher era (e ainda é) a expressão de: ausência de direitos, subserviência aos homens, subestimação de capacidade intelectual, humilhação, silenciamento, repressão, injustiças e violência de todos os tipos por seu gênero.

Para o bem e para o mal, a mídia que se constitui, ao mesmo tempo, um meio de expressão e um canal intermediário para a comunicação de uma mensagem, atua distante dos valores da ética e da moral. Pela injeção de ódio, ela protege alguns e detona outros que se mostram rebeldes aos interesses dominantes.

Pela distorção do real para auferir por meio da imagem do medo, horrores já foram paridos na história do ser humano. O Holocausto, promovido durante a Segunda Guerra Mundial, foi engendrado a partir do medo e do ódio contra os judeus. Os discursos proferidos pelo *Führer* eram comumente convencedores de que o melhor caminho era a exclusão dos judeus do território alemão. Mas o que parecia ser um ato "expulsivo" de *personae non gratae* (o que por si só já é inaceitável e repudiante), revelou-se um assassinato em massa, o genocídio minuciosamente calculado de uma etnia. O antissemitismo, plantado muito antes desse período de trevas, consolidou-se na Grande Guerra pelo endurecimento estratégico de uma política ideológica, e ainda hoje, século XXI, dá frutos peçonhentos.

Motivos? Evidentemente, como em todas as condutas perversas do ser humano, as justificativas relacionadas à economia não deixaram de se fazer presentes: os judeus eram concebidos como manobristas da economia. Não incomum, como em vários contextos de crueldade humana, a sacra devoção religiosa também revelou assiduidade: os judeus eram réus qualificados por terem entregue Jesus Cristo ao Império Romano. E, em uma ordinária conjuntura, as ressalvas racistas, do mesmo modo, assinaram a lista de presença deste elenco de razões: os judeus eram uma ameaça à deformação da "raça ariana", progênie dos árias que constituíram o povo europeu. Portanto, não importava se estavam doentes ou saudáveis, se eram ricos, pobres, bebês, crianças, jovens, adultos ou idosos, se eram cristãos, ortodoxos ou ateus – sendo judeu, deveria ser exterminado.

O Holocausto é um acontecimento marcado pela desumanidade e selvageria que o ser humano é capaz de fazer. E por seus desdobramentos incomensuráveis, continua sendo altamente documentado como um fato histórico a ser lembrado e, suas matrizes, combatidas. Em lembrança a um incansável guerreiro contra as atrocidades nazistas, citamos Elie Wiesel. Um sobrevivente dos campos de concentração e que recebeu o Nobel da Paz de 1986 por ter composto 57 livros dedicados ao resgate permanente da memória do que foi o Holocausto e em defesa de seus milhares de vítimas.

Todavia, não bastasse a imagem do ódio impressa pelo *Führer* contra os judeus naquela época, uma imagem distorcida cuja viseira angular recortou justificativas para vingar formas de aniquilação em massa, ainda hoje há quem produza e configure outras imagens que desrealizam o acontecimento real e distorcem os sentidos para a busca do que é o verdadeiro. A negação do Holocausto é uma imagem distorcida que se dissemina a partir das seguintes alegações:

Que o assassinato de aproximadamente seis milhões de judeus durante a Segunda Guerra Mundial nunca ocorreu; que os nazistas não tinham nenhuma política oficial, nem sequer a intenção de exterminar os judeus; e que as câmaras de gás no campo de extermínio de Auschwitz-Birkenau nunca existiram. Uma tendência mais recente é a distorção dos fatos do Holocausto. Distorções comuns incluem, por exemplo, afirmações de que: a cifra de seis milhões de judeus mortos é um exagero; as mortes nos campos de concentração foram o resultado de doenças ou de inanição, mas não de uma política de extermínio; e de que o diário de Anne Frank é uma falsificação (UNITED STATES HOLOCAUST MEMORIAL MUSEUM, 2018).

A alta-roda dominante se utiliza de forças motoras para a produção de sentidos visando o emplacamento de (in)verdades. Apelam, sem escrúpulos, a toda a espécie de *marketing* e propaganda, plugados aos *belief systems* em que as pessoas se ancoram.

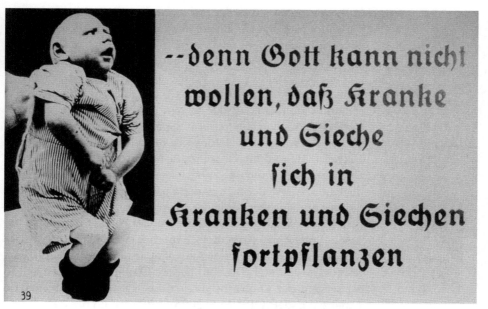

Imagem de propaganda de uma criança com deficiência
Legenda: "...Deus não há de querer que os doentes se reproduzam"[35].
Museu Memorial do Holocausto dos Estados Unidos. Washington, DC.

---

35. A origem dessa imagem realizada por volta do ano de 1934, na Alemanha, é um filme produzido pelo ministro da Propaganda do Reich nazista que tentou, através da propaganda, desenvolver a aceitação pública para o Programa de Eutanásia. Imagem cedida gentilmente pelo United States Holocaust Memorial Museum, Washington, DC. Cortesia de Marion Davy [Demais informações e documentários estão disponíveis em https://www.ushmm.org/].

A imagem é um engenho potente da cultura de massa para o ilusionismo, manejo, dominação e controle das pessoas, do sujeito coletivo. Por meio da imagem, dos reflexos e das distorções, é possível introduzir, enraizar, executar e materializar, dissimuladamente, todos os tipos de ações para as quais se propuseram a alta-roda influente. Quem dera, pudéssemos dizer que essa robusta ferramenta é, majoritariamente, usada para o bem-querer das gentes.

No entanto, não faltaram no século XX genocídios acobertados pelas distorções imagéticas, tal como a que apontamos acima, veiculada a mando do governo nazista. E não somente esses, mas também guerras sangrentas já estampadas no século XXI, verdadeiras carnificinas, sombreadas pelos sistemas de informação e comunicação que controlam e organizam as estruturas político-governamentais do planeta e os meios de produção e lucratividade. Segundo George Orwell[36], em sua profunda distopia, todo o sistema de controle é destinado à docilização e normalização do indivíduo. Poder é o que querem, nada mais do que isto, poder:

> O Partido procura **o poder por amor ao poder**. Não estamos interessados no bem-estar alheio; **só estamos interessados no poder**. Nem na riqueza, nem no luxo, nem em longa vida de prazeres: **apenas no poder, poder puro**. O que significa poder puro já compreenderás, daqui a pouco. Somos diferentes de todas as oligarquias do passado, porque sabemos o que estamos fazendo. Todas as outras, até mesmo as que se assemelhavam conosco, eram covardes e hipócritas. Os nazistas alemães e os comunistas russos muito se aproximaram de nós nos métodos, mas nunca tiveram a coragem de reconhecer os próprios motivos. Fingiam, talvez até acreditassem, ter tomado o poder sem querer, e por tempo limitado, e que bastava dobrar a esquina para entrar num paraíso onde os seres humanos seriam iguais e livres. Nós não somos assim. Sabemos que **ninguém jamais toma o poder com a intenção de largá-lo. O poder não é um meio, é um fim em si**. Não se estabelece uma ditadura com o fito de salvaguardar uma revolução; faz-se a revolução para estabelecer a ditadura. **O objetivo da perseguição é a perseguição. O objetivo da tortura é a tortura. O objetivo do poder é o poder** (ORWELL, 2005, p. 307 – grifo nosso).

O silêncio gritante dos "países de Primeiro Mundo" com relação às barbáries sofridas e vividas pelos "países de Terceiro Mundo", tal como foi aludido

---

36. George Orwell é pseudônimo de Eric Arthur Blair (1903-1950), nascido na Índia Britânica. Era escritor, jornalista e ensaísta político. Vários elementos de suas obras são trazidos de suas experiências pessoais. Sua obra é considerada brilhante e apresenta uma consciência profunda das injustiças sociais, além de sua contundente oposição ao totalitarismo.

no período da Guerra Fria (1945 a 1991), hoje divididos e denominados como "países desenvolvidos" e "subdesenvolvidos" – nada mais do que uma nova maquiagem e roupagem à imagem já desgastada na história. Um silêncio consentido também por países denominados "emergentes" (como o Brasil), que é cúmplice de massacres, estupros, mercado, escravismo, violação de direitos humanos, tráfico de humanos, invasões, miséria, fome, sede, torturas ímpares. Um silêncio, literalmente, comprado! Uma cultura política do silêncio que põe em xeque as noções adjetivas acercadas à Humanidade (bondade, benevolência, compaixão, generosidade, piedade...).

Silêncio mais do que calado que anuviou acontecimentos deploráveis, também em terras brasileiras, tais como o Holocausto brasileiro no hospício de Barbacena, MG, onde mais de 60 mil pessoas morreram e criminosos faturaram cerca de R$ 600 mil reais com a venda de corpos. Adiante, um trecho do prefácio de Eliane Brum à obra, surpreendentemente reveladora, de Daniela Arbex[37],

> Tinham sido, a maioria, enfiadas nos vagões de um trem, internadas à força. Quando elas chegaram ao Colônia, suas cabeças foram raspadas, e as roupas, arrancadas. Perderam o nome, foram rebatizadas pelos funcionários, começaram e terminaram ali. Cerca de 70% não tinham diagnóstico de doença mental. Eram epiléticos, alcoolistas, homossexuais, prostitutas, **gente que se rebelava, gente que se tornara incômoda para alguém com mais poder**. Eram meninas grávidas, violentadas por seus patrões, eram esposas confinadas para que o marido pudesse morar com a amante, eram filhas de fazendeiros as quais perderam a virgindade antes do casamento. Eram homens e mulheres que haviam extraviado seus documentos. Alguns eram apenas tímidos. Pelo menos trinta e três eram crianças. Homens, mulheres e crianças, às vezes, comiam ratos, bebiam esgoto ou urina, dormiam sobre capim, eram espancados e violados. Nas noites geladas da Serra da Mantiqueira, eram atirados ao relento, nus ou cobertos apenas por trapos. Instintivamente faziam um círculo compacto, alternando os que ficavam no lado de fora e no de dentro, na tentativa de sobreviver. Alguns não alcançavam as manhãs. Os pacientes do Colônia morriam de frio, de fome, de doença. Morriam também de choque. Em alguns dias, os eletrochoques eram tantos e tão fortes, que a sobrecarga derrubava a rede do município. Nos períodos de maior lotação, dezesseis pessoas morriam a cada dia. Morriam de tudo – e também de invisibilidade. **Ao**

---

37. Em 2016 foi lançado um documentário na forma de filme – dirigido por Daniela Arbex e Armando Mendz, baseado no livro *Holocausto brasileiro*, de Daniela Arbex. O mesmo pode ser assistido pelo site de compartilhamento de vídeos YouTube.

> **morrer, davam lucro**. Entre 1969 e 1980, 1.853 corpos de pacientes do manicômio foram vendidos para dezessete faculdades de medicina do país, sem que ninguém questionasse. Quando houve excesso de cadáveres e o mercado encolheu, os corpos foram decompostos em ácido, no pátio do Colônia, na frente dos pacientes, para que as ossadas pudessem ser comercializadas. Nada se perdia, exceto a vida (BRUM, apud ARBEX, 2013, p. 12-13 – grifo nosso).

Imagem e distorção! Acontecimentos factuais desrealizados frente as forças da imagem, promotoras de sentidos e significados. Os sentidos dos muros do Colônia foram coisificados na história e pela cultura como um cercado, um cinto de segurança para manter os "loucos" afastados das pessoas equilibradas e sensatas da sociedade. Uma medida de segurança aliada à dopagem, aos diferentes coletes de contenção, à submissão por meio da humilhação que estraçalha toda a identidade de Ser humano dos sentenciados ao título de lunáticos. Do lado de lá do muro, só podem estar os perturbados. Do lado de cá do muro, presume-se estarem os ajuizados. Resta-nos saber o que cada um dos lados significa! É o lado de cá ou o lado de lá que a loucura se encontra? Os sentidos produzidos pela imagem ao longo da história da humanidade e perpetuados pela cultura excludente refletem que, indubitavelmente, dentro do cercado de hospícios e instituições criadas para dementes, agrupam-se, tão somente, os desajustados, seja com despacho ou não de laudos diagnósticos feitos por médicos. Do lado de fora dos muros ou em locais privilegiados de poderes dentro dos muros encontram-se aqueles dispostos a notáveis feitos para garantirem seu provento, seja ele em dinheiro, em favores ou em "liberdade" de viverem suas vidas sem o medo de retaliações. Carrascos, feitores, olheiros ou conluiados: criminosos em concordância pactual. Do lado de fora dos muros, pessoas dissimuladas, perversas, cruéis, estranhas que maquinam a mais exitosa forma de se livrar de quem lhes incomoda, seja pelo motivo que for. Porém, em meio à alta-roda dominante, em seus microespaços do poder, produzem tanto a imagem do louco, da loucura como do tratamento da doença. Deveras, lucro, lucratividade e controle social, mais uma vez se conectam junto às distorções imagéticas.

Há que se compreender que não existe apenas o lado de cá e o lado de lá! Há também as fronteiras.

> As fronteiras são lugares de mutações, de transformações, de metamorfoses. E elas são professadas pela capacidade de transgredir ao que está posto; são imbuídas de multiplicidade, reciprocidade e relatividade. Nas fronteiras nos confins e as raias são transpostas e outras potências são avistadas. A fronteira, a entrelinha,

ensina-nos a conviver com as diferenças, com a incompletude do ser e das coisas. **São locais onde acontece os devires**. Onde há produção da *hibris*. Lugar onde se ecoa o grito. **Onde a coexistência é evocada**. É onde se encontram as linhas de fuga, as bifurcações, onde há encontros e desencontros. Onde a diferença prevalece na própria diferença. Onde há conexões e acontecimentos imprevisíveis (ORRÚ, 2017, p. 29 – grifo nosso).

Quando Arbex (2013) traz à tona a selvageria fabricada no Colônia, um suposto local para tratamento de pessoas com doença mental, onde os próprios "pacientes" relatam as atrocidades daqueles que deveriam ser os cuidadores (tanto funcionários do "hospital" como familiares que os abandonaram), emerge a zona de maior perigo: a fronteira. As linhas de fuga, segundo Deleuze (1992), são produzidas nas fronteiras. É na fronteira que a minoria desestabiliza os que se encontram no poder opressor e criam linhas de fuga como modos de re-inventar resistências, potências e linguagens. São devires que pertencem à minoria, aos excluídos, aos colonizados, aos considerados "loucos" pela alta-roda dominante. A luta do excluído para se incluir dá-se nas fronteiras. É nesse território de disputa que os pilares que sustentam o paradigma da inclusão coexistem com os mecanismos que perpetuam a exclusão, que se chocam e se fundem à coexistência binária dos excluídos/incluídos. É o espaço onde as guerrilhas são travadas. E nessas guerrilhas cruentas e resistentes, afloradas nas fronteiras, é que a voz dos supreviventes ecoa para contestar os sentidos produzidos para a erupção de "verdades" adulteradas pela produção de imagens para o controle das massas. Nesta busca pelo que é verdadeiro, renascem os acontecimentos factuais pela colisão entre a imagem acomodada na sociedade pela cultura de massas (que os muros do hospício blindam a sociedade dos loucos perigosos) e a imagem mais aproximada do acontecimento histórico e verídico (pois nunca uma imagem será capaz de retratar, na íntegra, a realidade de um fato).

O documentário *Holocausto brasileiro* (ARBEX, 2013) é a expressão de possíveis linhas de fuga produzidas na fronteira que apontam para a implacabilidade dos sistemas que perpetuam as maquinarias sociais de exclusão. Desse modo, as vozes que se enunciam pelas linhas de fuga falam sobre o excluído, sobre a exclusão, sobre o excludente, ao mesmo tempo em que se incluem a si mesmas, em um processo inverso. Elas abrem trilhas e trincheiras pelas fronteiras, e peregrinam "entre" os territórios da exclusão e da inclusão, sempre em um permanente ensaio de re-inventar processos de incluir o outro, de fazer *com* o outro. Vale dizer que esse documentário sobre o Hospício de Barbacena é um irradiar de alerta que há pelo Brasil e demais territórios do Planeta Terra, copiosos campos de concentração que confinam pessoas (prisioneiros de guerra, prisioneiros políticos, pessoas qualificadas como loucas ou dementes, pessoas que incomodam...) para segregá-las da sociedade, bem como para servirem de moeda de troca com o inimigo, com o mercenário, com o oportunista ou simplesmente para paralisá-las enquanto o corpo social não sabe como resolver seus conflitos.

Símile, acautelar que essas circunscrições não se resumem aos grandes campos, cuja imagem impregnada pela cultura nos remetem a filmes que retratam Auschwitz, Dachau ou "Ilha do diabo" na Guiana Francesa. O horror da maldade produzida pela ganância, poder, egoísmo, preconceito também se apresenta em:

- Presídios (onde presos provisórios, ainda não julgados, talvez inocentes, chegam a ficar meses em reclusão).

- Instituições de acolhimento (em que nem sempre as verbas recebidas são destinadas ao bem-estar do "acolhido", porém, desviadas para o bolso do filantropo impostor).

- Escolas públicas ou privadas (quando o aluno com alguma singularidade não recebe o devido atendimento a que tem direito, é maltratado, ignorado ou, ainda, simplesmente retirado da sala de aula, deixado de lado, segregado, quando a violência escolar e o *bullying* não são combatidos efetivamente).

- Nos próprios domicílios (quando o cuidador desalmado espanca, desonra, aflige o idoso, o doente, o incapaz de se defender).

- Maternidades (quando a assistência médica ao parto provoca cicatrizes profundas no corpo e na alma de mulheres por meio de práticas obstétricas, violentamente desnecessárias, que manobram o desempoderamento cultural da capacidade de a mulher dar à luz aos seus filhos, nutrindo a comodidade e a ganância daqueles que juraram que a medicina estaria a serviço do humano).

- Instituições religiosas (quando falsos profetas se tornam milionários extorquindo pela boa-fé e pelo medo da maldição, o pouco que muitos têm como moeda de troca para serem abençoados[38]).

---

38. Cabe esclarecer que o fundamento do dízimo, segundo a Bíblia cristã, diz respeito à oferta voluntária, não condicionada, em nenhuma hipótese, a sua obrigatoriedade como forma de conseguir ser visto e abençoado por Deus. A passagem bíblica referente a Ananias e Safira (At 5), um tanto utilizada para amedrontar fiéis para a entrega do dízimo e de ofertas em instituições religiosas, mostra claramente que tal distorção é inaceitável. No início da Igreja primitiva, aqueles que tinham mais posses vendiam para ajudar a sustentar a Igreja, de modo que aqueles que eram pobres e passavam extremas necessidades (órfãos, viúvas e necessitados) eram ajudados com amor, portanto, com generosidade dos que tinham melhores condições de vida (At 4,32-34). Ananias e Safira caíram mortos não porque se recusa-

Entre as estruturas de um muro que aparta há uma linha divisória a ser trasposta, para se lançar sobre ela, para fazer cruzada. E nos tempos cronológicos e pela paciência histórica é que as linhas de fuga são traçadas neste território que é fronteiriço, onde o risco é eminente ao supervivente, aquele que transgride a linearidade das condições reinantes, e,

> Nesse movimento de não se deixar ser engolido pela massa dominante e dominada, os sujeitos transgressores tomam posse de uma identidade como território existencial. Todavia, correm o risco de novamente caírem atrás das barras do cárcere classificatório. Assim, caminhando nas fronteiras e por entre elas, para além da transformação de uma circunstância, está o encontro do modo de Ser para construir recursos que abram brechas para a ruptura com a subordinação posta e corroborem a vontade de singularidade e diferença (ORRÚ, 2017, p. 29).

Muitos são os genocídios! Desde a tragédia da imigração na Europa com bem mais de três mil mortos no Mar Mediterrâneo, ainda ao final de 2017, até os conflitos armados no Iêmen, Afeganistão, Nigéria, Iraque, Sudão, Síria e Congo, milhares de pessoas foram mortas ou desaparecidas; outras, amontoadas em acampamentos para refugiados ou exploradas pelo escravagismo, das mais diversas e perversas maneiras.

Os motivos das guerras consentidas não mudaram muito: poder, ideologia, territorialização, colonização, guerra santa, guerra econômica. Neste quadro de forças que propulsionam assassinatos, o capital, oriundo da indústria bélica, da conquista de territórios para a exploração do petróleo, da disputa territorial para o controle de nascentes de água potável, das estratégias para a redução populacional, da exploração da força de trabalho, do mercenarismo contemporâneo – é a única coisa que conta. Já alertava Sun Tzu que tudo é conquista e o essencial é a vitória, não importam os meios, apenas os fins.

> Suponho que tens mil onças de prata para distribuir diariamente às tropas, cujo soldo é sempre pago em dia e na mais rigorosa exatidão. Nesse caso, podes avançar direto contra o inimigo. Atacá-lo e vencê-lo será para ti a mesma coisa. Digo mais: Não adies o momento do combate, nem esperes que tuas armas se enferrujem e o fio de tuas espadas se embote. A vitória é o principal objetivo da

---

ram a entregar seus dízimos e ofertas, uma vez que o ato era voluntário e não obrigatório. Na verdade, eles até entregaram mais que 10% do valor (dízimo) de sua propriedade. Pedro os chamou à atenção porque mentiram ao Espírito Santo, dizendo que estavam entregando tudo, ou seja, foram mentirosos e hipócritas. A questão da morte de ambos, portanto, não foi a não entrega de dízimos e ofertas, mas sim pela inverdade, pela mentira, pela insinceridade, pela distorção dos fatos. A barganha e o tráfico de influência na relação abençoadora entre Deus e o ser humano adentra ao paradigma da distorção.

guerra. Tratando-se de tomar uma cidade, apressa-te em sitiá-la, concentra nisso todas as tuas forças. [...] Os grandes generais vencem descobrindo todos os artifícios do inimigo, **sabotando-lhes** os projetos, semeando a **discórdia** entre seus partidários, mantendo-o sempre acossado, **interceptando reforços estrangeiros**, e impedindo-o de tomar qualquer decisão mais vantajosa para ele. E de suprema importância na guerra atacar a estratégia do inimigo. [...] Não lamentes o dinheiro empregado seja no campo inimigo, para **conseguir traidores** ou obter conhecimentos exatos, seja para o pagamento dos teus soldados: quanto mais gastares, mais ganharás. É um dinheiro que renderá juros elevados. [...] O grande segredo para vencer sempre consiste na arte de **semear a divisão**: nas cidades e nas aldeias, no exterior, entre inferiores e superiores, de morte, e de vida (TZU, 2006, p. 16, 20, 75, 76 – grifo nosso).

Nesse contexto, os sentidos produzidos emergem da vontade alucinada de vencer (poder) a qualquer custo (ganância). O poder e a ganância são as forças propulsoras do paradigma da distorção. E nesta disputa de espaços e de territórios, a suposta manutenção da ordem, o aproveitar-se da fraqueza do outro para concentrar energias compressoras e a materialização pela "força" de tudo o que se propõe realizar, é o objetivo cardeal da alta-roda que roda e domina. É o jogo do vale-tudo na vida e com a vida do outro. É a fabricação do heroísmo farsante a partir da covardia com quem são os reais destemidos. É a confecção de uma coragem impostora pelos ventos do oportunismo nas distintas circunstâncias. É saber enrevesar os fatos e as leis para arriar o antagonista e apinhoar benefícios, privilégios, amparos, imunidades, lucros. É adulterar o triunfo pelo minar da resistência e da reputação do oponente. É fazer uso da imagem e da distorção para controlar, abafar, reprimir, domar, eliminar, vencer e se reconhecer imperioso. Por detrás de toda essa maquinaria está o capital, como raiz de todos os males, e o ego como o senhorio do individualismo que se apodera do ser humano.

No Brasil da segunda década do século XXI, ainda não é diferente. Invocam a representação social, compram votos nos "poderes", valem-se de todos os santos, bancadas e segmentos religiosos, escavam fendas nas leis para desvirtuar direitos e democracia. Conjuram e reverenciam à força das instituições nacionais permanentes e regulares como zeladoras do povo. Mesmo que a história narre se tratar de instituições mantenedoras da ordem segundo a vontade da autoridade que se encontra no poder, maltratando ou não, a pedido da mesma, os que se rebelam frente as injustiças e desigualdades de seu próprio país.

Proliferam balanças de dois pesos e duas medidas no judiciário, maldizem uns e bendizem outros, manuseiam a ignorância e a boa-fé em favor do controle das massas. Dividem um povo para melhor reinar, arriscam-se calar os ícones de luta e sangram os noticiários para rogarem conveniências ao medo. Extirpam as diferenças pela própria diferença, homogenizam práticas para desiguais, ignoram os sofrimentos do povo e os alimentam com "notícias quentes" e furos de reportagem para desviarem sua mirada do comando déspota. Berra-se a distorção como um modo de vida!

> *las máscaras rotas,*
> *las espadas rotas,*
> *los contratos rotos,*
> *las pelucas,*
> *los corsés,*
> *las ropas íntimas de las damas,*
> *el honor de los caballeros,*
> *los votos comprados por los políticos,*
> *los títulos de nobleza comprados por los burgueses,*
> *los naipes de las fortunas perdidas,*
> *las cartas del amor mentido y la basura de la ciudad* (GALEANO, 2008, p. 148).

E tal como em uma máquina síncrona, enquanto os indivíduos se afastam entre si pela fabricação de dissabores ideológicos, políticos, esportistas e/ou religiosos, os membros da alta-roda, juntam-se por essas mesmas ligas e escarnecem às circunstâncias do povo. Em nome do partido político, do time de futebol, do conjunto de ideias e da religião, os oportunistas[39] tiranos manipulam o indivíduo por meio da cultura do ódio, disseminada pelas imagens distorcidas da realidade. E comunicando suas mensagens, eles implantam, massivamente, suas aspirações no corpo de cada indivíduo e assim, de todo um povo. Neste cenário, não é surpresa alguma os entraves polarizados presentes em nosso cotidiano. A imagem do "ser contra ou a favor" é a simplificação da realidade pelos oportunistas. Esse pensamento simplista é o desejado pelos dominadores, uma vez que é mais fácil manejar (com ventos oportunos ou inoportunos) para qual porto ("(in)verdade") os forasteiros devem ser destinados.

A exemplo, aquele que por hora domina, lança uma pergunta para ser respondida com exatidão imediatista: "O que fazer com menores infratores?" –

---

39. A palavra "oportunidade" vem do latim *"opportunitas, opportunus"*. União do prefixo *"ob"*, "em direção a" e da palavra *"portus"*, que significa "porto de mar". A princípio, a palavra era somente utilizada para representar os ventos banhados pelo Mediterrâneo que coadjuvavam para os veleiros se destinarem a um certo porto. Neste sentido, os ventos eram "oportunos" ou "inoportunos" para um determinado objetivo (*Dicionário Etimológico*, 2018).

E as respostas simplistas se limitam a objetividade do encarceramento ou punição mais branda. Todavia, a complexidade temática exige mais atos interrogativos do que objetivas respostas: Que fatores têm repercutido para o aumento de infrações por menores de idade? Como as desigualdades sociais podem implicar o desajuste da sociedade em geral? O encarceramento junto a criminosos trará que tipo de benefícios aos menores infratores que assim forem punidos? Que qualidade de educação pública o Estado tem oferecido à população para a redução da violência? Que amparo o Estado tem oferecido às famílias brasileiras para que não percam sua dignidade? De que direitos básicos o infante e o adolescente têm sido privados? Que políticas públicas a sociedade tem construído contra a violência, o desemprego e a miséria? O que cada um de nós tem feito para que o Estado deixe de ser omisso?

Esse tipo de questão colocada pela mídia televisiva ou nas redes sociais é algo muito parecido com os sistemas apostilados de ensino conteudista que perguntam o óbvio já tendo uma das alternativas produzida para que o respondedor não pense, porém reproduza uma das opções listadas. A imagem de um jovem infrator agredindo violentamente um idoso é aterrorizante e repudiante. Movidos pela emoção/comoção e pelo ingênuo pensar imediato de que a severidade do encarceramento resolverá o problema, assinala-se essa opção. Não obstante, ao aprofundar-se no âmago do problema, a imagem única se desdobra em uma multiplicidade de peças de um imenso quebra-cabeças. Cada uma das peças misturadas se configura um aspecto do problema. E como em um complexo quebra-cabeças em que as peças necessitam ser descobertas, conhecidas e separadas para depois serem então agrupadas, similar são as questões de cunho social, onde a história e a cultura necessitam ser esquadrinhadas e desveladas como peças importantes para a construção de estratégias condizentes aos enfrentamentos de seus desafios. Contudo, não é interessante àqueles que lucram com o sistema prisional, tampouco ao Estado mínimo, promover esse tipo de debate e embate.

A naturalização da violência ocorre, dentre vários fatores, por uma organização social precária. Não é incomum vivenciar situações de violência também no âmbito escolar, cuja finalidade não é somente ensinar conteúdos curriculares, ademais, educar para vida. Segundo o Anuário Brasileiro de Segurança Pública de 2016: 50% dos alunos frequentando o 9º ano do Ensino Fundamental estavam em escolas localizadas em áreas de risco de violência. Cerca de 46,6% dos alunos do 9º ano sofreram intimidações, foram caçoados e zombados por algum colega, sentindo-se magoados, aborrecidos e humilhados. Os motivos das provocações e humilhações se caracterizam em: 5,6% cor ou raça, 3,4% pela religião que professam, 10,9% pela aparência do rosto, 15,6%

pela aparência do corpo, 2,1% pela orientação sexual, 1,3% pela região de sua origem, 61,1% por outros motivos. E ainda, segundo os dados do relatório "a reprodução de uma lógica de violência é assumida também pelos próprios alunos: 1 em cada 5 (19,8%) deles, reconhecendo que – no mês anterior à pesquisa – adotou comportamentos que magoaram, aborreceram, ofenderam ou humilharam algum de seus colegas" (2016, p. 96-99).

Ocorre que a materialização da violência em ações hediondas não ocorre dentro de um imediatismo social. Mas sim, vagarosamente, no acontecer das vivências tenebrosas da falta de respeito e amor que assolam os seres humanos desde a mais tenra idade. São as experiências de menosprezo, de inferiorização perante aquele que se põe como superior, da opressão do que se apresenta como o mais forte, de discriminação pela diferença, da violência nos diversos espaços sociais, inclusive na família e na escola. Experiências de abandono, maus-tratos, *bullying*, chantagens emocionais, abusos de poder. Aprender a sobreviver nestas situações infortunas, é um desafio, tristemente, iniciado na infância. Crianças sofredoras podem se tornar pessoas resilientes e amorosas, tanto quanto podem se tornar adultos opressores e perversos.

Na sistemática lógica da distorção, punições parecem ser o caminho mais assertivo para que crianças deixem do mau comportamento. Desta maneira, por exemplo, enquanto podem ser dominados pelo professor, os concebidos como indisciplinados são ameaçados de terem reduzido seu tempo de brincar na hora do intervalo, de serem obrigados a fazer mais "dever de casa", de não irem a passeios etc. Em casa, a depender da forma como os pais ou responsáveis encaram os acontecimentos na escola, poderão duplicar as ameaças que encurtam as possibilidades do brincar, agir com a vara que fere na intenção de civilizar, atentar agressivamente contra o professor da escola ou ignorar completamente as situações de conflitos pelas quais o filho ou filha está vivenciando.

Imagina-se que o responder com dureza ao bravio produzirá, subsequente, a leveza e a doçura no humano. Entretanto, no compasso da violência, mais violência é gerada e perpetuada na sociedade. No implemento de táticas opressivas, mais opressores e indóceis nós embrionamos. São distorções no entendimento do que seja educar ou quanto às formas de erradicar o mau comportamento no espaço escolar. Em tempo, vale dizer que o brincar, comumente usurpado das crianças pelas escolas, tornou-se uma luta política para o pleno usufruto da criança. O brincar, atualmente, é "protegido" pelo Estatuto da Criança e do Adolescente (BRASIL, 1990), pela Declaração Universal dos Direitos Humanos (ONU, 1948) e pela Declaração dos Direitos da Criança (ONU, 1959), não sendo tolerado que percam hora de recreio, intervalo ou tenham seu horário de descanso diminuído. Além de se configurar uma covardia no parâmetro infantil, chantagear, ameaçar ou punir uma criança com a retirada parcial ou total de seu momento de brincar, no contexto pedagógico essa ação demonstra uma incapacidade do professor de educar a criança para que de modo consciente conduza suas atitudes, sendo mais fácil e de imediato retorno simplesmente puni-la e restringi-la do momento que a faz ter o maior desejo de ir à escola: o momento do brincar com seus colegas. O brincar é um direito fundamental garantido às crianças. No curto espaço de tempo que uma escola oferece à criança para brincar, não há nada que se justifique bulir nesse direito, seja pelo tempo que for, pelo motivo que for.

Obviamente, espera-se que todo o professor, em algum momento de seu Curso de Pedagogia ou demais licenciaturas, tenha estudado sobre a importância do brincar para o desenvolvimento da aprendizagem da criança, do desenvolvimento moral, das relações sociais, da autonomia, da liberação de energia, do externalizar seu estresse e do viver a infância. Não obstante, a força da cultura e da tradição do flagelar para controlar e dominar desejos, rompantes e exaltações, sobressalta os mecanismos de opressão e exclusão em detrimento de todo o conhecimento agregado pelos educadores humanistas do século XX. De Paulo Freire, soam-nos aos ouvidos,

> Pois bem; se falamos da humanização, do ser mais do homem – objetivo básico de sua busca permanente – reconhecemos o seu contrário: a desumanização, o ser menos. Ambas, humanização e **desumanização** são possibilidades históricas do homem como um ser incompleto e consciente de sua incompleticidade. Tão somente a primeira, contudo, constitui a sua verdadeira vocação. **A segunda, pelo contrário, é a distorção da vocação** (FREIRE, 1969, p. 127 – grifo nosso).

É preciso compreender e apreender que os problemas sociais mais iminentes como a pobreza, a discriminação pela diferença sobre os grupos minoritários, a violência como consequência das desigualdades sociais, encenam direta e indiretamente no desenvolvimento integral majoritário dos infantes de nosso povo. Essa cultura da opressão distorce o engajamento em prol de um movimento de cultura para a paz, de educação para a paz, da vocação da Humanidade.

Neste sentido, muito mais proveitoso seria investir tempo no diálogo para construção de princípios orientadores para a convivência coletiva, do que reagir com violência e opressão com o objetivo de disciplinar as crianças. Por fim, indagamos rumo ao desanuviamento provocado pelo paradigma da distorção: quem é que se beneficia por um colega de 9 anos ser contido em um canto ou em local à parte, sem brincar como forma de reforço punitivo? Seria o castigado o maior beneficiado? Os colegas se beneficiam? A escola se beneficia? A professora ficará mais satisfeita em agir com essa configuração de autoridade e poder? A direção da escola terá mais controle da situação de modo permanente e duradouro? Os pais das outras crianças ficarão mais satisfeitos com a escola? Quem é que se beneficia com o vigiar e o punir para o controle disciplinar do mau comportamento das crianças? Seguramente, o punido, talvez, aprenderá a se conter o tempo todo para não ser restringido de seu momento de brincar. Porém, indubitavelmente, não é pela opressão e violência contra os direitos da criança que cultivaremos uma educação emancipadora e autônoma para a paz. Pelo contrário, muito provavelmente, reproduzirão essas formas de controle social ao longo de suas vidas por cima de outras pessoas, sem a plena consciência de que estendem e perpetuam os braços de ferro do microfascismo. Portanto,

> Se, para uns, o homem é um ser da adaptação ao mundo (tomando-se o mundo não apenas em sentido natural, mas estrutural, histórico-cultural), sua ação educativa, seus métodos, seus objetivos, adequar-se-ão a essa concepção. Se, para outros, o homem é um ser de transformação do mundo, seu quefazer educativo segue um outro caminho. Se o encararmos como uma "coisa", nossa ação educativa se processa em termos mecanicistas, do que resulta uma cada vez maior domesticação do homem. **Se o encararmos como pessoa, nosso quefazer será cada vez mais libertador** (FREIRE, 1997, p. 9 – grifo nosso).

No Brasil da segunda década do século XXI, manobram-se acontecimentos históricos, políticos, culturais e sociais como se fossem objetos de uma caixa de brinquedos infantis. Imagens sobrepostas a outras imagens descontextualizadas fabricam reflexos tão deformados como o corredor de uma casa de espelhos giratória.

O discurso do ódio, plugado às imagens nas redes sociais, estampa a ignorância, a intolerância, a xenofobia, o fascismo e, consequentemente, a incapacidade de análise e interpretação dos acontecimentos por parte daqueles que se encontram distantes do que é real, do que é verdadeiro. O medo plantado por meio de imagens que debilitam a compreensão sobre os fundamentos que embasam o socialismo, o associam diretamente às práticas de violência, de extermínio, de pobreza, de espólio, de ditadura. Não dissemelhante ao que a história registra sobre King e Mandela, perpetuam-se as distorções como produtos manufaturados pela alta-roda que roda comprimindo tudo e todos que podem ameaçar seu poder e capital.

Palavras de ordem como "vai pra Cuba", passam a ser comuns nas redes sociais como representação de uma "esquerda" cruel e um socialismo falido, ao mesmo tempo que clamam por intervenções militares "direitistas", como um desatino da memória sobre o que foram os anos de golpe militar no Brasil. Contudo, vale lembrar que a história também registra que Cuba teve e tem, há mais de 50 anos, uma política de subsídio ao povo cubano na área da educação, saúde, esporte, cultura, serviços funerários, produtos de cesta básica, moradia, incluindo gás, água e telefone. Vale também recordar que o país sofre um bloqueio econômico, comercial e financeiro imposto pelos Estados Unidos, e ainda assim, apesar dos insultos e menosprezos, os *mambises*[40] permanecem sendo um símbolo de resistência ao imperialismo e seu apetite por poder e ganância, as forças propulsoras do paradigma da distorção.

E neste estilo de vida onde domina o modelo da distorção, o "vai pra Cuba", é uma forma de infâmia, desrealizada, por quem não conhece a ilha caribenha da mesma forma que desconhece o "Gigante pela própria natureza"[41]. Enquanto isso, o cidadão cubano é subsidiado pela política socialista que, por exemplo: a) coloca Cuba como o país com melhor índice de alfabetização do continente e ensino gratuito até o nível superior; b) alto rendimento dos alunos em exames internacionais; c) menor taxa de mortalidade infantil e equivalentes aos números de países como a Dinamarca, Reino Unido e Suíça; d) segundo a ONU em 2018, como um dos melhores sistemas de saúde do mundo e com um modelo de saúde preventiva, ao invés de curativa; e) com 85% das famílias com moradia própria; f) com a maior concentração de médicos e dentistas por habitante; g) como o país de maior destaque em missões de solidariedade internacional. Se Cuba é o melhor lugar do mundo para se viver? Talvez, realmente não seja. Houve e há muitos erros cometidos pelo governo cubano. A permanência de um regime fechado de ditadura é algo que fere a natureza humana de querer e ter o direito de ser livre. E nenhum governo absoluto e totalitário é desejável.

Não obstante, é preciso voltar ao "vai para Cuba" para o desponte do movimento pró-distorções que impera dizendo que "não quer que o Brasil seja uma Cuba". A qual imagem os críticos de Cuba não querem se coligar?

---

40. Diz respeito aos guerrilheiros que no século XIX lutaram pela independência de Cuba. O termo é relacionado a Juan Ethnnius Mamby, conhecido como Eutimio Mambí, um oficial negro que desertou do exército espanhol e liderou a luta contra os espanhóis no Haiti, 50 anos antes da primeira guerra da independência de Cuba. A princípio, o termo era considerado um insulto, mas depois da independência ter sido alcançada, passou a ser adotado pelos combatentes para se nomearem a si próprios, de uma forma honrada. Para os espanhóis o termo denotava "bandidos" ou "insurgentes".

41. Composto por Joaquim Osório Duque Estrada, o Hino Nacional Brasileiro foi considerado, por inúmeros especialistas em hinos, como o hino nacional mais belo de todos. O verso "Gigante pela própria natureza" representa a grandeza do Brasil em suas terras. É o quinto maior país do planeta.

O insolente "vai pra Cuba" se desiquilibra quando os acontecimentos factuais se sobrepõem às imagens espelhadas e distorcidas que desrealizam a realidade.

No Brasil, a concentração fundiária e a colossal desigualdade social, promovem a fome e a miséria a milhões de brasileiros. Com os programas sociais como o Fome Zero e a criação do Bolsa Família durante o Governo Lula, o país saiu, pela primeira vez na história, do mapa da fome divulgado pela Organização das Nações Unidas, em 2014.

Acerca de Lula, preso em 7 de abril de 2018, a partir de um julgamento questionável, repleto de nuanças contraditórias e imagens distorcidas empregadas pela mídia, Leonardo Boff[42] dispõe a respeito da capacidade de liderança do político que, mesmo encarcerado, apresentava expressivo número de intenção de votos para as eleições presidenciais[43] do país,

> Nesta linha se situa a figura de Luiz Inácio Lula da Silva. Ninguém pode negar-lhe o carisma de que é possuído, reconhecido nacional e internacionalmente. O decisivo de sua figura carismática é que provém das classes abandonadas pelas elites que sempre ocuparam o Estado e elaboraram políticas que os beneficiavam, de costas para o povo. Nunca tiveram um projeto para o Brasil, apenas para si mesmas. De repente, irrompe Lula no cenário político com a força de um carisma excepcional, representando as vítimas da tragédia brasileira, marcada por uma desigualdade-injustiça social das maiores do mundo. Mesmo tendo que aceitar a lógica do mercado capitalista, perversa é porque excludente e, por isso, antidemocrática por natureza, conseguiu abrir brechas que beneficiaram milhões de brasileiros começando com o programa da Fome Zero e completada por várias outras políticas sociais. Os que o criticam de populismo e de assistencialismo não sabem o que é a fome que Gandhi afirmava ser ela **"um insulto; ela avilta, desumaniza e destrói o corpo e o espírito; é a forma mais assassina que existe"**. Sempre que se faz algo em benefício dos mais necessitados, logo surge a crítica das elites endinheiradas e de seus aliados, de populismo e de assistencialismo quando não de uso político dos pobres. Esquecem o que é elementar numa sociedade minimamente civilizada: a primeira tarefa do Estado é garantir e cuidar da vida de seu povo, e não deixá-lo na exclusão e

---

42. Leonardo Boff, nascido em 14 de dezembro de 1938 em Concórdia, SC, é teólogo, escritor e professor emérito de Ética, Filosofia da Religião e Ecologia na Universidade do Estado do Rio de Janeiro (Uerj). Expoente da Teoria da Libertação e reconhecido em nível internacional por sua luta quanto aos direitos das pessoas mais pobres e excluídas.

43. Pesquisa realizada pelo Instituto Brasileiro de Opinião e Estatística (Ibope) no período de 23 a 26 de junho de 2018. Registrada no Tribunal Superior Eleitoral sob o protocolo n. br-02265/2018.

na miséria que vitimam suas crianças e os fazem morrer antes do tempo. A onda de ódio e de difamação que grassa atualmente no país nasce do espírito dos herdeiros da Casa Grande: o desprezo que dedicavam aos escravos o repassaram aos pobres, aos negros, especialmente às mulheres negras e outras pobres. Lula com seus projetos de inclusão não apenas saciou a fome e atendeu a outras necessidades de quase 40 milhões de pessoas, senão que lhes devolveu o mais importante que é a dignidade e a consciência de que são cidadãos e filhos e filhas de Deus (BOFF, 11/04/2018).

Enquanto as políticas liberais da linha conservadora avançam no Brasil, a média da renda familiar *per capita* em 2017, segundo o Instituto Brasileiro de Geografia e Estatística (IBGE), foi de R$ 1.268,00, porém, no Estado do Maranhão, o valor registrado foi de R$ 597,00. Outrossim, apenas 1% da população brasileira tem os maiores rendimentos, equivalentes a 36,1 vezes mais que a metade da população com os menores rendimentos, ou seja, teve um rendimento mensal de cerca de R$ 27.213,00. E o que dizer sobre salários e benefícios acumulados pelos representantes do povo brasileiro, nos poderes Legislativo, Executivo e Judiciário, que chegam a receber salários de R$ 30.000, além de auxílios de mais de R$ 4.000,00 para moradia, usufruto de atendimento de saúde completo, cotas de R$ 30.200,00 a R$ 44.900,00 para serem utilizadas em passagens, gastos com telefone, correios, fretes de aeronaves etc.?

O discurso de ódio do "vai pra Cuba", que potencializa um sentido desdenhoso quanto ao significado dos fundamentos do socialismo, esconjurado pela política conservadora e seus seguidores, é denotado de reflexos e distorções. Sim, é preciso ir, pessoalmente, a Cuba, desnudado das distorções imagéticas e listar os sentimentos do cidadão cubano, seus dilemas, seus inconvenientes, seus impasses, seus fracassos, seus equívocos, seus desalentos a partir da realidade contextual, lavrada na história e vinculada à cultura. Assim como é preciso ir, de maneira pessoal, averiguar: quantas crianças estão dormindo ou pedindo esmolas nas ruas do rico Estado de São Paulo; quantas pessoas morrem todos os dias, assassinadas, em comunidades do Rio de Janeiro; quantas estão fora da escola para ajudar a família na época de colheita nas ricas fazendas pelo país; quantas pessoas morrem ou ficam lesadas para sempre, por falta de atendimento nos hospitais brasileiros. É preciso que os críticos de Cuba saiam a doar uma aula "grátis" sobre suas profissões à juventude brasileira da Vila Zumbi dos Palmares, em Curitiba ou que façam um *tour* aos povos ribeirinhos no Pará. Que experimentem o suor da desigualdade social dos trabalhadores do Vale do Jequitinhonha, ao norte de Minas Gerais e que passem por Vitória da Conquista, na Bahia, para conhecer as crianças, exploradas pelo trabalho infantil, que no final do dia geram uma renda de R$ 5,00 a R$ 7,00 por pessoa, por mais de 12 horas de trabalho.

Que deixem o conforto dos hotéis de Porto de Galinhas, no litoral badalado de Ipojuca em Pernambuco, e descortinem seus olhos para, além-mar, reparar que 44% da população vivem com rendimentos mensais de até meio salário-mínimo em um contexto econômico onde o PIB (Produto Interno Bruto) é de R$ 95.950,66 bilhões, cerca de 1/3 do que é produzido na capital, Recife. E onde 80% dos alunos não sabem ler e escrever com autonomia (IBGE, 2015). Na praia adornada por piscinas naturais de águas cristalinas e onde não falta alimento às espécies marinhas, o sol castiga, impiedosamente, os trabalhadores que caminham em busca do sustento diário e sobrevivência às desigualdades sociais. Vidas[44] como a de José, que aos 11 anos de idade vai à escola de manhã, e à tarde pinta com a ponta dos dedos o pôr do sol multicor em azulejos, tendo como responsabilidade ajudar sua mãe no sustento da família composta por mais 5 irmãos, e com o sonho de um dia "ser alguém na vida". Ou como João, pai de família, 31 anos, que exclusivamente em alta temporada consegue vender até R$ 1.800,00 em moda praia, mercadoria que chega a ele via intermediários e que carrega nos ombros, enquanto caminha descalço pela areia. Vidas como a de Luiz, 29 anos, pai de 2 filhos pequenos, trabalhador que já fez de tudo um pouco para sobreviver e que morou em casa de "plástico" junto com a mãe e mais 5 irmãos, após o abandono do pai. Guerreiros superviventes, construíram sua própria casa de barro e depois de anos vivem, hoje, em uma pequena casa de alvenaria. Vidas tais como a de Inácio, 39 anos com uma aparência sofridíssima que lhe encostava mais de 60 anos bem judiados. Homem do mar, antes do ofício de levar turistas a passeios, ele era um bravo pescador. Em busca de menos risco de acidentes no mar, bem como de uma renda um pouco melhor, rumou às jangadas. Trabalha todos os dias, sem folga, sem férias e recebe R$ 1.000,00 mensais e nada mais. Como a maioria das pessoas trabalhadoras e sofridas da região, vive na periferia em torno de 20 a 30km do paraíso turístico. Disse-me com uma tristeza no olhar de doer o coração, que não tem muitas esperanças de melhorar sua vida. Vida como a de Antônio, 26 anos, pai de um menino de pouco mais de 1 ano de idade, trabalhador, estudioso, mas que nas opções entre estudar ou comer precisou deixar os bancos da universidade, já por duas vezes.

De acordo com os dados do IBGE de 2017, é preciso questionar as causas da existência de 11,8 milhões de analfabetos, de 66,3 milhões de pessoas

---

44. Os nomes são fictícios para preservar a identidade das pessoas que, gentilmente, contaram-nos um pouco sobre suas vidas nas praias de Ipojuca, PE em agosto de 2018.

sem completar o Ensino Médio, de 11% nunca terem frequentado escola e de apenas 15% terem o Ensino Superior completo, em pleno século XXI. Não obstante, também é preciso perceber que sem subsídios para a educação, saúde, transporte e moradia, o brasileiro, em junho de 2018, já havia marcado no impostômetro[45] 1 trilhão de Reais em tributos ao governo. É preciso repudiar a hipocrisia sobre a falta de liberdade de expressão e a condicionalidade de ir e vir em Cuba, quando no Brasil, majoritariamente, o pobre não tem liberdade de escolha de quase nada, a não ser de escolher como sobreviver o dia de hoje e ver se dá um jeito no dia de amanhã.

Sonegados da nação[46]
Fotografia de Sílvia Ester Orrú

---

45. O impostômetro foi criado pelo Instituto Brasileiro de Planejamento Tributário e serve para computar os tributos federais, estaduais e municipais. É atualizado em tempo real no site https://impostometro.com.br/

46. A foto "Sonegados da nação" foi tirada no aterro da cidade de Poços de Caldas, MG. Materializa a obscura realidade de milhões de pessoas que vivem do lixo em solo brasileiro. Quase a metade das cidades do país não possui um plano integrado para o manuseio do lixo, ou seja, não apresenta as condições exigidas pela legislação para receberem recursos, financiamentos e incentivos da União para investirem na área. De acordo com o do Sistema Nacional de Informações sobre Saneamento – Snis (BRASIL, 2019), somente 22% dos municípios possuem coleta seletiva pública. Em 2018, quase 30

Enlodar e desqualificar as políticas de cunho social em um país como o Brasil ou defender a imposição de um estado totalitário, é tão ilógico e amatutado como dizer as expressões "sai pra fora" ou "sobe pra cima". O insulto, "vai pra Cuba", tal como o enxovalho *mambises*, desnuviam-se perante os olhos quando o que é lídimo é sobreposto à imagem distorcida. Assim, aquilo que era veiculado pelos mecanismos da distorção como vergonha, encontra por meio do movimento histórico e cultural e pela força que produz sentido ao significado, motivos para nutrir sentimentos de honra.

Ainda sobre a ganância e o poder como forças propulsoras do paradigma da distorção, em outra esfera, por exemplo, poderíamos conjecturar que pessoas que demonstram ter desistido de professar sua fé (seja ela qual for), o fazem por, talvez, experimentarem os sentidos que retratam a triste imagem de que reina a hipocrisia, a extorsão, a ilusão, o egoísmo, o preconceito e até o ódio nas instituições confessionárias (e, realmente, pode ser por isto mesmo). Contudo, aqueles movidos pela força dos princípios e valores que sustentam sua verdade sabem que, *a priori*, o baluarte não se encontra estabelecido em templos feitos por mãos humanas, tampouco esperam a manifestação do paraíso na Terra – não é um sentido ligado a um local físico, material ou à lógica da razão. Ao revés, mantém seu *belief system* e suas ações coerentes com sua Verdade, ancoradas nos fundamentos angulares que exercem uma determinada força que produz os sentidos da Verdade que acolhem, mesmo apesar da maré de imagens que refletem distorções.

Muitos são os sentidos que sustentam o que chamamos de "verdade". Na sociedade do ódio e da polarização, questões tão particulares como as relacionadas às crenças religiosas, tornam-se motivo para que crentes e incrédulos se maltratem. Escopos ocos, para que tanto um como outro julgue e condene seu opositor à alienação, ao inferno da ignorância, à cela da intolerância. Ambos pautados nos fundamentos, nas forças e nos sentidos que dão vida as suas (in)verdades, procriam o ódio, a censura, o *apartheid*, o sectarismo, o banimento, o exílio, a exclusão e até o genocídio, pela diferença de pensamento. Com certeza, nem a ciência, nem a religião devem ser conduzidas como arrimos para a proliferação massiva da violência pela diferença. Nenhuma, nem outra são, necessariamente, opositoras entre si. Ademais, elas coexistem

---

milhões de toneladas de resíduos sólidos urbanos foram destinadas para os "lixões". Ainda há pouca consciência social sobre o impacto ambiental causado pelo acúmulo de lixo no país, bem como acerca do que representa para os trabalhadores que lidam com o lixo, a participação e cooperação na separação seletiva prévia dos resíduos por parte da população. Diante dos valores estupefantes arrecadados pelos impostos no Brasil, quem é que lucra com tanta miséria e pobreza?

no universo humano que, desafortunadamente, fazem delas polos para fanatismo e microfascismos.

Refratar-se segundo as leis da polarização é uma alternativa muito propícia para a manipulação de indivíduos pela cultura de massa. Na situação de "ser contra ou a favor"[47] sem um genuíno conhecimento de causa, fabricam-se noções perversas e pouco fundamentadas sobre um determinado assunto ou problema em questão. Essas noções são acopladas em imagens com uma mensagem intencional de representar a realidade. A ideia de unificar noções sobre fatos pouco conhecidos pelos receptores da (in)formação é um mecanismo eficiente para a alienação de toda uma nação.

As noções acopladas às imagens, como recurso para produção do pensamento imediatista, provocam e perpetuam a cultura do instantâneo de modo a favorecer a polarização, a alienação cultural e, consequentemente, a sociedade de consumo de coisas e ideias. O controle social é o alvo do totalitarismo. Para tanto, a diferença, o pensar, o fazer à diferença, emergem a fúria dos opressores, uma vez que a consciência emancipada busca a verdade.

Para manter o controle social, trazem à tona as forças do microfascismo como um movimento de massa (DELEUZE & GUATTARI, 1996, vol. 3). Os segmentos do ódio pertencem às ações fascistas/microfascistas, e são, naturalmente, proliferados pela imagem nos mais diversos sistemas de comunicação.

Dentre as muitas imagens vendidas pelo *marketing* para o controle social, estão aquelas diretamente associadas ao combate ao socialismo. Inculcam noções distorcidas sobre sistemas políticos e econômicos de governo, de modo que a polarização política é alastrada e o pobre é convencido pela alienação de que o Senhor Opressor reforma um país para *todos* pelo afogamento de direitos trabalhistas, pelo massacre à democracia, pelo rasgar dos direitos do cidadão presentes na Constituição Federal, pela privatização estatal, pelo aumento de impostos à população, por reformas previdenciárias agudas para a grande massa, pela censura à liberdade de expressão, pelo endeusamento de jogadores de futebol, artistas, empresários e magistrados (como se houvesse um salvador da pátria), pelo fechar de escolas e abrir de mais cárceres, pelo cerceamento do pensamento crítico, pelo precedente de intervenções militares para a "suposta" garantia da ordem e do progresso.

Assim, enformam o pensamento a respeito do socialismo como se este fosse o câncer da sociedade moderna. Ora, não é desejo de um povo constituir

---

47. Voltando a nota sobre a palavra "oportunidade" e "oportunistas", que ventos metafóricos sopram "contra ou a favor" para que oportunidades sejam aproveitadas? Que oportunidades devem ser aproveitadas? Para quais destinos os ventos sopram?

uma sociedade mais justa? Uma educação pública de qualidade para todas as pessoas? Um sistema de saúde público decente para todos? Não se deseja que os impostos de toda uma nação sejam revertidos para o povo? Que todos tenham as mesmas oportunidades e rendimentos? É desejo que as riquezas do planeta não fiquem concentrada nas mãos de uma pequeníssima parte da população mundial? Pois bem, esses sãos os pressupostos do socialismo. Todavia, a imagem financiada pelos dominadores liberais, apoiados pela mídia que foca no *marketing* para o consumo, estanca o debate e o embate ao atrelar ao socialismo (à "esquerda") à representação da ditadura, da pobreza, da falta de liberdade, à violência.

Pelo paradigma da distorção, emaranham os pressupostos do socialismo que defendem a transformação social pela distribuição equilibrada de bens e riquezas para a redução da desigualdade entre ricos e pobres, por meio de uma democracia participativa. Socialismo que em seu núcleo duro não é sinônimo de regime autocrata, da mesma forma que o capitalismo não se equipara à liberdade de escolha para todos. Contudo, a elite dominante, sucumbida à ganância e ao poder, intrinca os fatos históricos e sociais, fere a democracia com os princípios absolutistas de uma forma de governo antidemocrática, controladora de movimentos sociais pelas forças armadas, indiferente às demandas do povo. Nas teias da distorção, equivocar-se chega a ser natural.

> Enquanto existia o socialismo real, João Paulo II era totalmente contra esse tipo de teologia porque, na interpretação dele, poderia servir de "cavalo de troia" na penetração do comunismo na América Latina, comunismo de versão stalinista que ele conheceu em seu país. Condenou-a pensando fazer um ato de amor e de proteção ao povo. **Aqui há um equívoco: o perigo na América Latina nunca foi o comunismo, mas sempre foi o capitalismo selvagem e as elites sem qualquer sensibilidade social.** Depois que o regime soviético caiu, ele pôde constatar a devastação moral e humana que o capitalismo trouxe aos países do Leste Europeu, especialmente à Polônia. **Deu-se conta dos valores morais que o socialismo mantinha, no sentido do bem comum, da solidariedade e da moralidade pública.** O marxismo já não era perigo para a América Latina. Foi então, em 1991, que escreveu uma carta à CNBB onde dizia que a teologia da libertação "não é somente útil, mas necessária" na superação das injustiças sociais. E deixou os teólogos em paz (BOFF, 2005, p. A26 – grifo nosso).

Paralisados pelo medo de não consumir, os forasteiros se apropriam de uma noção e imagem distorcidas do socialismo ("esquerda") e parecem não perceber que vivem na pobreza, em uma ditadura velada, que não têm liberdade de escolha de uma vida significativamente melhor, pois o capitalismo em seus pressupostos, nunca ficará do lado do trabalhador. Bem assim, o rico ficará mais rico e o pobre cada vez mais pobre. Nem por isso cala-se a pergunta: que sistema político-econômico em que o Estado tenha mão de ferro, seja para o socialismo ou para o capitalismo, realmente suprirá as demandas de um povo sem lhe escravizar a liberdade de Ser? No entanto, vale trazer à memória que nenhuma "dita-dura" deve ser admitida! Inclusive e, principalmente, a ditadura militar, muitas vezes imposta pelo fanatismo político-religioso.

Não nos importa definir o que é ser de "direita", coloquialmente como é expresso em nossa cultura. Conquanto, importa-nos compreender o que é ser de "esquerda". Para tanto, apegamo-nos à percepção de Deleuze:

> Acho que não existe governo de esquerda. [...] O que pode existir é um governo favorável a algumas exigências da esquerda. [...] **Ser de esquerda é saber que os problemas do Terceiro Mundo estão mais próximos de nós do que os de nosso bairro. É de fato uma questão de percepção.** Não tem nada a ver com a boa alma. Para mim, ser de esquerda é isso. [...] **Ser de esquerda é ser ou devir minoria.** Não deixar devir minoritário. A esquerda nunca é a maioria enquanto esquerda. [...] Todos os devires são minoritários. [...] O homem macho, adulto, não tem devir. Pode devir mulher e vira minoria. A esquerda é o conjunto de processos de devir minoritário. Eu afirmo: a maioria é ninguém e a minoria é todo mundo. **Ser de esquerda é isso: saber que a minoria é todo mundo e que é aí que acontece o fenômeno de devir.** É por isso que todos os pensadores tiveram dúvidas em relação à democracia, dúvidas sobre o que chamamos de eleições. Mas são coisas bem conhecidas (DELEUZE & CLAIRE PARNET, 1988 – grifo nosso).

Assim, em tempos sombrios, as palavras ou os versos de quem luta e vive o luto pelos sentidos produzidos pela força que se opõe às (in)verdades do capital em seus mandamentos liberais excludentes, são associadas à imagem da "esquerda". Portanto, afinal, o que é ser de esquerda? "É uma posição filosófica perante a vida, onde a solidariedade prevalece sobre o egoísmo" (Pepe Mujica, ex-presidente do Uruguai).

Envolvidos pelo *marketing* que lidera os meios para os fins de controle social pela cultura de massa, os que desejam a verdade sem, contudo, buscá-la com consciência emancipada, parecem enfeitiçados pelas imagens cintilantes lançadas pelos sistemas de comunicação a todo o momento, sem trégua, para o embate das ideias e circunstâncias contextuais que envolvem os sentidos gerados nos distintos acontecimentos e nas forças que os produzem. Quando acontece a adesão irracional à imagem, sem preceder ao pensamento crítico que faz par com a consciência emancipada, emergem outras forças e sentidos: a selvageria inflamada do microfascismo.

Não é nosso propósito a dissertação conceitual e histórica sobre o fascismo. Mas valemo-nos de mencionar a percepção de Deleuze acerca do mesmo:

> Sem dúvida, o fascismo inventou o conceito de Estado totalitário, mas não há por que definir o fascismo por uma noção que ele próprio inventa: há estados totalitários sem fascismo, do tipo estalinista ou do tipo ditadura militar. O conceito de Estado totalitário só vale para uma escala macropolítica, para uma segmentaridade dura e para um modo especial de totalização e centralização. [...] Fascismo rural e fascismo de cidade ou de bairro, fascismo jovem e fascismo ex-combatente, fascismo de esquerda e de direita, de casal, de família, de escola ou de repartição: cada fascismo se define por um microburaco negro, que vale por si mesmo e comunica com os outros, antes de ressoar num grande buraco negro central generalizado. Há fascismo quando uma máquina de guerra se encontra instalada em cada buraco, em cada nicho. [...] **É uma potência micropolítica ou molecular que torna o fascismo perigoso, porque é um movimento de massa:** um corpo canceroso mais do que um organismo totalitário. [...] **É muito fácil ser antifascista no nível molar, sem ver o fascista que nós mesmos somos,** que entretemos e nutrimos, que estimamos com moléculas pessoais e coletivas. [...] **Mas o fascismo é tanto mais perigoso por seus microfascismos,** e as segmentações finas são tão nocivas quanto os segmentos mais endurecidos (DELEUZE & GUATTARI, 1996, p. 84-85, vol. 3 – grifo nosso).

Seguida por um trecho do valioso prefácio feito por Foucault à obra O anti-Édipo[48] a despeito da escolha de uma vida não fascista:

> O inimigo maior, o adversário estratégico (embora a oposição do anti-Édipo a seus outros inimigos constitua mais um engajamento político): o fascismo. E não somente o fascismo histórico de Hitler e de Mussolini – que tão bem souberam mobilizar e utilizar o desejo das massas –, **mas o fascismo que está em nós todos, que martela nossos espíritos e nossas condutas cotidianas, o fascismo que nos faz amar o poder, desejar esta coisa que nos domina e nos explora.** [...] Como fazer para não se tornar fascista mesmo quando (sobretudo quando) se acredita ser um militante revolucionário? Como liberar nosso discurso e nossos

---

48. Prefácio à edição americana de *O anti-Édipo*. Apud FOUCAULT, M. Introdução à vida não fascista. In: DELEUZE, G. & GUATTARI, F. *Anti-Oedipus*: Capitalism and Schizophrenia. Nova York: Viking Press, 1977, p. XI-XIV [Trad. por Wanderson Flor do Nascimento].

atos, nossos corações e nossos prazeres do fascismo? Como expulsar o fascismo que está incrustado em nosso comportamento? [...] Essa arte de viver contrária a todas as formas de fascismo, que sejam elas já instaladas ou próximas de ser, é acompanhada de um certo número de princípios essenciais, que eu resumiria da seguinte maneira se eu devesse fazer desse grande livro um manual ou um guia da vida cotidiana: – Libere a ação política de toda forma de paranoia unitária e totalizante. – Faça crescer a ação, o pensamento e os desejos por proliferação, justaposição e disjunção, mais do que por subdivisão e hierarquização piramidal. – Libere-se das velhas categorias do negativo (a lei, o limite, a castração, a falta, a lacuna), que o pensamento ocidental, por um longo tempo, sacralizou como forma do poder e modo de acesso à realidade. **Prefira o que é positivo e múltiplo; a diferença à uniformidade**; o fluxo às unidades; os agenciamentos móveis aos sistemas. Considere que o que é produtivo não é sedentário, mas nômade. – Não imagine que seja preciso ser triste para ser militante, mesmo que a coisa que se combata seja abominável. É a ligação do desejo com a realidade (e não sua fuga, nas formas da representação) que possui uma força revolucionária. – Não utilize o pensamento para dar a uma prática política um valor de verdade; nem a ação política, para desacreditar um pensamento, como se ele fosse apenas pura especulação. Utilize a prática política como um intensificador do pensamento, e a análise como um multiplicador das formas e dos domínios de intervenção da ação política. – Não exija da ação política que ela restabeleça os "direitos" do indivíduo, tal como a filosofia os definiu. O indivíduo é o produto do poder. O que é preciso é "desindividualizar" pela multiplicação, o deslocamento e os diversos agenciamentos. O grupo não deve ser o laço orgânico que une os indivíduos hierarquizados, mas um constante gerador de "desindividualização". – **Não caia de amores pelo poder** (1977, p. XI-XIV – grifo nosso).

As redes que constituem os sistemas de comunicação e de (in)formação são mecanismos para o controle social por meio da cultura de massa que envolve toda uma multidão. Tais redes sempre foram utilizadas com fins estratégicos das biopolíticas que têm sob sua mira a população ante diferentes modos de dominação. E neste brutal processo de operar "poder", os direitos do ser humano coexistem (existem junto) e se relacionam com os atos violentos produzidos pelo Estado. As distorções produzidas para o controle da massa pela imagem *marketeada* favorecem a expansão dos fascismos presentes na sociedade, de modo que os direitos do cidadão vão se evaporando pela anuência incauta do próprio sujeito coletivo.

Dentro de um paradigma da distorção, produzido intencionalmente para o controle social das massas, pela deturpação dos acontecimentos tangíveis, em seus distintos contextos marcados na história e pela cultura, e a partir da consequente naturalização de toda espécie de violência, evidencia-se que o fanatismo é o tóxico sepulcral de nossa sociedade. É por meio desse entorpecente sinistro que se procriam e se alastram os microfascismos.

O fanatismo tem como selo o radicalismo e a conduta intolerante para com aqueles que não partilham de um mesmo pensamento ou preferência. Ao fanatismo se relaciona à obstinação, o proselitismo, o partidarismo, a fissura, o sectarismo, a intransigência, a mania opressora e a rigidez incomplacente. Rígido como um cadáver, é a (in)cultura selvagem de um fanático. Seres humanos vivos, não deveriam se portar como se fossem cadáveres rígidos. Não obstante, a flexibilidade deveria, sempre, ser o fio condutor para a compreensão, o respeito e a tolerância com o pensamento divergente e com as próprias diferenças do outro. Aliás, entendemos, inclusive, que tolerar as diferenças não é a mesma coisa que compreender e aceitar as diferenças. Tolerar, em português, na cultura brasileira, está mais relacionado a suportar, a se conformar, a se sentir, inclusive, sofrido por ter que se submeter a uma situação de transigência. Compreender com plenitude que a diferença é de todos e não apenas de alguns, transcende à fragilidade de tão somente tolerar o outro com sofrimento ou esforço. Tal convicção excede à aceitação do outro. Eu não apenas tolero o outro que é diferente de mim, mas eu o (re)conheço e o aceito como pessoa. Eu o compreendo como ser digno de respeito e consideração, bem como cidadão de direitos sociais.

Pelo microfascismo avança, deliberadamente, o fascismo: o ódio, a vingança, o sectarismo, a xenofobia, o machismo, a homofobia, a opressão, a humilhação, a inferiorização do outro, os modos de dominação sutis e explícitos, o *bullying*, a tirania, o escrachar, o amaldiçoar, o difamar, a discriminação, o segregacionismo, o absolutismo, o racismo, a hegemonia, a repressão, o abuso de poder, os golpes ardilosos, a asfixia dos direitos humanos, o enfraquecimento da democracia, a omissão covarde, a exclusão e a ruína do outro – são atos naturalizados e, sagazmente, penetrados no sujeito coletivo.

O microfascismo é o grito do constrangimento e atemorizamento do outro, sem decretos emitidos pelo chefe de Estado ou por alguma instituição de caráter civil, militar, religiosa ou laica. Porém, varada, profunda e rotineiramente, por cada um de nós, a cada vez que permitimos que tamanha força do mal produza em nós sentidos que se materializem na aniquilação de nosso próximo, seja no contexto de seu corpo físico como espiritual. Esses sentidos materializados nos apodrecem frente às genuínas características que qualificam o sentido pleno de Humanidade. Nas palavras de Simone de Beauvoir (1967), "o opressor não seria tão forte se não tivesse cúmplices entre os próprios oprimidos".

No abrir e fechar de olhos, a massa, de maioria desvalida, é arrastada como o gado para o matadouro de seus senhores. Iludidos pela imagem distorcida da defesa da pátria e do nacionalismo, amam o poder que os esfola iminentemente no universo social, entregam-se aos cantos de sereia da alta-roda dominante que tem concentrada em suas mãos cerca de toda a riqueza planetária. E assim, a violência é irradiada, como uma máquina de guerra, ordinariamente, movida muito mais pela força da procura de privilégios e conflito de interesses do que pela força e produção de sentidos para a consolidação dos direitos de todo o cidadão, como uma (in)verdade de argumentação ética e moral.

> Quanto mais os conjuntos tornam-se molares, mais os elementos e suas relações tornam-se moleculares: o homem molecular para uma humanidade molar. Desterritorializamo-nos, fazemo-nos massa, mas para atar e anular os movimentos de massa e de desterritorialização, para inventar todas as reterritorializações marginais piores ainda do que as outras. Mas, sobretudo, a segmentaridade flexível suscita seus próprios perigos, que não se contentam em reproduzir em miniatura os perigos da segmentaridade molar, nem em decorrer destes perigos ou compensá-los: **como já vimos, os microfascismos têm sua especificidade, eles podem cristalizar num macrofascismo**, mas também flutuar por si mesmos sobre a linha flexível, banhando cada minúscula célula (DELEUZE & GUATTARI, 1996, vol. 3, p. 101-102 – grifo nosso).

Dessarte, a imagem e o reflexo engendram a distorção. Com astúcia pervicaz, a alta-roda dominante emplaca seus mecanismos universais de discriminação e exclusão pelo espetáculo da distorção. Pela distorção, portanto: condimentam e estabelecem os modos de pensar, de compreender a si mesmos e aos outros, os estilos de vida, os anseios de ser e os devires, os sentidos e a valoração da verdade, os sentidos e o calibre da justiça. A distorção tomada como um arquétipo, regula os comportamentos sociais e dá à luz a um estado de exceção que emerge sorrateiro na vida do cidadão, do sujeito coletivo. O paradigma da distorção é uma força do microfascismo e para a expansão dos microfascismos. Outrossim, uma estratégia para o estrangulamento do pensamento crítico na sociedade.

O paradigma da distorção funciona como um programa que sistematiza modos de pensar e, consequentemente, modos de agir pela cultura de massa por meio da impregnação de ideias decalcadas em imagens produzidas para este fim. Desta maneira, a pluralidade como uma condição humana para a constituição de devires do ser humano e da própria humanidade, bem como a pluralidade do pensamento, são sufocados, pois estas, sem dúvida, são as maiores forças de combate a todo tipo de violência, escravidão e microfascismos que um povo pode possuir.

Paulo Freire (1921-1997), considerado um dos pensadores mais notáveis na história da pedagogia planetária, adepto do movimento da pedagogia crítica, educador militante pró-alfabetização popular, defensor da educação dos mais pobres, também foi vítima do *script* dos promotores da distorção. Sua revolução no ensino em comunidades nordestinas foi tão exitosa que, se devidamente expandido por todo o território brasileiro, poderia ter erradicado com o analfabetismo no país. Entretanto, no Brasil de 1964, em pleno governo ditatorial militarista, foi difamado e encarcerado por 72 dias como um traidor. Considerado um subversivo perigoso, inimigo do povo e de Deus, foi perseguido, preso e expulso da universidade durante o golpe militar; por fim, forçado ao exílio (1964-1980). Durante seu exílio no Chile, em 1968, escreveu uma de suas obras mais importantes, *Pedagogia do oprimido* (1987), além de lecionar na Universidade de Harvard e atuar em diversos países como consultor educacional. Ao retornar ao Brasil em 1980, com a Lei n. 6.683 de 1979, conhecida como Lei da Anistia, uma conquista após grande mobilização social, Paulo Freire lecionou em várias universidades brasileiras entre outras atividades que realizou. Em 2012 foi reconhecido como o Patrono da Educação Brasileira e, reconhecido em âmbito internacional, recebeu 29 títulos de Doutor *Honoris Causa* de universidades da Europa e da América, além de diversas premiações.

Mas a maledicência e o ataque a Paulo Freire durante o Golpe de 64, ficaram como brasas encobertas durante os últimos 30 anos, pós-movimento civil, Diretas Já (1984). Recentemente, em 2015, durante manifestações conservadoras em prol do fim da "esquerda" no Brasil, faixas eram carregadas com os dizeres: "Chega de doutrinação marxista. Basta de Paulo Freire. É preciso colocar Paulo Freire em seu devido lugar, que é o lixo da história" (BASÍLIO, 2015). Mas onde é o lugar de Paulo Freire, senão na educação, nas artes, na filosofia, na linguística, na matemática, nas mais diversas ciências, inclusive no jornalismo? Como aprisionar uma ideia? A quem o Patrono incomoda tanto no Brasil? Sobre comunicação, diz o autor,

> Comunicar é comunicar-se em torno do significado significante. Desta forma, na comunicação, não **há sujeitos passivos**. Os sujeitos **cointencionados ao objeto de seu pensar se comunicam seu conteúdo**. O que caracteriza a comunicação enquanto este comunicar comunicando-se, é que ela é diálogo, assim como o diálogo é comunicativo. Em relação dialógica-comunicativa, os sujeitos interlocutores se expressam, como já vimos, através de um mesmo sistema de signos linguísticos (FREIRE, 1983, p. 45 – grifo nosso).

Não é possível dizer que há imparcialidade na comunicação midiática. Não há neutralidade quanto ao objeto que é comunicado ao sujeito que lê o jornal, assiste à TV ou rola barras em eletrônicos. Há um propósito que pode ser notado, desde a forma como se anuncia o conteúdo a ser difundido até a entonação de voz ou a imagem elencada à notícia comunicada. Tal como outros autores já citados por nós, Paulo também se interroga sobre a serviço do que e de quem estão os meios de comunicação. Acerca das diferenças entre meios de comunicação, entre a notícia veiculada por meio impresso que pode ser relida sempre que o leitor desejar, e sobre a comunicação lançada pela TV, Paulo diz que:

> De um lado, portanto, está **a força do próprio aparelho**, a **força da imagem** que aparece no vídeo, que não é palpável e que, portanto, **sugere algo que é e não é**. Uma espécie assim de força misteriosa, espiritual, a que o aparelho traz: **está perto e ao mesmo tempo está longe**; vejo e ouço, mas não pego. Mas, além disso tudo, ou pondo tudo isso de lado, há um elemento que, em certo sentido, reforça, assusta, apavora o telespectador: é que, quando tu apareces lá, o que está cá, mesmo sem fazer uma reflexão sobre, lá no mais fundo dele mesmo, se sente entre milhões diante de ti. No fundo, tu estás e não estás só e o que está aqui, está e não está só. Há um elo misterioso, e é talvez essa "misteriosidade" que me dá a perceber uma veracidade no discurso de lá. É que, no fundo, está havendo, assim, uma espécie de solidariedade invisível entre milhões que estão ouvindo e vendo aquilo. [...] O que vale dizer: os meios de comunicação não são bons nem ruins em si mesmos. Servindo-se de técnicas, eles são o resultado do avanço da tecnologia, são expressões da criatividade humana, da ciência desenvolvida pelo ser humano. **O problema é perguntar a serviço de que e a serviço de quem os meios de comunicação se acham** (FREIRE & GUIMARÃES, 1984, p. 14, 37, 38 – grifo nosso).

E ainda, em seu propósito de cultivar o pensamento a partir do espírito crítico, não ingênuo e alienado, ressalva que a luta não é contra os meios de comunicação, mas sim sobre

> Como desocultar **verdades escondidas**, como **desmitificar a farsa ideológica**, espécie de arapuca atraente em que facilmente caímos. **Como enfrentar o extraordinário poder da mídia**, da linguagem da televisão, da sua "sintaxe" que reduz a um mesmo plano o passado e o presente e sugere que o que ainda não há já está feito. [...] Não podemos nos pôr diante de um aparelho de televisão "entregues" ou "disponíveis" ao que vier. [...] Como educadores e educadoras progressistas, não apenas não podemos

desconhecer a televisão, mas devemos usá-la; sobretudo, discuti-la (FREIRE, 2000, p. 109-110 – grifo nosso).

É preciso que os cidadãos-educadores, que o sujeito coletivo, atentem-se às leituras nas entrelinhas, às análises político-ideológicas, aos questionamentos sobre a quem interessa a comunicação das mensagens proferidas pelos diversos sistemas de comunicação e sobre a serviço de quem estão esses interlocutores. Sobre as imagens e as distorções que carregam para mascarar, ocultar e aniquilar a realidade. Sobre as forças de poder que primam pela manipulação dos sentidos e dos significados do sujeito coletivo. Sobre as forças que promovem a exclusão social pela opressão direta e indireta, explícita e camuflada. É preciso pensar com espírito crítico em busca do que é verdadeiro. E ainda, sobre aqueles que se dizem neutros, afirma o autor,

> **Os que se dizem neutros estão comprometidos consigo mesmos, com seus interesses e com os interesses dos grupos aos quais pertencem.** E como este não é um compromisso verdadeiro, eles assumem a neutralidade impossível. O verdadeiro compromisso é a solidariedade, e não a solidariedade com os que negam o compromisso solidário, mas com aqueles que, na situação concreta, se encontram convertidos em "coisas" (FREIRE, 1981, p. 19 – grifo nosso).

Trazendo à memória o papel da imprensa, do Quarto Poder do século XIX, que era o serviço guardião das demandas do cidadão, contrárias aos abusos de poder, mesclamo-nos ao pensamento de Paulo, quando este se refere sobre o que é, genuinamente, a liberdade de imprensa:

> Liberdade de imprensa não é licenciosidade de imprensa. **Só é livre a imprensa que não mente,** que não retorce, que não calunia, **que não se omite,** que respeita o pensamento dos entrevistados, em lugar de dizer que eles disseram A tendo dito M. Acreditando realmente na liberdade de imprensa, o verdadeiro democrata sabe, pelo contrário, que faz parte da luta em favor da imprensa livre a briga jurídica de que resulta o aprendizado ético, sem o qual não há imprensa livre (FREIRE, 1994, p. 188 – grifo nosso).

Não é livre uma imprensa que promove imagens deturpadas e (in)formações adulteradas. Não é livre um educador, um cidadão que opta pela irrealizável neutralidade diante de acontecimentos. Não é livre quem aceita uma (in)formação, impositivamente, comunicada, sem discuti-la, atrevidamente, movido pelo espírito crítico. Não é livre quem é, tão somente, escolarizado, porém raquítico para pensar por si mesmo e ser o protagonista de sua própria história. Não é livre e nem neutra a escola que não educa, politicamente[49], para a autonomia e emancipação do cidadão oprimido. Não é livre quem não tem esperança e não há esperanças para quem está algemado em sua própria desesperança.

Segundo Freire, "como programa, a desesperança nos imobiliza e nos faz sucumbir no fatalismo onde não é possível juntar as forças indispensáveis ao embate recriador do mundo" (FREIRE, 1992, p. 5). Um povo sem pensamento crítico, sem consciência emancipada sobre sua força e sem esperança, não reage, não luta com as milícias adequadas, apenas assiste, passivamente, seu sucumbir às opressões desastrosas em larga escala para si mesmo e sua descendência. Paulo nos adverte,

> Não sou esperançoso por pura teimosia, mas por imperativo existencial e histórico. Não quero dizer, porém, que, porque esperançoso, atribuo à minha esperança o poder de transformar a realidade e, assim convencido, parto para o embate sem levar em consideração os dados concretos, materiais, afirmando que minha esperança basta. Minha esperança é necessária, mas não é suficiente. Ela, só, não ganha a luta, mas sem ela a luta fraqueja e titubeia. **Precisamos da herança crítica,** como o peixe necessita da água despoluída. **Pensar que a esperança sozinha transforma o mundo e atuar movido por tal ingenuidade é um modo excelente de tombar na desesperança,** no pessimismo, no fatalismo. Mas prescindir da esperança na luta para melhorar o mundo, como se a luta se pudesse reduzir a atos calculados apenas à pura cientificidade, é frívola ilusão. Prescindir da esperança que se funda também na verdade como na qualidade ética da luta é negar a ela um dos seus suportes fundamentais. O essencial como digo mais adiante no corpo desta pedagogia da esperança, é que ela, enquanto necessidade ontológica, precisa de ancorar-se na prática. Enquanto necessidade ontológica a esperança precisa da prática para tornar-se concretude histórica. É por isso que **não há esperança na pura espera,** nem tampouco se alcança o que se espera na espera pura, que vira, assim, espera vã. **Sem um mínimo de esperança não podemos sequer começar o embate; mas, sem o embate, a esperança, como necessidade ontológica, se desarvora,** se desendereça e se torna desesperança que, às vezes, se alonga em trágico desespero. Daí a precisão de uma certa

---

49. No sentido freireano, diz respeito a um processo de conhecimento e composição que expanda a força de poder do cidadão oprimido e de sua capacidade de intervir no contexto real da esfera social, econômica, política e cultural. Ou seja, o termo em questão, aqui apontado, não se acomoda à politicagem ou partidarismo político.

importância em nossa existência, individual e social, que não devemos experimentá-la de forma errada, deixando que ela resvale para a desesperança e o desespero. **Desesperança e desespero, consequência e razão de ser da inação ou do imobilismo.** [...] Uma das tarefas do educador ou educadora progressista, através da análise política, séria e correta, é **desvelar as possibilidades, não importam os obstáculos,** para a esperança, sem a qual pouco podemos fazer porque dificilmente lutamos, e quando lutamos, enquanto desesperançados ou desesperados, a nossa é uma luta suicida, é um corpo a corpo puramente vingativo. O que há, porém, de castigo, de pena, de correção, de punição na luta que fazemos movidos pela esperança, pelo fundamento ético-histórico de seu acerto, faz parte da natureza pedagógica do processo político de que a luta é expressão. Não será equitativo que as injustiças, os abusos, as extorsões, os ganhos ilícitos, os tráficos de influência, o uso do cargo para a satisfação de interesses pessoais, que nada disso, por causa de que, com justa ira, lutamos agora no Brasil, não seja corrigido, como não será correto que todas e todos os que forem julgados culpados não sejam severamente, mas dentro da lei, punidos. Não basta para nós, nem é argumento válido, reconhecer que nada disso é "privilégio" do Terceiro Mundo, como às vezes se insinua. O Primeiro Mundo foi sempre exemplar em escândalos de toda espécie, sempre foi modelo de malvadez, de exploração. Pense-se apenas no colonialismo, nos massacres dos povos invadidos, subjugados, colonizados; nas guerras deste século, na discriminação racial, vergonhosa e aviltante, na rapinagem por ele perpetrada. Não, não temos o privilégio da desonestidade, mas já não podemos compactuar com os escândalos que nos ferem no mais profundo de nós (FREIRE, 1992, p. 5-6 – grifo nosso).

A alta-roda dominante pela cultura de massa e por meio da imagem como recurso eficiente, move o cetro de seu poderio para implantar seus informes e sistemas para a doutrinação dos indivíduos. Vende o consumo de pseudos-soluções para a educação, saúde, vida longa, beleza, previdência, segurança, felicidade, amizade, prosperidade e até inclusão. Promove o combate à politização, a capacidade de um povo se reconhecer como soberano, bem como de compreender a importância da pluralidade do pensamento crítico e da ação política popular. Neutraliza a esperança de toda uma nação pelas mensagens explícitas e subliminares de que "as coisas são como são". E neste subjugo, o conformismo, a estagnação, o preconceito, a discriminação, a ignorância, a humilhação, a exclusão, crescem como a cizânia nociva. E na angústia do sobejar da desesperança, segue a imagem distorcida do alívio para perpetuar o consumo e, consequentemente, a lucratividade. As pessoas são coisificadas e como todas as coisas, são fabricadas para não durar.

> **A sociedade de consumo consome fugacidades. Coisas, pessoas: as coisas, fabricadas para não durar, morrem ao nascer; e há cada vez mais pessoas jogadas no lixo desde que chegam à vida.** As crianças abandonadas nas ruas da Colômbia *[Brasil, acréscimo nosso]*, que antes eram chamadas de *gamines*, agora são chamadas de descartáveis e estão marcadas para morrer. Os numerosos ninguéns, os fora de lugar, são "economicamente inviáveis", segundo o linguajar técnico (GALEANO, 2015, p. 18 – grifo nosso).

Como forma de alívio injetam soluções boticárias no talhe de *banners*. Promessas irregulares para corpos garbosos, mentes brilhantes, memórias fantásticas, saúde de ferro, comportamentos ajustados. Criados para atrair usuários para a geração de tráfego virtual e, consequentemente, granjear investimentos para maior lucratividade, esse formato de imagem agrada o indivíduo. Personagens públicas usam seus dedos indicadores para prescrever o produto de consumo. Tudo está à venda como para a compra, inclusive o conhecimento como a mentira.

O paradigma da distorção e os conceitos de diferença e humanidade

Em meio ao paradigma da distorção, a diferença é concebida como um defeito ao invés de ser agregada como um valor, um atributo próprio da espécie humana. A extirpação das diferenças pelas próprias diferenças se configura o mote das representações imagéticas por meio dos grupamentos de pessoas conforme as características que configuram a categoria à qual são encaixadas. Os mecanismos de exclusão se fortalecem no igualizar das diferenças. Ou seja, em categorizar iguais pela diferença que apresentam. Pela diferença que junta supostos iguais, padrões sociais são estabelecidos, e por meio deles mercados se firmam para a lucratividade. Identidades são assentadas a partir da diferença, enquanto o *marketing* se aprofunda nos estudos sobre a categoria padrão, e imagens e novas imagens são creditadas para a representação social de um coletivo. Territórios e fronteiras são desenhados para o alcance da massa identificada, categorizada e catalogada, ao mesmo tempo que se ampliam as desigualdades sociais.

O consumo de padrões de comportamento entra em larga evidência nos diversos territórios. A crença que nos laudos de diagnóstico médico serão encontradas as respostas para o tratamento e a cura do indivíduo é prolífica. Mas como encarar o diagnóstico a partir do sentido multiplicativo da diferença?

Aliado à noção de imagem que universaliza as concepções sobre quem somos, como somos, como devemos ser, como seremos se consentirmos o consumo de ideias e coisas, o diagnóstico e seus critérios universalistas pré-escrevem a rota a ser seguida pelo indivíduo, pelo sujeito coletivo. A diferença é compreendida como algo ruim ou parâmetro de anormalidade, e por isso se sugere que deva ser suprimida. A comparação entre seres diferentes é sobressaltada, e na ânsia de igualá-los aos padrões de comportamento estabelecidos pela sociedade dominante fabrica-se todo o tipo de substâncias, emplaca-se à medicalização da vida e da sociedade. No entanto, confluente ao pensamento de Gilles Deleuze, "queremos pensar a diferença em si mesma e a relação do diferente com o diferente, independentemente das formas da representação que as conduzem ao mesmo e as fazem passar pelo negativo" (1988, p. 8).

Enquanto a diferença sempre se multiplica e não se repete, o diagnóstico universaliza pela repetição. E nesta busca da repetição do comportamento-padrão, o método diagnóstico é categorizar pessoas a partir das diferenças que são agrupadas como algo indesejável na sociedade. Assim, classificam, parametrizam, determinam uma identidade fixa e estável ao indivíduo. Ignora-se sua singularidade, aniquila-se sua individualidade, estabelecem uma cédula de identidade que não é pessoal, mas coletiva a partir da diferença que agrega normais e anormais. Desta forma é que os mecanismos de exclusão encaixam pessoas em caixotes categorizadores e classificatórios. Posteriormente, por meio da ignorância, ingenuidade ou maldade, usam da imagem para conduzir uma representação social e, em seus nomes, declamarem decisões, ações, consumos. Uma representação social fixa e estável que orienta a massa da sociedade por caminhos excludentes. No entanto,

> O diagnóstico tem como sua essência a repetição; repete sempre o que conceitua ser anormal. Como instrumento de lei do biopoder, ele perpetua a repetição do que diz ser universal. Contudo, na repetição está a diferença das singularidades em seres que são nominados como idênticos, mas que não o são. Aqui, pois, está a diferença na diferença (ORRÚ, 2017, p. 33).

Assim, neste itinerário, nas redes sociais, pessoas trocam (in)formações e imagens sobre fármacos que prometem aquietar crianças, regimes que curam o que não é doença, poções mágicas que não podem criar o prazer, inoculações permeadas de substâncias que não salvaguardam os corpos, fontes de juventude que não imortalizam corpos, métodos de condicionamento que garantem o que não pode ser condicionado, bênçãos divinas que não podem ser barganhadas, pelejas que não podem conquistar a paz, sorrisos coletivos que não podem conter a dor que leva ao suicídio, e assim por diante. Medo, inquietude e imediatismo se mesclam e tomam assento na cultura contemporânea. Segundo Bauman na obra *Medo líquido*,

> Os perigos que mais tememos são imediatos: compreensivelmente, também desejamos que os remédios o sejam – "doses rápidas"; oferecendo alívio imediato, como analgésicos prontos para o consumo. **Embora as raízes do perigo possam ser dispersas e confusas, queremos que nossas defesas sejam simples e prontas a serem empregadas aqui e agora.** Ficamos indignados diante de qualquer solução que não consiga prometer efeitos rápidos, fáceis de atingir, exigindo em vez disso um tempo longo, talvez indefinidamente longo, para mostrar resultados. Ainda mais indignados ficamos diante de soluções que exijam atenção às nossas próprias falhas e iniquidades, e que nos ordenem, ao estilo de Sócrates, que "conheça-te a ti mesmo"! (BAUMAN, 2008, p. 149 – grifo nosso).

Dominar, controlar e docilizar corpos, são os discursos (ditos e não ditos) de ordem contemporânea. A generalização e universalização de ações são expandidas em detrimento da construção de intervenções que levam em conta a singularidade do Ser que nunca se repete.

> **É dócil um corpo que pode ser submetido, que pode ser utilizado, que pode ser transformado e aperfeiçoado.** [...] Nesses esquemas de docilidade, em que o século XVIII teve tanto interesse, o que há de tão novo? Não é a primeira vez, certamente, que **o corpo é objeto de investimentos** tão imperiosos e urgentes; em qualquer sociedade, o corpo está preso no interior de **poderes muito apertados, que lhe impõem limitações, proibições ou obrigações.** Muitas coisas, entretanto, são novas nessas técnicas. A escala, em primeiro lugar, do **controle: não se trata de cuidar do corpo,** em massa, *grosso modo,* como se fosse uma unidade indissociável, mas de trabalhá-lo detalhadamente; de exercer sobre ele uma coerção sem folga, de mantê-lo ao nível mesmo da mecânica – movimentos, gestos atitude, rapidez: poder infinitesimal sobre o corpo ativo. O objeto, em seguida, do controle: não, ou não mais, os elementos significativos do comportamento ou a linguagem do corpo, mas a economia, a eficácia dos movimentos, sua organização interna; a coação se faz mais sobre as forças que sobre os sinais; a única cerimônia que realmente importa é a do exercício. A modalidade enfim: implica uma coerção ininterrupta, constante, que vela sobre os processos da atividade mais do que sobre seu resultado e se exerce de acordo com uma codificação que esquadrinha ao máximo o tempo, o espaço, os movimentos. Esses métodos que permitem o controle minucioso das operações do corpo, que realizam a sujeição **constante de**

suas forças e lhes impõem uma relação de **docilidade-utilidade**, são o que podemos chamar as "disciplinas" (FOUCAULT, 1987, 163-164 – grifo nosso).

Não é por ignorância ou ingenuidade que a alta-roda dominante impele à produção de corpos dóceis. Corpos dóceis são passíveis de investimentos, os mais lucrativos, diga-se de passagem. A ganância pela lucratividade alavanca à vontade, portanto, gera o movimento de forças para o controle do indivíduo, do sujeito coletivo, da massa. O que pode ser melhor ao dominador do que ter sob sua destra um corpo obediente? Os processos que se relacionam à vida humana são orientados por dispositivos onde o poder e o saber se plugam em um intento de disciplina, regulagem, submissão, controle, orientação e modificação de toda uma população.

> O homem ocidental aprende pouco a pouco o que é ser uma espécie viva num mundo vivo, ter um corpo, condições de existência, probabilidade de vida, saúde individual e coletiva, forças que se podem modificar, e um espaço em que se pode reparti-las de modo ótimo. **Pela primeira vez na história, sem dúvida, o biológico reflete-se no político;** o fato de viver não é mais esse sustentáculo inacessível que só emerge de tempos em tempos, no acaso da morte e de sua fatalidade: cai, em parte, no campo de controle do saber e de intervenção do poder. Este não estará mais somente às voltas com sujeitos de direito sobre os quais seu último acesso é a morte, porém com seres vivos, e o império que poderá exercer sobre eles deverá situar-se no nível da própria vida; **é o fato de o poder encarregar-se da vida, mais do que a ameaça da morte,** que lhe dá acesso ao corpo. Se pudéssemos chamar de "bio-história" as pressões por meio das quais os movimentos da vida e os processos da história interferem entre si, deveríamos falar de "biopolítica" para designar o que faz com que a vida e seus mecanismos entrem no domínio dos cálculos explícitos, e **faz do poder-saber um agente de transformação da vida humana** (FOUCAULT, 1988, p. 133 – grifo nosso).

Para Foucault, trata-se, portanto, de uma biopolítica onde os objetos privilegiados de saber são criados para servirem ao poder, ao controle da espécie humana. A biopolítica se ocupa e funciona como um tipo de controle regulador para controlar os corpos, controlar a população e corrigi-la para onde querem. A norma, neste sentido, funciona como conexão entre o elemento disciplinar (disciplinas) do corpo individual e o elemento que determina e regula a pluralidade e a diversidade biológica (biopoder). A norma possibilita o entrecruzar da disciplina e da regulamentação para o controle de uma população.

O objeto de todos esses empreendimentos concernentes à loucura, à doença, à delinquência, à sexualidade e àquilo de que lhes falo agora é mostrar como o par "série de práticas/regime de verdade" forma um dispositivo de saber-poder que marca efetivamente no real o que não existe e submete-o legitimamente à demarcação do verdadeiro e do falso (FOUCAULT, 2008, p. 27).

Biopoder e biopolítica são formas prestativas de controle às ferozes economias de mercado e seus diversos domínios da vida social. O mercado, portanto, é explícito instrumento de governamentalidade da população e, nesta direção "é preciso governar para o mercado, em vez de governar por causa do mercado" (FOUCAULT, 2008, p. 165). Foucault nos convida à compreensão de que no cerne da biopolítica neoliberal,

> trata-se de generalizar, difundindo-as e multiplicando-as na medida do possível, as formas "empresa" que não devem, justamente, ser concentradas na forma nem das grandes empresas de escala nacional ou internacional, nem tampouco as grandes empresas do tipo do Estado. E essa multiplicação da forma empresa no interior do corpo social que constitui, a meu ver, o escopo da política neoliberal. Trata-se de fazer do mercado, da concorrência e, por conseguinte, da empresa o que poderíamos chamar de **poder enformador da sociedade** (FOUCAULT, 2008, p. 203 – grifo nosso).

E, ainda, segundo Deleuze, "a família, a escola, o exército, a fábrica não são mais espaços analógicos distintos que convergem para um proprietário, Estado ou potência privada, mas são agora figuras cifradas, deformáveis e transformáveis, de uma mesma empresa que só tem gerentes" e "a corrupção ganha aí uma nova potência" (1992, p. 224). Imagens e distorções funcionam como um paradigma movimentador de riquezas.

A obediência, portanto, interessa aos governantes totalitários, fascistas e microfascistas, aos carcereiros, aos burocratas, ao biopoder, às instituições judiciárias, à escola que não serve à educação libertadora. Manter a ordem é a justificativa. Que ordem? Ordem para quem e para quê?

> **Uma outra consequência deste desenvolvimento do biopoder é a importância crescente assumida pela atuação da norma, à expensas do sistema jurídico da lei.** A lei não pode deixar de ser armada e sua arma por excelência é a morte; aos que a transgridem, ela responde, pelo menos como último recurso, com esta ameaça absoluta. **A lei sempre se refere ao gládio. Mas um poder que tem a tarefa de se encarregar da vida terá necessidade de mecanismos contínuos, reguladores e corretivos.** Já não se trata de pôr a morte em ação no campo da soberania, mas de distribuir

os vivos em um domínio de valor e utilidade. Um poder dessa natureza tem de qualificar, medir, avaliar, hierarquizar, mais do que se manifestar em seu fausto mortífero; não tem que traçar a linha que separa os súditos obedientes dos inimigos do soberano, opera distribuições em torno da norma. Não quero dizer que a lei se apague ou que as instituições de justiça tendam a desaparecer; mas que **a lei funciona cada vez mais como norma, e que a instituição judiciária se integra cada vez mais num contínuo de aparelhos (médicos, administrativos etc.) cujas funções são sobretudo reguladoras.** Uma sociedade normalizadora é o efeito histórico de uma tecnologia de poder centrada na vida (FOU-CAULT, 1988, p. 134 – grifo nosso).

Rever a ordem, é preciso. Uma ordem social que adestra multidões de forasteiros confusos, que coisifica indivíduos, que oprime e maltrata indefesos, que molda sujeitos submissos, que manda punir e prender o contestador, e que adoece pessoas à heteronomia, não deveria se perpetuar na humanidade; pois, como já vimos, são outros os atributos desse conjunto de características que constituem a natureza humana. Não obstante, somente um corpo sem amor é capaz de propagar tamanho jugo aflitivo às pessoas, aos povos. Sem embargo, o corpo do mercado não tem coração, muito menos, escrúpulo.

Nas palavras de Paulo Freire, vivemos no Brasil numa sociedade malvada onde é difícil o amor. Isso se deve principalmente à profunda desigualdade social, que significa injustiça social. Essa situação é estrutural, onde 0,05% da população (71.440 supermilionários) controla mais da metade de nosso PIB. Se um Estado é injusto, ele não pode gozar de paz nem produzirá relações humanas fundadas na solidariedade e no amor. [...] Se não houver uma transformação nas estruturas econômicas e sociais que gerem um maior equilíbrio, jamais teremos paz social (BOFF, 2017).

Dar lugar à maldade contra o próximo é ser como um espectro que intenta sufocar o espírito amoroso que deve constituir o ser humano, de maneira tal que o paradigma da distorção vigora e engenha, perversamente, à compreensão original daquilo que conceitua o vocábulo "Humanidade", a saber, o sentimento de bondade e compaixão que se firmam no amor e pelo amor ao próximo.

Pela distorção gerada por meio da maldade, as características repugnantes e opostas se tornam adjacentes à percepção imagética e especulativa do termo "humanidade". Humanidade, portanto, sofre adulterações dos sentidos e significados produzidos pelas forças propulsoras da distorção, presentes na sociedade. A magnanimidade, o enternecimento, a beneficência, a brandura e a caridade, parecem não ser suficientes para compor a categoria "Humanidade", de forma que os traços do mal são incorporados ao conceito secular de "humanidade". Pela banalização do mal, os valores elementares que sustentam o sentido singular de "Humanidade" são acostados, de modo que conceber "humanidade" acoplada às barbáries procriadas pelo mal passa a ser algo natural e comum, consequentemente, a ideia fatalista de que as coisas são como são. Pelo paradigma da distorção, é comum os dizeres: a humanidade vai mal, a humanidade está perdida.

Todavia, não é a Humanidade que vai mal, porém, o ser humano que se des-humaniza frente aos desafios liberais contemporâneos. O ato de se desumanizar tem a ver com o afastamento, o rechaço e, finalmente, a perda das qualidades morais e amorosas, intrinsecamente, vinculadas ao conceito de Humanidade. Movido pela ganância e pelo poder, perceptivelmente, pelo egoísmo e narcisismo, o atrelamento ao que é nocivo ao outro vai ganhando corpo. Não repentinamente, mas de forma processual, ignorar a dor do outro vai se tornando algo tão naturalizado que o indivíduo se deteriora em seu caráter humano, e por fim, desumaniza-se quanto à gênese conceitual de Humanidade. A exemplo, nós nos desumanizamos quando somos coniventes com a perpetuação de ações excludentes, discriminatórias, preconceituosas contra aqueles que, pela razão que seja, encontram-se em circunstância de maior vulnerabilidade e fragilidade social. Nós nos desumanizamos quando nos calamos e minimizamos os impactos emocionais e físicos que as crueldades e perversidades da discriminação e do *bullying* causam na vida daquele que é vítima. Nós nos desumanizamos quando abrimos mão de valores e ideais para justificar nossa efetiva produção de riqueza. Nós nos desumanizamos quando a mesquinhez contrária às políticas públicas para os menos favorecidos é maior do que a caridade de se imaginar no lugar desses outros. Nós nos desumanizamos quando o mar sangrento de notícias jornalísticas já nos parece coisa normal. Nós nos desumanizamos quando naturalizamos a violência obstétrica, o aborto, o estupro e a violência doméstica, portanto, o machismo. Nós nos desumanizamos quando simplificamos que a tortura e a violência da ditadura são o castigo certo para militantes baderneiros da ordem estabelecida pela base governista. Nós nos desumanizamos quando sobrepomos nosso ego e nossa vaidade ao acolhimento do nosso próximo. Nós nos desumanizamos quando abrimos mão da lealdade e presença amiga pela conveniência de não nos envolvermos com o outro. Nós nos desumanizamos toda vez que tentamos tampar o sol com a peneira. A des-humanização é um movimento corrente e corrosivo que segue tomando conta, primeiro do coração e depois da mente, de modo a cristalizar o sentimento mais belo que o Criador soprou em nós: o Amor.

Entretanto, embora os sentimentos inerentes ao bem e ao mal coexistam no ser humano e guerreiem entre si, provocar o acontecimento do mal ou/e do bem, é uma escolha do sujeito. A princípio, somos filhos do amor, e sob este prisma não é possível adulterar o núcleo duro[50] do sentido e significado de "Humanidade", de forma que os corações e as mentes podem se corromper para agirem pelo mal; contudo, o verdadeiro rol de atributos de "Humanidade" prevalece intocável. A exemplo, nós nos reconhecemos humanos, no sentido pleno de Humanidade, quando nos compadecemos quanto à dor do outro, quando nos juntamos contra as desigualdades e injustiças sociais, quando nos injuriamos e damos os braços numa mesma luta não nos conformando com o "sistema", mas nos propondo a mudá-lo. Nós nos humanizamos quando não queremos que nossos filhos sejam valentões e os ensinamos a escolherem cultivar um coração bondoso, amoroso e solidário. Nós nos humanizamos quando não nos comportamos como se fôssemos cadáveres endurecidos que nada sentem diante de mórbidas truculências. Quando cuidamos do meio ambiente e respeitamos a terra que tudo nos dá. E nós, educadores, também nos humanizamos quando mudamos os métodos de ensino para acolhermos a todos os aprendizes, investindo no potencial de aprendizagem que todos têm, quando não nos conformamos com o que se encontra posto na sociedade, quando fazemos um contrato de prestação de serviços onde também se prevê a cláusula que: nesta escola, não se tolera violência, *bullying* ou discriminação pelas diferenças, pois a diferença é o maior atributo do ser humano. Quando nos propomos a construir comunidades de aprendizagem em uma perspectiva de educação democrática e inclusiva, dando vazão aos eixos de interesse dos aprendizes, ao invés de lhes sabotarmos a criatividade com o arcaísmo da memorização, repetição e fixação de conteúdos fragmentados e desconectados de suas realidades.

A prática de rudezas e incivilidades sempre foi e será, tão somente, a materialização de escolhas do ser humano. A selvageria não se constitui como um ato involuntário do humano, ao revés, é voluntário, e se é voluntário pode ser comedido pelo próprio indivíduo. Por suas escolhas o ser humano se desumaniza, ou seja, cristaliza-se no mal, petrifica-se de insensibilidades, enrijece seus sentimentos como um cadáver que nada sente e que nada faz, desseca seus afetos e perceptos, mancha-se com sangue inocente, trai quem lhe ama. Neste sentido, é o ser humano que opta por se afastar dos valores e princípios elementares que constituem o cerce de "Humanidade", e não a "Humanidade"

---

50. Núcleo duro diz respeito àquilo que se constitui com princípios e valores sólidos, irredutíveis e que se mostra resistente às pressões externas.

que se prostitui ou se adultera. Quando o amor é esmagado pela vontade da ganância e do poder, a desumanização se alastra, perversamente, em todos os espaços sociais.

Todavia, não é preciso, nem é lei da natureza, que seja assim; porém, uma escolha evitável. O que a vida "quer da gente é coragem!" (ROSA, 1994, p. 448)[51].

---

51. João Guimarães Rosa em *Grande sertão: veredas*.

Inclusão e diferença: sentidos da humanidade

Somos corpos únicos
Seres sociointerdependentes
Misturados em moléculas biológicas e culturais.
Por vezes, conectados pelo pensamento comum e plugados
em espírito.
Somos Outros seres que não os colonos.
Somos híbridos!
Puros, jamais!

O amor como fonte da socialização humana

José Martí (1853-1895) foi um renomado intelectual e poeta cubano. Seu pensamento inteligente e visionário sobre-excedeu as fronteiras de Cuba para germinar sua sementeira em muitas outras terras distantes, em muitos outros territórios de luta. Não diferente de outros líderes revolucionários, foi preso e condenado por aqueles que não suportavam suas ideias de libertação do controle do colonizador. Após sua morte, em um sangrento combate em maio de 1895, seu corpo foi mutilado pelos soldados espanhóis e exposto à população como forma de implantarem o medo àqueles que não se submetessem à dominação. Martí escreveu diversas obras que são consideradas profundas e de estilo refinado, tanto na poesia quanto na prosa, concebidas como uma das mais belas do mundo. Sua frase *"Solo el amor engendra melodias"* (MARTÍ, 2016, p. 83), inspirou o cantor Sílvio Rodriguez[52], músico, poeta e um dos expoentes da música cubana de maior reconhecimento internacional.

Debes amar la arcilla que va en tus manos.
Debes amar su arena hasta la locura.
Y si no, no la emprendas que será en vano:
sólo el amor alumbra lo que perdura,
sólo el amor convierte en milagro el barro.

---

52. Sílvio Rodríguez Domínguez (1946) é considerado um poeta brilhante e inteligente, talentoso em compor e expressar seus sentimentos mais profundos entrelaçados aos temas universais em prol da mobilização e a consciência social. É o compositor da letra e melodia da canção *Sólo el amor*, que teve seu lançamento em 1986. O cantor gentilmente nos concedeu autorização para citarmos a letra desta canção.

Debes amar el tiempo de los intentos.
Debes amar la hora que nunca brilla.
Y si no, no pretendas tocar lo cierto:
sólo el amor engendra la maravilla,
sólo el amor consigue encender lo muerto (RODRÍGUEZ,
1978 – grifo nosso).

Não há como se desatentar ao afeto presente na obra de Martí, bem como na canção de Rodriguez: só o amor converte em milagre o barro, só o amor provoca a maravilha, só o amor consegue acender o morto.

Com amor, Paulo Freire também proclama: "Eu sou um intelectual que não tem medo de ser amoroso, eu amo as gentes e amo o mundo. E é porque amo as pessoas e amo o mundo, que eu brigo para que a justiça social se implante antes da caridade" (2007, p. 1). E insiste, "a amorosidade de que falo, o sonho pelo qual brigo e para cuja realização me preparo permanentemente, exige em mim, na minha experiência social, outra qualidade: a coragem de lutar ao lado da coragem de *amar*" (FREIRE, 1997, p. 38).

E ainda, nas palavras do Rei Salomão[53], "o amor é forte como a morte". Segundo Paulo de Tarso[54], "O amor é benigno; o amor não é invejoso; o amor não trata com leviandade, não se ensoberbece. Não se porta com indecência, não busca os seus interesses, não suspeita mal. Não folga com a injustiça, mas folga com a verdade". Nos versos de Camões (2010)[55], o amor "é ter com quem nos mata, lealdade" e Orrú[56] em 2004, já muito debilitado, afirmou: "onde há amor, o mal não entra".

O amor é pauta em obras sacras, religiosas e poéticas como também é temática fulcral entre filósofos, educadores e cientistas. O amor é uma aspiração da sociedade contemporânea, independentemente de credo ou ideologia, para além da poesia e da ciência. O amor é parte indissociável da Humanidade em seu núcleo conceitual. Não existe Humanidade sem o amor, consequentemente,

---

53. Salomão foi rei em Israel por cerca de 40 anos. Segundo cronologias, viveu entre 1050 e 931 a.C. A frase citada se encontra em Ct 8,6 e também se encontra na Bíblia hebraica.

54. Paulo nasceu entre o ano 5 e 10 da Era Cristã em Tarso, Cilícia, Ásia Menor (às margens do Mediterrâneo, atual Turquia). Foi um dos mais influentes escritores do cristianismo primitivo. Suas obras compõem parte significativa do Novo Testamento. Os versos citados se encontram em 1Cor 13,4-6.

55. Luís Vaz de Camões (Lisboa, 1524-1580), considerado um dos maiores poetas do Ocidente. Também era soldado a serviço do reino português. Em suas composições relata suas vivências embebidas de aventuras e amor. O poema *Amor é fogo que arde sem ver* foi publicado em 1595.

56. Gervásio Francisco Orrú (1945-2004). Doutor em Ciência da Religião, bacharel em Direito, professor de Português, Grego e Hebraico. Homem tão culto quanto humilde. Dizia que não era possível viver o verdadeiro Evangelho sem defender e alimentar os pobres. Viveu toda sua vida de forma simples e condizente com o que cria e pregava. Faleceu em decorrência da Esclerose Lateral Amiotrófica (ELA).

não há respeito à existência do outro, tampouco, sede de justiça social para todos. Segundo Maturana[57],

> O amor é a expressão de uma congruência biológica espontânea, e não tem justificação racional: o amor acontece porque acontece, e permanece enquanto permanece. O amor é sempre à primeira vista, mesmo quando ele aparece após circunstâncias de restrições existenciais que forçam interações recorrentes; e isso é assim porque ele ocorre somente quando há um encontro em congruência estrutural, e não antes. Finalmente, **o amor é a fonte da socialização humana**, e não o resultado dela, **e qualquer coisa que destrói o amor**, qualquer coisa que destrói a congruência estrutural que ele implica, **destrói a socialização**. A socialização é o resultado do operar no amor, e ocorre somente no domínio em que o amor ocorre (MATURANA, 1997, p. 185 – grifo nosso).

O paradigma da distorção como modo de vida, destrói a socialização humana dentro da perspectiva da Humanidade como qualidade do que é benevolente, de atos humanos comprometidos com a compaixão e a solidariedade. A "compaixão" (do latim, "*compassio*" = "sofrimento") tem a ver com o desejo de aliviar o sofrimento de outro ser (qualquer ser vivo), de estar junto com o outro no sentido de "sofrer pelas dores do outro". Esse sentimento move pessoas a sentirem misericórdia e a se envolverem com causas e lutas para atenuar o sofrimento de outros seres. Segundo Milan Kundera,

> Nas línguas em que a palavra compaixão não se forma com a raiz "*passio* = sofrimento" mas com o substantivo "sentimento", a palavra é empregue mais ou menos no mesmo sentido, mas dificilmente se pode dizer que designa um sentimento mau ou medíocre. A força secreta da sua etimologia banha a palavra de uma outra luz e dá-lhe um sentido mais lato: ter compaixão (co-sentimento) é poder viver com o outro não só a sua infelicidade, mas sentir também todos os seus outros sentimentos: alegria, angústia, felicidade, dor. Esta compaixão (no sentido de *soucit*, *wspolrzurie*, *Mitgefühl*, *medkänsla*) designa, portanto, a mais alta capacidade de imaginação afetiva, ou seja, a arte da telepatia das emoções. **Na hierarquia dos sentimentos, é o sentimento supremo** (1985, p. 9 – grifo nosso).

---

57. Humberto Maturana nasceu em Santiago, Chile, em 1928. É neurobiólogo e criador da biologia do conhecer. Fez doutorado em Biologia em Harvard, sendo docente da Universidade do Chile. É um cientista distinto que concebe o ser humano a partir da "biologia do amor". Para ele, o amor está sempre relacionado à sobrevivência da humanidade.

Nesse sentido, alinhamo-nos ao pensamento de Leonardo Boff: "o amor é uma chama viva que arde, mas que pode bruxulear e lentamente se cobrir de cinzas e até se apagar. Não é que as pessoas se odeiam. Elas ficaram indiferentes umas às outras. É a morte do amor" (2014).

Quando a indiferença para com o outro se cristaliza no coração e na mente humana, a energia do amor se desvanece. Desse fluir, os atos provenientes do amor, como a compaixão, a benevolência, a solidariedade, a generosidade, o mover-se para minimizar o sofrer do outro, são consumidos pelo centralismo do viver ególatra. Naturalizar a indiferença como forma inteligente de sobreviver às adversidades da vida é uma distorção dos rudimentos e da lógica constante no conceito colossal de Humanidade. Como consequência desse processo, dá-se a des-humanização e a destruição da socialização humana.

Não obstante, a demolição da socialização humana não ocorre instantaneamente, de um dia para o outro. Mas sim, vagarosamente, no acontecer das vivências tenebrosas da falta de amor que assola os seres humanos desde a mais tenra idade. São as experiências de menosprezo, de inferiorização perante aquele que se põe como superior, da opressão do que se apresenta como o mais forte, de discriminação pela diferença, da violência nos diversos espaços sociais, inclusive na família e na escola. Experiências de abandono, maus-tratos, *bullying*, chantagens, abusos de poder. Aprender a sobreviver nestas situações infortunas, é um desafio, tristemente iniciado na infância. Crianças são sofredoras e vítimas do processo de des-humanização dos adultos.

A exemplo, pensemos sobre o que acontece na escola, espaço social em que a criança costuma passar a maior parte de seu tempo durante pelo menos 9 anos de sua vida, sem contar o ciclo infantil e, posteriormente, o Ensino Médio. Voltemos ao *bullying* que tem sido descrito como uma violência, frequentemente, encontrada nas escolas. Segundo Silva et al. (2018, p. 2),

> O *bullying* é um tipo de violência entre pares que ocorre de forma intencional, repetitiva e implica desequilíbrio de poder entre agressores e vítimas. As taxas de ocorrência deste fenômeno variam entre os países de 7% a 43% para vítimas e de 5% a 44% para agressores. No Brasil, a vitimização varia entre aproximadamente 5,4% e 67,5% e a agressão, entre 10,2% e 54,7%. Estudos indicam que o *bullying* afeta negativamente a saúde, a qualidade de vida, o desenvolvimento psicossocial e as trajetórias educacionais de crianças e adolescentes em todo o mundo. Dentre os estudantes envolvidos no *bullying*, as vítimas são aqueles mais vulneráveis, por constituírem os alvos diretos e indiretos das agressões praticadas. De modo geral, as consequências negativas para as vítimas relacionam-se à sensação de insegurança, solidão, diminuição da

autoestima, insônia, depressão, faltas às aulas, baixo rendimento escolar, ideação suicida, entre outras.

Em uma tentativa de fuga da realidade violenta na qual vivemos, diversas pessoas, incluindo gestores e professores de escolas e universidades, minimizam o potencial e o impacto destrutivo desse ato atroz que tem se revelado um consumidor de vidas. As justificativas de que tais atos intimidadores sempre existiram, mas que antes não tinha esse nome e por isso não devem ser levados tão a sério, é comum de se ouvir. Argumentos de que somente se a agressão se repetir e se repetir muitas vezes é que se deve intervir, demonstra a ignorância e a omissão de muitos profissionais e familiares acerca do mal que aflige a milhares de crianças, adolescentes, jovens e adultos em nossa sociedade adoecida. Não é incomum que muitos ainda atribuam ao vitimado a responsabilidade e culpa por sofrerem ofensivas. Dizer que bulir com o outro é coisa de criança e que precisam aprender a resolver seus problemas sozinhos para crescerem e "amadurecerem" é a máxima demonstração de quanto a cristalização e a naturalização da indiferença à violência avançam a passos largos no desmonte da vocação de ser gente boa. E nessa desrealização da dura realidade que muitos jovens cidadãos vivem, a imagem distorcida do que é ser forte, corajoso, independente, pró-ativo, inteligente, maduro, implanta-se, sorrateiramente, no seio da sociedade.

O infante depreciado caminha na descoberta de que tem uma escolha a fazer para sobreviver às tensões: ou se conforma com o abuso, ou se volta como um vingador de si mesmo ou faz de conta que não se importa com as hostilidades que sofre. Em qualquer uma das escolhas, um outro tipo de violência está sendo gerado, paulatinamente, em seu coração e mente. E essa variação da violência primária sofrida pelo infante vai se configurando em algo macroscópico em meio a sua constituição subjetiva e modos de agir e reagir frente às circunstâncias. A depender dos sentidos e significados produzidos e atribuídos pela força do mal da violência, o infante poderá se constituir: um sujeito motriz de resiliência a esta praga desumanizadora; um sujeito repetidor dos ciclos de bestialidades contra o próximo; um sujeito resignado à tristeza dos desafetos que decai da alegria de viver; ou um sujeito faltoso de posicionamentos polêmicos para se livrar de aborrecimentos com os já sofridos em sua alma. Sem dúvida, em uma transmutação ou outra, o sofrimento poderia ter sido evitado se houvesse mais amor, por consequência, mais respeito às diferenças que nos tornam seres únicos e singulares.

O agressor, por sua vez, afamado de valentão, recruta seus seguidores. A ele são somados outros covardes valentões. Além daqueles que não servem à valentia de afrontar diretamente o abusado, porém, por desejarem ser aceitos no grupo do líder totalitário, acompanham as injúrias fazendo número à maioria. Não menos pior, ainda há aqueles outros tipos de covardes: os que cedem seus ouvidos ao tinhoso zunido na consciência: não se envolva! Não obstante, sabe-se que, possivelmente, o valentão de agora também foi constituído pelo mesmo ciclo tirânico e pungente: outrora, similarmente, padeceu de abusos e violência.

Cada opressor a sua maneira é cruel e se movimenta em um processo de des-humanização. O que acontece na infância, não fica na infância o que acontece na escola, não fica na escola, o que acontece no núcleo familiar, não se restringe a ele. A escola cobra da família enquanto essa última cobra da escola, e ambas responsabilizam a comunidade. Na verdade, a luta contra a violência deve ser de todos nós. O paradigma da distorção em seu *modus operandi* nos incita a acreditarmos que há sempre "um", majoritário responsável, pelos fazeres e afazeres para todos. Entretanto, é preciso superar essa visão e concepção reducionista da sociedade e entender que todos somos responsáveis. E que todos podem e devem fazer *com* todos o que há de melhor para a humanidade. Sermos filhos do amor, gera-nos grande incumbência!

Em sincronia com as palavras de Maturana, "na vida humana, a maior parte do sofrimento vem da negação do amor".

> **Somos** animais **dependentes do amor**. O amor é a emoção central na história evolutiva humana desde o início, e toda ela se dá como uma história em que a conservação de um modo de vida no qual o amor, a aceitação do outro como um legítimo outro na convivência, é uma condição necessária para o desenvolvimento físico, comportamental, psíquico, social e espiritual normal da criança, assim como para a conservação da saúde física, comportamental, psíquica, social e espiritual do adulto. Num sentido estrito, **nós seres humanos nos originamos no amor e somos dependentes dele**. Na vida humana, **a maior parte do sofrimento vem da negação do amor**: os seres humanos somos filhos do amor (MATURANA – grifo nosso).

Quando se delibera pela displicência com o outro, negamos a ele nossa Humanidade. Quando se escolhe a omissão quanto ao cuidado do outro que sofre, negamos o amor a nós mesmos, pela incapacidade de deixarmos fluir o que nos originou como seres humanos: o amor. Amar é um ato voluntário, porém, vocacionado aos filhos do Amor Supremo. De maneira que não condiz a tais herdeiros a indiferença, a violência, a crueldade, a marginalização, a avareza, o ódio pela diferença para com seus irmãos. Onde há amor, o mal não entra! E, "viver é extasiar-se e encher-se de veneração e respeito", jamais de furor e aversão ao próximo (BOFF, 2015).

Entendemos que o amor não é ato passivo de *performance* ingênua, romântica ou/e submissa. Mas, contundentemente, compreendemos o amor como ato voluntário ativo e subversivo. Contudo, segundo as percepções de Deleuze e Guattari, não há amores revolucionários, mas há formas de amor que são os índices de caráter revolucionário.

> Não que baste investir a mulher pobre, a empregada ou a puta para ter amores revolucionários. Não há amores revolucionários ou reacionários; isto quer dizer que os amores não se definem nem pelos seus objetos, nem pelas fontes e fins dos desejos ou das pulsões. Mas há formas de amor que são os índices do caráter reacionário ou revolucionário do investimento pela libido de um campo social, histórico ou geográfico, do qual os seres amados e desejados recebem suas determinações (DELEUZE & GUATTARI, 2010, p. 485).

O amor em sua dimensão e intensidade ativa cria linhas de fuga, rompe as instâncias da hipocrisia, da (in)diferença, do preconceito, da discriminação, da ganância, da omissão, da opressão, da covardia, do silenciamento do outro, dos mecanismos de exclusão e do paradigma da distorção como estilo de vida. É o amor em seus indícios, genuinamente revolucionários, que deseja e opera, ardentemente, que todos sejam possuidores de vida digna, e por isso catalisa pessoas diversas e distintas em um mesmo propósito: lutar pela paz como direito universal e pelas liberdades democráticas de todos os seres humanos. Essa liga de pessoas não se limita a corpos presentes em um certo local, mas uma reunião de vozes que enuncia, anuncia, realiza, materializa: basta! – nas fronteiras territoriais do mapa físico como virtual. O amor desequilibra o estável, o sistêmico, "nossos amores são complexos de desterritorialização e reterritorialização (DELEUZE & GUATTARI, 2010, p. 418).

Antagonicamente, o sentimento travestido de amor, na realidade, reflexo distorcido, simulacro dissemelhante que se revela como amor ingênuo e submisso, nada mais é do que a subjetivação de modos e jogos de poder em regimes de (in)verdade materializados sobre a vida do(s) outro(s). Segundo Foucault, o sujeito é resultado de uma produção da relação de poder e saber, uma vez que "o poder produz; ele produz realidade; produz campos de objetos e rituais da verdade. O indivíduo e o conhecimento que dele se pode ter se originam nessa produção" (FOUCAULT, 1987, p. 218). Esse sentimento calcado na humilhação, na vergonha, na sujeição que impera no outro o pensamento de que quem ama "aguenta tudo", é produto de relação de poder para domínio e controle social. A exemplo, assim existem os machos que violentam mulheres, tais como as mulheres desapoderadas de sua capacidade de Ser aquilo que são em sua essência.

O poder é ambição que consome o indivíduo. O poder se estabelece por uma relação de força. Entendemos que não é o amor ao poder que consome o indivíduo em ações nefastas contra seres humanos, pois os sentidos, os significados, portanto, o núcleo duro do amor, não poderia nutrir e afeiçoar tamanha assimetria e incongruência de concepções que se distanciam do ato de amar. A ambição, por sua vez, relaciona-se visceralmente à ganância, à cobiça, ao desejo e obsessão de poder, riquezas e honrarias. A ambição desmedida é que consome o indivíduo que, ao se lançar a este sentimento, submerge ao processo de des-humanização e naturalização do desamor ao próximo. Nestas amargas profundezas do processo de perda da essência humana, encontram-se os machistas, os racistas, homofóbicos, misóginos, xenofóbicos, sexistas, fascistas e preconceituosos em geral que servem à maquinaria da imortalidade do sistema excludente e desigual que move o capital. Grupos reais (no sentido de concreto) ou virtuais (iminentes), conhecidos por provocarem desafetos, matanças, perseguições e crueldades por todo planeta. Grupos de indivíduos em processo de des-humanização e, lamentavelmente, pela ânsia ao poder e controle social para se manterem no poder, muitos são representantes do poder público com tremenda indiferença quanto à vida e à condição humana.

> O capitalismo recolhe e possui a potência do objetivo e do interesse (o poder) mas tem um amor desinteressado pela potência absurda e não possuída da máquina. Oh, **certamente não é para si nem para seus filhos que o capitalista trabalha, mas para a imortalidade do sistema.** Violência sem objetivo, alegria, pura alegria de se sentir uma engrenagem da máquina, atravessado pelos fluxos, cortado pelas esquizas. Colocar-se na posição em que se é assim atravessado, cortado, enrabado pelo *socius*, buscar o bom lugar onde, de acordo com os objetivos e os interesses que nos são consignados, sente-se passar algo que não tem interesse nem objetivo. Um tipo de arte pela arte na libido, um certo gosto pelo trabalho bem-feito, cada um no seu lugar, o banqueiro, o tira, o soldado, o tecnocrata, o burocrata e, por que não, o operário, o sindicalista... (DELEUZE & GUATTARI, 2010, p. 460).

Segundo Hannah Arendt, "dada sua inerente não mundanidade, o amor só pode ser falsificado e pervertido quando utilizado para fins políticos, como a transformação ou a salvação do mundo" (ARENDT, 2010, p. 63). E ainda, "por natureza, o amor é não mundano, e é por essa razão, mais que por sua raridade, que é não apenas apolítico, mas antipolítico, talvez a mais poderosa das forças humanas antipolíticas" (ARENDT, 2010, p. 302). Frisamos que o sentido de amor que partilhamos aqui, em nenhuma hipótese, diz respeito a meros sentimentalismos emanados por discursos sensacionalistas, sequer aos sentimentos de romance ou de afeto às pessoas próximas como filhos, pais ou irmãos. Porém, é no sentido transbordante à condição humana e, sob este prisma, é não somente desejar, mas velar para que as demais pessoas que habitam a Terra sejam respeitadas em suas mais distintas e diversas diferenças em seus modos de Ser e existir, aceitas (não apenas toleradas) como são, tratadas com dignidade, compreendidas em suas singularidades, sejam elas quais forem.

Em poucas palavras, é desejar, materializar e cuidar para que o outro seja tão respeitado e considerado como gostaríamos que agissem conosco, com nossos próprios filhos que amamos mais que nossas próprias vidas. Em tempos de afastamentos em rede e fragilidades nos vínculos onde nada é para durar, o proposto aqui se torna algo raro: amar é desafio revolucionário e voltar-se para "os ninguéns" é, igualmente, insurgente.

> Os ninguéns: os filhos de ninguém, os donos de nada.
> Os ninguéns: os nenhuns, correndo soltos, morrendo a vida, fodidos e malpagos:
> Que não são, embora sejam.
> Que não falam idiomas, falam dialetos.
> Que não praticam religiões, praticam superstições.
> Que não fazem arte, fazem artesanato.
> Que não são seres humanos, são recursos humanos.
> Que não têm cultura, têm folclore.
> Que não têm cara, têm braços.
> Que não têm nome, têm número.
> Que não aparecem na história universal, aparecem nas páginas policiais da imprensa local.
> Os ninguéns, que custam menos do que a bala que os mata (GALEANO, 2015, p. 71).

No desnudar de uma sociedade enferma e maltrapilha pelo paradigma da distorção que implica sufocar o amor genuíno do núcleo duro da Humanidade para romper em poder, não é espanto mirarmos no espelho e repararmos que vivemos em plena cultura da aparência.

> La democracia no es lo que es, sino lo que parece. **Estamos en plena cultura del envase. El contrato de matrimonio importa más que el amor, el funeral más que el muerto, la ropa más que el cuerpo y la misa más que Dios.** La cultura del envase desprecia los contenidos. **Importa lo que se dice, no lo que se hace.** Se supone que la esclavitud no existe en el Brasil desde hace un siglo, pero un tercio de los trabajadores brasileños gana poco más de un dólar por día y la pirámide social es blanca en la cúspide y negra en la base: los más ricos son los más blancos y los más pobres, los más negros. Cuatro años después de la abolición, alla

por 1892, el gobierno brasileño había mandado quemar todos los documentos relacionados con la esclavitud, libros y balances de las empresas negreras, recibos, reglamentos, ordenanzas etcétera, *como si* la esclavitud no hubiera existido nunca (GALEANO, 1989, p. 359-360 – grifo nosso).

Entre políticos que prometem o que podem fazer sem ter a intenção de realizar, entre lobos religiosos pastoreando ovelhas[58] e entre empunhadores do pavilhão da justiça que calibram sentenças na parcialidade, resta-nos descortinar o espelho da distorção e compreender que nossos heróis não serão os messiânicos. "Uma árvore boa não pode dar frutos ruins", dizia Jesus (Mt 7,18), e ainda: "acaso pode sair água doce e água amarga da mesma fonte?" (Tg 3,11).

Assim que a vocação, o chamado do humano é a amorosidade. É não ter medo de amar. É se entregar por causas para o bem comum. É de não se dar à hipocrisia e à conveniência, mas desafiar a des-humanização e o individualismo na luta pelos direitos de todos à vida, à paz, à saúde, à vida digna, portanto, à educação como um ato de liberdade que transforma o mundo em um lugar melhor para se viver. É ter consciência que heróis que mudam o mundo não são messiânicos, porém são pessoas que escolhem, todos os dias, fazer a diferença onde estão, abraçados à amorosidade como uma filosofia de vida (*belief system*), um modo de viver. Decerto compreender que "é sempre com mundos que fazemos amor" (DELEUZE, 2010, p. 387). Com que mundos estamos a fazer amor?

Inclusão e diferença

Nesta logicidade, a inclusão e a diferença se constituem sentidos da Humanidade. A força de movimento do amor gera a Humanidade, e esta, por sua vez, produz sentido à inclusão e à diferença como gêneros, intrinsecamente relacionados à espécie humana.

Dessa maneira, há que se sublinhar que o sentido da diferença que nos orienta, não se confunde com o diverso, o diferente, à contraposição ao igual.

---

58. A ovelha é animal dócil. Não possui uma forma especial de defesa e por isso é extremamente vulnerável, encontrando-se no final da cadeia alimentar. Os rebanhos de ovelhas são dependentes de seu pastor. Elas são valiosas, pois quanto mais submetidas à toscagem, mais produzem lã para seu criador. Dizem que as ovelhas conseguem reconhecer a voz de seu pastor sem se misturarem com ovelhas de outros rebanhos. Jesus compara seus seguidores às ovelhas e diz que "mas de modo nenhum seguirão o estranho, antes fugirão dele, porque não conhecem a voz dos estranhos" (Jo 10,1-16). Em outras palavras, somente as ovelhas que não seriam de seu rebanho é que não reconheceriam sua voz ou, em outra circunstância, seriam as ovelhas que se afastaram de seu aprisco que resistiriam ao seu chamado.

Não diz respeito ao pensamento opoente de rico e pobre, belo e feio, normal e anormal, sadio e doente, nativo e migrante, branco e negro, homem e mulher, criança e idoso, deficiente e perfeito, capaz e incapaz, crédulo e incrédulo, letrado e iletrado. Não se resume em atribuir identidades fixas às pessoas pelas suas diferenças. Não caminha no sentido das representações sociais pelas características que as classificam e as categorizam em grupos identitários. Não se limita a uma identidade fixa e estável por rótulos de diagnóstico, quer seja no modelo clínico ou social. A concepção de diferença aqui aprazada, não pretexta a oposição, uma vez que a própria oposição subentende diferença. Não obstante, o entendimento proposto para a concepção de diferença é que ela é um atributo próprio da espécie humana. Nesta lente, a diferença é de todos, somos todos diferentes, de modo que a legítima e mais importante identidade que temos é a de Ser Humano. Recordando Deleuze, "tudo é multiplicidade, mesmo o uno, mesmo o múltiplo" (1988, p. 174).

Cabe também esclarecer que o entendimento que nos envolve acerca da diferença, valoriza as expressões diversas da sociedade civil por meio da constituição de movimentos sociais de resistência e luta contra os perversos mecanismos de exclusão presentes no corpo social que ferem a existência humana. Tais iniciativas provocam mobilizações (forças) que emergem sentimentos entrançados de sentido e significado, constituintes da consciência individual e coletiva de pertencimento social. Nesse sentido, os coletivos sociais organizados são de suma importância na luta para o alcance de políticas públicas afirmativas pró-inclusão. Configuram-se como opositores à rudeza dos protagonistas da camada social elitista e dominante. Os movimentos sociais, quando consolidados, conglutinam-se pela força de uma determinada identidade, como também lutam por ela e por meio dela, de forma persistente e permanente.

No entanto, vale também dizer que o emergir de movimentos sociais entre os séculos foi despontado, principalmente, pela destruição da socialização humana ao longo da história do ser humano. A depreciação, a marginalização, a opressão e o encabrestamento do(s) outro(s) pela diferença, moveu indivíduos oprimidos e excluídos a se reunirem e se fortalecerem contra seus opressores e dominadores. Como emblema de luta e conscientização, o dizer "somos todos iguais", durante o final do século XIX e durante meados do século XX, toma as ruas pelo planeta em um clamor por igualdade. Entretanto, a partir da segunda metade do século XX, um movimento distinto nasce das demandas de luta contra a perversidade das maquinarias de exclusão: o processo de consciência de que somos todos diferentes em contrapartida às distorções próprias de um conservadorismo que incita à homogeneização.

> Somos todos iguais ou somos todos diferentes? Queremos ser iguais ou queremos ser diferentes? Houve um tempo que a resposta

se abrigava segura de si no primeiro termo da disjuntiva. Já faz um quarto de século, porém, que a resposta se deslocou. A começar da segunda metade dos anos de 1970, passamos a nos ver envoltos numa atmosfera cultural e ideológica inteiramente nova, na qual parece generalizar-se, em ritmo acelerado e perturbador, **a consciência de que nós, os humanos, somos diferentes de fato [...], mas somos também diferentes de direito**. É o chamado "direito à diferença", o direito à diferença cultural, o direito de ser, sendo diferente. *The right to be different!*, como se diz em inglês: o direito à diferença. Não queremos mais a igualdade, parece. Ou a queremos menos, motiva-nos muito mais, em nossa conduta, em nossas expectativas de futuro e projetos de vida compartilhada, o direito de sermos pessoal e coletivamente diferentes uns dos outros (PIERUCCI, 1999, p. 7 - grifo nosso).

O direito de Ser, sendo diferente. O direito à diferença. Motivos de luta intensa e extrema em uma sociedade composta por diferentes. É insana a ideia de que somos iguais. É desvairada a soberba das instituições de poder de maquinarem formas de ferirem à existência das diferenças. É desumana a violência contra os corpos, as mentes e os espíritos para que deixem, mesmo que por imagem aparente, de serem quem são em suas próprias diferenças. É antidemocrático açoitar pelo medo, diferentes pessoas, em seus diversos pensamentos e modos de conceber a vida, o mundo, os acontecimentos, as coisas e as ideias. É incivil exortar ao exílio quem não comunga das mesmas convicções em sua própria pátria, mãe gentil, isto porque

Não chamemos jamais de inimigos da pátria aos nossos contendores. Não averbemos jamais de traidores à pátria os nossos adversários mais irredutíveis. **A pátria não é ninguém: são todos; e cada qual tem no seio dela o mesmo direito à ideia, à palavra, à associação**. A pátria não é um sistema, nem uma seita, nem um monopólio, nem uma forma de governo: é o céu, o solo, o povo, a tradição, a consciência, o lar, o berço dos filhos e o túmulo dos antepassados, a comunhão da lei, da língua e da liberdade. Os que a servem são os que não invejam, os que não infamam, os que não conspiram, os que não sublevam, os que não desalentam, os que não emudecem, os que não se acobardam, mas resistem, mas ensinam, mas esforçam, mas pacificam, mas discutem, mas praticam a justiça, a admiração, o entusiasmo. **Porque todos os sentimentos grandes são benignos, e residem originariamente no amor**[59] (RUI BARBOSA, 1981, p. 8 - grifo nosso).

---

59. Trecho do discurso de Rui Barbosa de Oliveira (1849-1923), realizado no Colégio Anchieta em 13 de dezembro de 1903 quando passou a definir o que para ele significava pátria. Foi um dos intelectuais mais brilhantes de sua época. Lutou em defesa do federalismo, do abolicionismo e na promoção por direitos e garantias individuais.

É profano e, primitivamente carnal, julgar, desdenhar, desvirtuar, amaldiçoar e recriminar pessoas por suas aproximações e distanciamentos a crenças e/ou instituições religiosas. É irracional tratar refugiados como sub-humanos no território de sua esperança, como se a mãe Terra não acolhesse a todos com suas águas e seus frutos, como se um dia nossos ancestrais não tivessem sido migrantes em terra estranha e nas veias de cada um de nós, não tivesse um gene forasteiro. É rudimentar contravir na constituição de um Estado laico para o enquadrar em um regime teocrático, pois nem Deus, nem Cristo, condicionaram seu amor à humanidade sob exigência de que os seguissem por decreto e imperiosidade. É mesquinho demais imprimir poder sobre quem as pessoas devem ser, com quem devem se casar, para quem podem ou não podem deixar seus bens, em quem ou em que devem crer, onde podem ou não podem ir, se podem ou não parir. É perverso projetar (in)verdades e distorcer fatos para justificar invasões territoriais à tomada de riquezas de outros povos. É ignaro quem tem tostão para esbanjar em supérfluos, criticar as lutas dos movimentos sociais das minorias como simples implicância da esquerda ao capital. É deplorável alegar combate à violência com defesa do armamento à população, tal qual minimizar crimes ambientais como inesperado acidente ambiental. É intragável considerar que 70 milhões de brasileiros que vivem na pobreza, que os 26,9 milhões que vivem com menos de 1/4 do salário-mínimo, sejam em sua coletividade, menos importantes do que os 10% mais ricos do país. É repulsivo um parlamentar que ostenta luxo e luxúria, defender uma reforma da previdência devastadora sobre um povo já tão maltratado e miserável no Brasil. É disforme cercear o pensamento crítico educacional em nome da hegemonia elitista e concepção minimalista de educação. É intolerável tolher as liberdades. Contudo,

> Talvez, o objetivo hoje em dia não seja descobrir o que somos, **mas recusar o que somos**. Temos que imaginar e construir o que poderíamos ser para nos livrarmos desse "duplo constrangimento" político, que é a simultânea individualização e totalização própria às estruturas do poder moderno. A conclusão seria que o problema político, ético, social e filosófico de nossos dias não consiste em tentar liberar o indivíduo do Estado nem das instituições do Estado, oporem nos liberarmos tanto do Estado quanto do tipo de individualização que a ele se liga. **Temos que promover novas formas de subjetividade através da recusa deste tipo de individualidade que nos foi imposta há vários séculos** (FOUCAULT, 1995, p. 239 – grifo nosso).

E ainda, a arte como linha de fuga não poderia nos constituir e nos movimentar melhor do que nos versos de Clarice Lispector, "Liberdade é pouco. O que desejo ainda não tem nome" (1998, p. 60).

Neste caminho de fazer amor com os mundos, incluir o outro é, ao mesmo tempo, eu me incluir a ele. O amor como ato voluntário e consciente é agente civilizador. Porque é no amor e com amor que se deve educar os seres humanos. E é na educação e pela educação que se deve construir os princípios amorosos dos direitos humanos em uma perspectiva intercultural de respeito ao próximo e as suas diferenças, sejam elas quais forem. Educar para transformar o mundo em um local melhor para se viver, é sonho, força, coragem e legado daqueles que não desistem do ato voluntário e consciente de amar e permanecer amando.

> O direito ao amor é a máxima expressão do direito ao afeto. O amor é substância e culminância do afeto. Não se desenvolve um sem o outro. O mais puro afeto é o amor. O amor faz do indivíduo um ser humano. Identifica os entes humanos, uns com os outros, tão fortemente, que gera em todos nós solidariedade humana, que é a única força capaz de construir – dignamente – a humanidade em toda a humanidade, a partir de seu grupo inicial: a família. E repita-se: não só construir, mas assegurar a humanidade construída, o que é o fim próprio dos direitos humanos (BARROS, 2003, p. 29).

É necessário re-inventar a educação para não se abortar na estagnação da tradição. É preciso re-inventar a inclusão na diferença e pela própria diferença. É urgente se re-inventar a si próprio com ciência e com amor. É momento (a todo momento) de se re-inventar os modos de superação das dificuldades históricas no tempo presente. É vital sair dos guetos e re-inventar modos de vida e popularização da ciência na coletividade do Ser e Estar comunidade. É imprescindível primar pelo significante e re-significar os significados. É hora de arrebentar os grilhões das representações e identidades fixas e imutáveis, e rejeitar a repetição universal do igual, pois todos somos diferentes e as pessoas não se repetem. Para nós é fundamental mudar; porém, sem desconsiderar o tempo histórico, mas aprendendo a Ser e a Estar no mundo, com o mundo e com os outros. Não há que se impor teses de negações absolutas, tampouco, aceitações cabais em um mundo de incompletudes e seres inacabados. Não há que se conter as contradições. Se houver um arbítrio absoluto, que este seja para a defesa dos direitos sociais em todos os territórios e fronteiras. Transitar no caos é condição de nossa geração.

Os saberes e poderes, em todo tempo, buscam cativar corpos e fazem isso muito bem pela macropolítica, pois esta política maior é sempre fundamentada na identidade. As organizações identitárias se encontram na macromolar, enquanto as multidões na micromolecular. É na micropolítica que é possível se encontrar o potencial para construir coletivamente singularidades e produzir novos modos de subjetivação que tomam parte e interferem em suas relações internas e externas. Conforme o pensamento de Deleuze e Guattari,

> Toda sociedade, mas também todo indivíduo, são, pois, atravessados pelas duas segmentaridades ao mesmo tempo: uma molar e outra molecular. Se elas se distinguem, é porque não têm os mesmos termos, nem as mesmas correlações, nem a mesma natureza, nem o mesmo tipo de multiplicidade. Mas, se são inseparáveis, é porque coexistem, passam uma para a outra, segundo diferentes figuras como nos primitivos ou em nós – mas sempre uma pressupondo a outra. Em suma, **tudo é político, mas toda política é ao mesmo tempo macropolítica e micropolítica** (DELEUZE & GUATTARI, 1996, vol. 3, p. 83 – grifo nosso).

Por meio da ideia de megamáquina, Davis Alvim traz significativa contribuição para a compreensão desse "conjunto complexo de forças que entretém relações com poder, as resistências e a soberania que só pode ser desvendado por meio da distinção entre macro e micropolíticas" (ALVIM, 2012, p. 303).

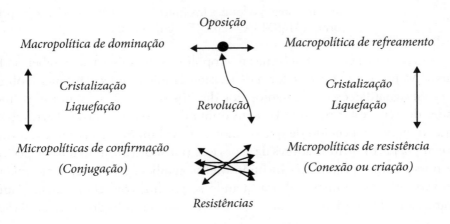

A megamáquina política
Fonte: Alvim, 2012.

Segundo o autor,

> Em nosso quadro, os vetores de resistências devem ser entendidos como forças que agem entre os campos. **Chamamos de resistências às relações de conflito que ocorrem entre as micropolíticas de resistência e aquelas que trabalham na invenção dos poderes ou no prolongamento dos mecanismos de dominação macropolíticos.**

As resistências funcionam resistindo aos efeitos microfísicos do poder. Tais conflitos não são bem explicados pela noção de oposição, já que eles não formam dois corpos que se opõem termo a termo, nem mesmo de forma dialética, mas encerram uma multiplicidade cambiante de relações que operam, primeiro, em uma grande variedade de enfrentamentos e focos de combate e, segundo, são marcados pela precariedade dos objetivos de lutas, por unidades sempre provisórias e pela deserção em relação às segmentações mais endurecidas. Ou seja, a oposição é um vetor próprio do plano macropolítico, pertence apenas a ele. Por outro lado, talvez seja preciso conferir um estatuto especial para as micropolíticas de resistência, reconhecendo-as como uma esfera de criação ou um campo de linhas conectivas especialmente fugidias. Assim, uma segunda e mais perfeita formulação indica que **as resistências expressam, na verdade, relações de enfretamento e deserção que partem dessa esfera micropolítica contra as relações de poder que se formam em todas as esferas, inclusive nela própria.** As resistências são o fluido conflituoso e fugidio que escorre entre as políticas. Pode acontecer de elas contaminarem as formas de oposição, formando um coágulo que salta contra a dominação macropolítica por meio de uma revolução. É mais usual, contudo, que enfrentem continuadamente o poder nas instituições, nos saberes ou nos próprios corpos (ALVIM, 2012, p. 315 – grifo nosso).

Interessa-nos concentração nas micropolíticas de resistência, a saber na Inclusão Menor como forma e força de resistência micromolecular, micropolítica para salvaguardar os fundamentos dos direitos sociais, a diferença e as liberdades de Ser e estar no mundo, com o mundo e com os outros. Partindo do entendimento concebido de que o amor é ato voluntário, consciente e revolucionário a partir de indicadores de ações que transbordam ao reduto de pessoas de nossa ligação primária, a Inclusão Menor também é por ele, constituída e constituinte. Faz-se micropolítica quando se produz, com consciência e autonomia, a Inclusão Menor, e com esta re-inventa-se a revolução no viver diário.

Deleuze e Guattari (2003) na obra *Kafka, por uma literatura menor*, reuniram ensaios a partir de temas e questões presentes na obra de Franz Kafka[60].

---

60. František Kafka (1883-1924) nasceu em Praga, no Império Austro-húngaro, em uma família judaica. Ele escrevia suas obras em alemão, embora sua primeira língua fosse o tcheco. Porém, um alemão não atrelado à norma culta, mas tecido de influências do iídiche, da cultura do gueto, de dialeto. Seu estilo de literatura é singular e considerado de resistência. Essa singularidade da literatura de Kafka é estudada por Deleuze e Guattari, que a chamam de "literatura menor", pelo uso menor da língua. Nesse sentido, o "maior" se refere ao alemão dentro da norma culta, a língua que é considerada de maior prestígio social.

Foram realizadas várias análises e questionamentos que não se restringem à obra, mas dizem respeito a todo um período político e social. O conceito de literatura menor se fundamenta na ideia de desterritorialização que diz respeito a um deslocamento como consequência da perda do verdadeiro caráter cultural a partir da marginalização de grupos étnicos que se tornam estrangeiros em sua própria língua e subtraem, na indigência da língua, a potência criadora. Kafka traz em suas obras conceitos significantes e por ele re-significados sobre luta, dor, solidão e necessidade de relações (BURROWS, 2011).

O sentido de "menor" nesse contexto está relacionado a um devir que pertence a uma minoria e que produz linhas de fuga para a linguagem de maneira a re-inventar resistências e potências (DELEUZE, 1992).

Uma Inclusão Menor, roubando e fecundando o conceito de "menor" potente em "Kafka" por Deleuze e Guattari (2003), não é uma inclusão minguada, de menos-valia, inferior. Entendemos que é a inclusão que se faz à margem, nas fronteiras dos territórios, todos os dias e nos mais diversos e minúsculos espaços de aprendizagem, independentemente da lei maior, mas realizada pela convicção de que seus pressupostos são como uma organização de crenças, um *belief system*, uma filosofia de vida que a minoria gera no território de uma política maior.

Entendemos também que "espaços de aprendizagem" de forma alguma se restringem à instituição educacional formal como escolas e universidades. Mas espaços onde a aprendizagem acontece engendrando a transgressão à tradição de docilizar corpos. Onde quem compartilha saberes, o faz como ato consciente de educar para a autonomia e emancipação do sujeito e da comunidade. Um educar que supera e se transpõe aos modos convencionais e paralisantes da transmissão do conhecimento científico útil ao Estado. Um educar onde o compartilhar saberes para a construção do conhecimento científico é potência para a construção de comunidades que agem na coletividade para a emancipação do pensamento e libertação do oprimido da ignorância e da submissão à alta-roda dominante. Onde o pensamento crítico é semente de conversão de sujeitos coletivos e desmantelamento do individualismo e narcisismo social. Um educar que potencializa problemas, dilemas, enigmas para a busca de processos solutivos e comunitários. Um educar dialógico que não sobrepõe respostas prontas e desconectadas com a realidade dos sujeitos para (in)formar meros reprodutores técnicos de conteúdos. Um educar comprometido com o ato de transformar o mundo em um local melhor para se viver, portanto, comprometido em amor com os outros que habitam a Terra. Um educar onde o poder do conhecimento é para a promoção do bem comum, e não para exercer poder de tirania e opressão hierárquica à existência do outro. Um educar para se viver, conviver e realizar a vida na própria vida com os outros, recordando (fazendo passar de novo ao coração) qual é a vocação do humano, sua legítima identidade de Ser, bem como o zelo consciente de resistir e combater o vírus do paradigma da distorção que inflama o processo de des-humanização rumo à produção, manutenção e perpetuação dos distintos e diversos tipos de violência na história e pela cultura.

O educar, portanto, em nossa percepção, não é sinônimo reducionista de escolarizar ou instruir à técnica. Todavia, escolarizar e instruir à técnica com competência e responsabilidade pertencem à qualidade daquele que educa para a autonomia, à emancipação, à transformação social que favorece o empoderamento do outro, outrora oprimido e ignorante. Ignorante não no sentido de ser iletrado, isto, jamais! Mas o ignorante de seu papel social, de sua consciência cidadã, de sua força na coletividade, do valor de suas escolhas hoje para o arar do amanhã. O ignorante letrado que se confunde na massa, orgulha-se do democratismo enquanto berra por militarismo.

A Inclusão Menor não se centraliza e nem potencializa falsos problemas e distorções. Ela está para além do papel e das burocracias. Está avante do abstrato e do intelectual das políticas proclamadas. A Inclusão Menor não é estacada por obrigatoriedade da lei para que os outros a identifiquem e confirmem sua existência nas instituições de ensino, nos hospitais públicos ou privados, nas salas de parto, nos bancos dos tribunais, nos conselhos tutelares, nas assistências sociais, nas delegacias da mulher, nos cárceres, nas instituições religiosas, nas regiões de fronteiras – sem motivos de denúncia que atrapalhariam o bom e desejável andamento legal da organização. O que chamamos de Inclusão Menor é aquela que coexiste nas fronteiras, na linha divisória do enlace binário, excluídos/incluídos. É a que se constitui como micropolítica de resistência a partir de um *belief system* cujos pressupostos são indícios de um amor revolucionário que não desapega da condição humana fundamentada na liberdade de Ser e estar no mundo, com o mundo e com os outros. Neste contexto, não se trata da existência de um binarismo entre "Inclusão Menor" *versus* "Inclusão Maior", pois nos pressupostos de Deleuze no contexto de Kafka, a língua menor sempre acontecerá no âmago da língua maior como uma combinação engenhosa de tensão na língua preponderante (DELEUZE & GUATTARI, 2003, p. 38-39).

> De tal modo que este estado de realidade do talento é, de fato, benéfico e permite conceber algo diferente de uma literatura dos mestres: **o que o escritor diz sozinho já constitui uma ação comum, e o que diz ou faz, mesmo se os outros não estão de acordo, é necessariamente político. O campo político contaminou o enunciado todo.** Mas, sobretudo, mais ainda, porque a consciên-

cia coletiva ou nacional é "a maior parte das vezes inativa na vida exterior e continuamente em vias de desagregação. [...] As três categorias da literatura menor são a desterritorialização da língua, a ligação do individual com o imediato político, o agenciamento coletivo de enunciação. O mesmo será dizer que "menor" já não qualifica certas literaturas, **mas as condições revolucionárias de qualquer literatura no seio daquela a que se chama grande (ou estabelecida)**. Até aquele que por desgraça nascer no país de uma grande literatura tem de escrever na sua língua, como um judeu checo escreve em alemão, ou como um usbeque escreve em russo (DELEUZE & GUATTARI, 2003, p. 40-42 – grifo nosso).

Configura-se Inclusão Menor quando professores e aprendizes em seus espaços de aprendizagem constroem caminhos alternativos, democráticos, includentes, considerando as singularidades de cada um, tendo por entendimento uma educação que seja alcançada por todos como direito fundamental e social. Escrevem sua trajetória como protagonistas vanguardistas que, mesmo cercados por uma política maior a qual, inúmeras vezes, desagrega, é contraditória e sem eficácia, mesmo embora seja estabelecida como projeto para a nação.

Diz respeito ao mestre que em meio à tradição e à cultura de poder sobre as massas para a manutenção do sistema patriarcal e capitalista putrificado cria linhas de fuga, métodos inusuais para promover o *belief system* das diferenças e assim des-continuar o imperativo de que o oprimido deve se adaptar à maioria em seu pensamento hegemônico discriminador.

A Inclusão Menor se distingue, nitidamente, das políticas maiores de inclusão, somente acatadas por medo do braço da lei. Seus protagonistas se diferenciam destes que não enxotam o preterido invisível apenas por causa da lei; não obstante, não produzem uma escuta sensível, não querem saber quais são suas perguntas e, sendo rudes, constrangem pela força moral sem darem ouvidos às preferências do reprimido. Estes, silenciadores de vozes, distanciam-se do ato revolucionário consciente de fazer a diferença para transformar o mundo em um lugar melhor para todos viverem.

A Inclusão Menor, além de se constituir nas fronteiras, nas linhas divisórias, no meio da ponte, nos entrelugares e não em suas extremidades que determinam quem está a favor ou contra a inclusão, também conecta o sujeito ao cenário histórico, político e social. Torna real o acontecimento plural do enunciar de vozes antes silenciadas. Ela emana na coletividade por meio da amálgama, da coalizão, da multiplicação. Análogo em *Kafka, por uma literatura menor*", é pela Inclusão Menor, apesar das dificuldades e desafios postos pela sociedade excludente, que a "Inclusão Maior" deixa de ser representativa das políticas maiores para se constituir, criativamente, à ocupação de espaços e novos espaços (territórios) em missão de um novo entendimento, expressividade, flexibilidade e intensidade acerca da diferença dos modos de Ser e estar no mundo, com o mundo e com os outros.

> Todas as características de pobreza de uma língua se encontram em Kafka, extraídas, no entanto, de modo criativo [...] a serviço de uma nova sobriedade, de uma nova expressividade, de uma nova flexibilidade, de uma nova intensidade. [...] A linguagem deixa de ser representativa para tender para os extremos ou limites (DELEUZE & GUATTARI, 2003, p. 49).

Por sua composição original, contemporânea, singular que re-cria o novo, a inclusão, em seu núcleo duro, mete medo, suscita receio e sentimento de recusa e rejeição porque "só se pode compreender o iídiche [a inclusão] 'sentindo' com o coração" porque já não serão apenas os excluídos na sociedade, mas sim a diferença como potência que cria no território hegemônico da exclusão, as pelejas e os processos de metamorfose social (p. 53, acréscimo nosso em itálico). Neste sentido, ainda que de maneira lenta e sofrida, a Inclusão Menor, por linhas de fuga, desterritorializará o território das políticas ambíguas que fortalecem o opressor, "pois só o menor é que é grande e revolucionário" (p. 54). De maneira inteligente, não usual, singular, mais pequena, a Inclusão Menor desestabiliza o opressor microfascista e seu paredão *apartheid* pelas linhas de fuga que se configuram no silêncio, no que é interminável, intermitente, infinito e ilógico. Isto porque "ao meu ver, **para atravessar esse muro, já que de nada adianta bater-lhe com força, é preciso miná-lo e limá-lo lentamente e com paciência.** E isto não diz respeito apenas à arte e à literatura" (DELEUZE & GUATTARI, 2010, p. 184 – grifo nosso). A Inclusão Menor mobiliza a capacidade de resistência para suportar por longos períodos os labores contrafeitos pela força-pressão que os dispositivos de exclusão executam contra as minorias, repetidamente. Essa resistência é capacidade importante para re-significar a força da coletividade para pulsar e constranger os opressores. A Inclusão Menor é potência que se movimenta em deslocamentos e agilidades para tensionar e desbastar os muros do *apartheid*.

> Essa Inclusão Menor transgride o convencional, a tradição de supervalorizar certos conhecimentos escolares/acadêmicos em detrimento de outros; de subestimar sujeitos que tiveram sua identidade de Ser embrutecida pelas profecias realizadoras do diagnóstico biomédico universal. Ela não desqualifica alguém pela materialização de quadros sintomáticos. Ela não cede aos modos de subjetivação provenientes do biopoder. Mas avante, para além de uma revolução, a Inclusão Menor cria condições para que

transformações ocorram na sinuosidade da educação que, contida na lei, está ordenada; porém, em muitas ocasiões, desviada pelos anseios políticos de um projeto coletivo para a nação que não deve ser desequilibrado por acontecimentos imprevistos, a serviço sempre dos interesses do Estado. A Inclusão Menor, diferentemente daquela que está contida nas leis e que se conhece mais em sua forma universal-abstrata, faz-se presente como um acontecimento acolá da controvérsia e polêmica terminante. Ela não pode ser categorizada e fixada ou compreendida como algo estático. Mas com radical inovador ela coexiste no campo molar e molecular e possibilita o aprender e o compartilhar saberes por meio de variadas formas de expressão, sempre considerando as singularidades dos sujeitos, a diferença na diferença em sua multiplicidade. Ela é um movimento sempre em atualização (ORRÚ, 2017, p. 53).

A Inclusão Menor, portanto, desenha-se no interior do seio da família que educa seu filho para Ser e estar no mundo, com o mundo e com os outros, embebido de amor como ato voluntário, consciente e revolucionário que aprende, desde a tenra idade, a amar a justiça e a equidade social em território de rivalidades. Desenha-se nas escolas e universidades por meio dos métodos alternativos e inovadores que desestabilizam a tradição pelo viver e educar em comunidades de aprendizagem onde as assembleias democráticas são linhas de fuga para o fortalecimento da consciência social, autonomia, emancipação social e desterritorialização dos espaços do mestre explicador que replica o conteudismo fragmentado que molda cabeças bem-(in)formadas, mas sem a capacidade e habilidade de conviver com as diferenças na própria diferença. Desenha-se nos ambulatórios da assistência à saúde, onde o biopoder é diluído pela força potente daquele que se ocupa da saúde humana à disposição do bem--estar dos outros, e que no agir menor desequilibra o costume da superioridade e estrutura cultural de poder e, amorosamente, oferece conhecimento e oportunidade de escolha ao que está sob seus cuidados e evoca novo paradigma à classe. Desenha-se na arte por sua capacidade e potência criadora de mobilizar devires e percepções. Desenha-se por meio dos que não (re)forçam os extremismos de poder que encapsulam a democracia, ceifam as liberdades e irrigam o fascismo quer na doutrina religiosa, no sistema político, no sistema filosófico ou na inclinação literária.

E ainda, há que se retomar que,

> O conceito de Inclusão Menor aqui esculpido pode aparentar discrepância com aquele estabelecido por Deleuze. Isto porque, a princípio, a Inclusão Menor deveria ser benéfica apenas para a minoria, os nomeados e classificados como excluídos. Mas no

entendimento de que não há identidades, mas apenas uma identidade (a de Ser humano) e de que a diferença é todos, é própria da espécie humana e não somente daquele nomeado como deficiente, a Inclusão Menor em sua potência acaba por ser benéfica a todos, uma vez que ela desterritorializa o território dos excluídos e dos incluídos, uma vez que todo ser humano, em algum momento, vive circunstâncias no papel de excluído e de incluído (ORRÚ, 2017, p. 54).

A Inclusão Menor, portanto, diz respeito a uma inclusão diferenciada que é tecida diariamente nos diversos e distintos espaços onde a aprendizagem é germinada, não por obrigatoriedade e cumprimento da lei, mas por convicção e coerência com seu *belief system*. Compreendendo que esses espaços não se restringem àqueles institucionais, mas entornam os acontecimentos onde se preservam as relações dialógicas genuínas de compartilhamento de saberes e vivências, à sombra de uma mangueira ou sob telhados de amparo da equidade social. Ao se criar e se verter nos espaços de aprendizagem, o que é aprendido não se circunscreve aos conteúdos escolares, acadêmicos ou à instrução técnica e moral. Porém, transborda amorosamente à força da constituição humana fundamentada no direito de Ser e estar no mundo, com o mundo e com os outros, no direito à diferença sendo diferente, nas liberdades de ser, viver e se expressar no seio da democracia, portanto, nos direitos humanos. Não há democracia sem a legitimação dos direitos sociais dos seres humanos, sem o respeito à diferença. Se assim não o for, a escolha da maioria não expressa o sentido nobre da democracia, tão somente materializa o princípio do individualismo e confirma os *apartheids* explícitos e ocultos de um povo. A Inclusão Menor se constitui sob o sentimento e ação de pertencimento das minorias. Ela é um processo dinâmico, mesmo embora possa se parecer pequeno e vagaroso, porém é permanente e prolongado que exorciza a hierarquização opressora dos saberes e o poderio aniquilador de identidades e autonomias. Ela é força e potência, é desequilíbrio e risco, é guerrilha na guerra, é resistência e existência, é *belief system*, é o nós no eu, é amor e amor. Ela não é imagem e distorção, mas é movimento.

Enfim, entendemos que não existe uma crise da inclusão ou uma inclusão excludente, como proferem alguns. Não acreditamos que a inclusão vai mal ou que a "inclusão total" é absurda, como os menos entendidos entoam. Mas que a crise está posta na noção desviada do conceito de inclusão, alheia do núcleo duro da inclusão. Não há vácuos nos valores e princípios da inclusão pelo contrário, eles precisam interferir, cada vez mais, na filosofia e na cultura humana.

De modo tangível, o que se encontra é o paradigma da distorção enuviando as substancias e elementos concretos que postulam a inclusão. E, pelo paradigma da distorção, movidos pela força da ganância e da má vontade, deixam de investir na qualificação de ponta dos profissionais, na infraestrutura dos locais públicos e privados, nos princípios dos padrões éticos de conduta, nas providências claramente conhecidas que deveriam ser tomadas. Deixam-se levar pela procrastinação, pelas justificativas injustificáveis, pelas brechas de ambiguidade das políticas maiores, pela cultura do vencer o outro pela canseira. Tudo é político, inclusive o processo de des-humanização do indivíduo pelas distorções que produz para a manutenção da subserviência do oprimido ao opressor.

Não há achismos no núcleo duro da inclusão. Tampouco há ações balizadas pelo assistencialismo que manipula benefícios em detrimento de uma política que emancipa o indivíduo da condição de necessitado e institucionaliza os próprios trabalhadores às concepções reducionistas. O núcleo duro da inclusão se constitui de matérias, argumentos, teores, questões essenciais relacionadas aos direitos sociais, entre eles, o direito de todos à educação. Uma educação em que as singularidades de cada um (diferenças) são atentamente observadas, conhecidas e atendidas em suas demandas. O núcleo duro da inclusão caminha em salvaguardar o respeito às diferenças, às identidades, às solicitações que essas diferenças reivindicam das instituições educacionais e demais espaços, quer sejam públicos ou privados, e que devem pertencer a todas e todos.

O núcleo duro da inclusão, assim como da Humanidade e do amor, não se degenera porque há degenerados, não se desvirtua porque há quem distorça seu propósito. O núcleo duro da inclusão, da Humanidade e do amor, constitui a unidade medular multiplicadora da inclusão em sua essência e da Inclusão Menor como linha de fuga. Ele é construção histórico-cultural pautada na luta por direitos sociais e pelo movimento dos próprios humanos assim se (re) conhecerem ao olharem para si mesmos e para os outros, a partir do respeito às diferenças e do legitimar o Ser de cada um. O que foge disso não diz respeito à Humanidade, ao amor e à inclusão, mas ao processo de des-humanização e naturalização de males, perversidades e barbáries. A inclusão é a antítese do paradigma da distorção, é um divisor de águas para sua ruptura.

A arte da conversação transcende o paradigma da distorção

Na era da pós-verdade pronunciada pelas redes sociais e ratificada pelo distanciamento das relações sociais genuínas, construídas e fortalecidas pelo diálogo, o paradigma da distorção é tomado como estilo de vida e como *modus operandi* de grande impacto para o controle social das massas por meio da alta-roda dominante. Ter alcance e chance de diálogo com alguém tem se tornado quase um luxo, um privilégio. O "cada um por si... e com seus problemas", é arma potente de controle e extinção do ato consciente, voluntário e revolucionário do amor. O "estar cheio apenas de si" não permite pensar sobre o que nos humaniza, o que faria o mundo ser um lugar melhor para se viver. O pensamento narcísico do espírito e da mente que dizem para si mesmos: "não se envolva", afasta-nos de problemas alheios que tomariam mais tempo e energia de nossas vidas. Mas também nos torna calcificados de egocentrismo e de um materialismo tóxico que nos incapacita de desenvolvermos a empatia e, por consequência, tornamo-nos humanos, tão somente humanos, estranhos à vivência e ao entendimento da alteridade que não chora só por si, mas sangra lágrimas de fraternidade, que não sonha só para si, mas sonha para si com todos.

Ao invés de desenvolvermos a alteridade, como é esperado pela condição de pertencimento à Humanidade, desembrulhamos com desvelo a austeridade e a lustramos como se fosse a mais bela característica que um humano pudesse ter. A incapacidade de crescermos em alteridade resulta na abundância das desigualdades sociais, do racismo, do preconceito, da discriminação pelo repúdio às diferenças singulares e resistência em benquerer a todos e prezar, ativamente, pelo bem de toda gente. Em processo acelerado de des-humanização, importa-se consigo mesmo, com os entes mais próximos de sua família e com uma ou outra pessoa um pouco mais achegada, possivelmente enquadrada do seu reduto identitário. Importa-lhe, talvez, os problemas das mulheres que ama, dos doentes e minorias de seu recanto, mas lhe é indiferente a causa planetária das mulheres, dos migrantes, dos miseráveis, dos maltratados minoritários que seus olhos não veem e por isso seu coração não sente. Estes outros, pela inaptidão da alteridade, são (in)visíveis incorpóreos a sua existência. Na concretude de seu narcisismo, replica: não faço mal a ninguém! Mantém a vida na redoma e se soma ao conjunto da grande massa que não faz nada de monstruoso, tampouco faz a diferença contra a naturalização do mal no mundo – a indiferença e a omissão são pratos cheios à alta-roda que domina e fere a existência do outro.

A educação libertadora tem seu sentido construído na consciência histórica, social e cultural de cada um de nós (de nós conosco mesmos e com os outros), nas relações de base horizontal e dialógica, nas conversações autônomas e emancipadas, sobretudo, na amorosidade que tem como marco de partida e de chegada, a materialização dos direitos sociais como inerentes à condição humana onde a diferença é potência gênica.

> **A educação tem sentido porque o mundo não é necessariamente isto ou aquilo,** porque os seres humanos são tão projetos quanto podem ter projetos para o mundo. A educação tem sentido porque mulheres e homens aprenderam que é aprendendo que

se fazem e se refazem, porque mulheres e homens se puderam assumir como seres capazes de saber, de saber que sabem, de saber que não sabem. De saber melhor o que já sabem, de saber o que ainda não sabem. **A educação tem sentido porque, para serem, mulheres e homens precisam de estar sendo.** Se mulheres e homens simplesmente fossem não haveria por que falar em educação (FREIRE, 2000, p. 20 – grifo nosso).

Entender a diferença como própria da espécie humana é imprescindível para a construção de uma educação que nos liberta a todos das algemas da opressão pelos preconceitos e discriminações, sejam eles quais forem. Essa compreensão conceitual da diferença é que nos torna seres não apenas humanos, porém, humanizados.

Gosto de ser gente, pelo contrário, porque mudar o mundo é tão difícil quanto possível. **É a relação entre a dificuldade e a possibilidade de mudar o mundo que coloca a questão da importância do papel da consciência** na história, a questão da decisão, da opção, a questão da ética e da educação e de seus limites (FREIRE, 2000, p. 20 – grifo nosso).

E, neste segmento, abre-nos as portas da sapiência que a conversação inteligível não é esquiva de amorosidade e aparente neutralidade, mas ao contrário, é repleta de sentidos e significados que são re-significados pela compreensão e vivência de que: ao se importar com as dores dos outros, eu me humanizo e desenvolvo a capacidade da composição de linhas de fuga para a problematização a partir dos problemas e re-invenção de possibilidades solutivas que suportam o outro em sua adversidade. Não obstante, por esse entendimento conceitual da diferença, repudia-se as (in)verdades de conveniência e as identidades fixas e estáveis.

A consciência do mundo, que viabiliza a consciência de mim, inviabiliza a imutabilidade do mundo. **A consciência do mundo e a consciência de mim me fazem um ser não apenas no mundo, mas com o mundo e com os outros. Um ser capaz de intervir no mundo e não só de a ele se adaptar.** É neste sentido que mulheres e homens interferem no mundo enquanto os outros animais apenas mexem nele. É por isso que não apenas temos história, mas fazemos **a história** que igualmente nos faz e que nos **torna, portanto, históricos** (FREIRE, 2000, p. 20 – grifo nosso).

Entrelaça-se, portanto, à busca intensa pela Verdade, a qual reside, indiscutivelmente, no respeito às diferenças, ao direito de qualquer pessoa de Ser e estar no mundo, com o mundo e com os outros, sem pré-julgamentos, sem arbitrariedades, sem hipocrisias fundamentalistas, sem teses absolutas, sem narcisismos e ganância como forças motoras do paradigma da distorção.

A arte da conversação consciente e respeitosa transcende o paradigma da distorção. Porque a conversação não se faz com monólogo e não se constrói aos berros dos *ismos* extremistas, tão afeiçoados às práticas nefastas do fascismo. A conversação não se alicerça no imperativo, na chantagem, na intimidação e no aniquilamento do outro. A conversação (conversa + ação) como habilidade e capacidade de seres humanizados, é dialógica, é prosa, é permitir-se a si e aos outros à convivência, ela é inclusiva. É convite para muitos por ques e porques com genuíno desejo de conhecer as origens e as trilhas que constituem o pensamento do outro. A conversação é esteira possível para sermos provocados a pensar e a produzir o pensamento. É estrada de mão dupla onde a reciprocidade e o respeito não impedem o desequilíbrio, mas sobrelevam à atenção. É parâmetro de respeito às diferenças onde ninguém solta a mão de ninguém e onde ninguém fica para trás.

A arte da conversação que nos convida a ouvir o outro e a compreendê-lo e a respeitá-lo em suas diferenças, possibilita também inquirirmos como somos afetados pelos mecanismos de exclusão presentes na sociedade supressiva. Vivendo e convivendo na estação da pós-verdade e em meio ao paradigma da distorção, como percebemos a inclusão em seu núcleo duro e as ambivalências das políticas maiores e dos poderes sobre a inclusão?

Conversa + ação é vida e processo de re-invenção que convida o "nós" a momentos singulares, não universais e impessoais. É percurso sinuoso. Não é imagem, mas vida em movimento. É trâmite para a re-invenção de resoluções possíveis e não soluções finais marcadas pela tragédia da indiferença, do formalismo, do legalismo, do salve-se quem puder, do vire-se.

Conversações com os diferentes outros, autores e atores, em seus diversos mundos e contextos, são possibilidades de linhas de fuga para a produção do pensamento e re-invenções dos modos de Ser e estar no mundo, com o mundo e com os outros, bem como a produção de explicações e respostas às questões sociais. O movimento está na sociedade, ela se transforma e é transformada por nós, ao mesmo tempo que nos transforma. Re-invenções e atualizações são necessárias dentro dos movimentos.

Ouço vozes

*Repete-se tanto mais o passado quanto menos é ele recorda-
do, quanto menos consciência se tem de recordá-lo – recorde,
elabore a recordação para não repetir.*
Gilles Deleuze, 1988, p. 23.

Ouvir vozes tem a ver com fantasmas que assombram o presente em
razão de acontecimentos mal resolvidos no passado. Aqueles que enlouque-
ceram, igualmente, afirmam ouvirem vozes. Pessoas que sofreram forte estresse
pós-traumático, também podem vir a sofrer com esse fenômeno. Mas há outros que ouvem vozes alegóricas que são antidemocráticas e hostilizadoras, sau-
dosistas de um tempo de paz que só existiu para quem estava "fora" do tempo.
Ausentes porque ainda não haviam nascido. Ou ausentes por estarem absortos
em outros contextos e realidades, completamente distintas.

Ouvir vozes também é um privilégio singular de investigadores, sobretudo,
de proseadores como somos.

Ouço Vozes é a materialização da escuta sensível e atenta às vozes de superviventes que enunciam e anunciam que **não há** fantasmas, nem loucura
e nem delírio pairando na atmosfera dos sistemas de controle de massa com
seus diversos e distintos mecanismos de exclusão presentes na sociedade. Não
há fantasmas e nem alucinações, há episódios factuais que não param de se
movimentar. Apesar das muitas tentativas de silenciamento dos protagonistas
"menores", os que resistem são superviventes e, como tais, movem-se por uma
força incomum àqueles alheios às condições de risco e morte. Eles são, estão
e fazem movimentos. Eles se constituem e se (re)conhecem nas adversidades e
nos territórios hostis das distorções que regem as exclusões. Eles re-existem em
movimento de mutação.

Ouço Vozes faz um movimento histórico que conecta o passado e o presente pelos protagonistas que resistem no território da coexistência da inclusão/
exclusão. Ouço Vozes não diz respeito a dar voz aos atores superviventes, uma
vez que a voz é de cada um, e não há quem possa discursar em seus lugares de

fala a não ser eles mesmos. Quem escreve, no entanto, ouve vozes e as replica como um "eco repetidor" para espantar a fumaça de imagens, reflexos e outras imagens desrealizadoras que distorcem os saberes sobre acontecimentos e movimentos histórico-sociais que custaram e ainda custam a vida e a luta de nossos antepassados, bem como de nossos protagonistas remanescentes.

A névoa cinzenta da distorção desrealiza fatos, minimaliza horrores e cruezas. A neblina atrapalha a percepção e a visão dos viajantes forasteiros que desconhecem as intercorrências do caminho que leva ao cais do porto de destino. Os superviventes, todavia, já não são forasteiros, porém, vívidos viajantes que compartilham suas vivências como farol de luz que corta o nevoeiro e ilumina o território e seus devires.

É preciso recordar, fazer passar novamente pelo coração, as memórias históricas, os saberes de nossos ancestrais, as vivências e as vozes daqueles que nos constituem como força e resistência às incivilidades.

As vozes ecoaram de locais geográficos diferentes, porém, de territórios símiles onde a violência contra os direitos sociais e os dispositivos de exclusão se fundem e procedem ao processo de des-humanização e naturalização da intolerância aos diferentes modos de Ser e estar no mundo, com o mundo e com os outros. Um processo que, muitas vezes, mostra-se velado e em outras, explícito. Sem dúvida, a ignorância aos acontecimentos sociais e históricos, é fator predominante para o que se mostra velado, por isso mesmo, a relevância de se ter a oportunidade de ouvir vozes de protagonistas. Em contrapartida, a inteligência que maquina os males da opressão e das muitas formas de exclusão, esta se utiliza com perspicácia tanto dos processos velados como dos que são explícitos. Cada qual tem seus intentos e serventia. A atualização das imagens desgastadas serve à desrealização e à despersonalização. A distorção é paradigma e estilo de vida.

Os protagonistas foram convidados a ecoarem suas vozes a partir de seus locais e contextos de fala. Diferença e Inclusão foram os teores e condições disparadoras do encontro conosco. Não houve roteiro de perguntas, mas imagens[61] e palavras disparadoras[62] durante a conversa. As vozes romperam as

---

61. As imagens foram incluídas às conversações, sem serem nominadas, nesta respectiva ordem. Cada protagonista enunciou, à sua maneira, aquilo que simbolizava cada uma das imagens para si.

62. As palavras disparadoras comuns aos protagonistas foram: diferença, distorção, uma lágrima e sonho.

enunciações que desejaram, sem intervenções ordenadas ou debatidas com aquela que as ouvia. Elas enunciaram e anunciaram o que quiseram, revelando e relevando suas singularidades, seu protagonismo social, seus modos de sentir, perceber, agir e reagir, seus *belief system*.

Não houve finalidade de analisar, metodologicamente, conteúdos ou discursos. Mas propósito constructo de evidenciar, a partir das próprias vozes, os processos de exclusão social legitimados pela sociedade contemporânea. Da mesma maneira, demonstrar a presença do biopoder implantado pela alta-roda dominante para a docilização de corpos e controle social das massas. Tornar evidente o paradigma da distorção como estilo de vida, dominação e controle social. E ainda, senão, o mais imprescindível dos propósitos: sobressaltar, a partir das vozes, a importância da Inclusão Menor como meio significativo e expressivo de força, resistência e luta contra a domesticação, o subjugo, a opressão, a aniquilação e o expurgo das minorias sociais em razão de suas diferenças singulares.

Indispensável colocar que os conceitos de diferença, humanidade, amor, distorção e inclusão, abordados por nós, anteriormente, em nenhum momento foram apresentados àqueles com quem conversamos. Fato que se deve levar em conta para não haver, por parte do leitor, ideia de contradição com aquilo que discutimos em companhia dos autores com os quais entrelaçamos as mãos.

Em respeito à ética e àpreservação da identidade das Vozes, seus nomes e municípios em que residem foram preservados. Apenas foram mencionados os nomes daquelas que já se apresentam como personalidades públicas de resistência e militância social e que autorizaram sua identificação. Propositalmente, optamos por priorizar Vozes de Mulheres, uma vez que também nos encontramos como parte dessa coletividade, todas constituídas pelas muitas guerreiras, desbravadoras de conquistas e direitos pelos séculos, pois "a mulher arrasta todas as minorias"[63].

As conversações foram gravadas e transcritas com o consentimento dos protagonistas. Deliberadamente, foram dispostas as Vozes na condição escrita em sua forma densa de enunciação, pois elas são fontes de história e re-significação social para recordarmos nosso passado e nosso presente de maus-tratos, nossas lágrimas, suores e lutas por direitos sociais, e não nos esquecermos de nossos sonhos possíveis por justiça e equidade social, bem como o sonho de liberdade de Ser e estar no mundo, com o mundo e com os outros sendo diferentes em nossa própria diferença e na diferença conjuntural.

---

63. Frase dita por Márcia Bassetto Paes durante sua fala sobre a violência contra a mulher no período da ditadura militar no Brasil.

Ouço Vozes para não esquecer o passado, resistir existindo no presente, e conceber com consciência o futuro das gerações por vir.

Mulheres da resistência: memórias sobre a violência contra a mulher durante a ditadura militar no Brasil

Eu[64] tenho 62 anos. Entrei na Universidade de São Paulo (USP), para cursar História, em 1976 e em 1977 eu fui presa. Depois que eu saí da prisão como presa política, eu andei por outras universidades e não cheguei a me formar. Por isso retornei para a USP, anos depois, para a Faculdade de Filosofia, Letras e Ciências Humanas (FFLCH) e me formei em Letras. Era como se eu tivesse saudando uma dívida comigo mesma. E, hoje, eu estou fazendo doutorado em História Social.

Em 2015, nesse processo de retorno ao mestrado e ao doutorado, fui convidada pela Profa.-Dra. Janice Theodoro da Silva[65] a fazer parte da Comissão da Verdade da Universidade de São Paulo[66]. Esse trabalho para mim foi muito importante, não só pela retomada, mas também para entender a relação da USP, e das outras universidades, com a ditadura civil-militar do Brasil. A USP sempre foi tida como um oásis, mas, no entanto, também não foi bem assim que as coisas aconteceram. Houve, sim, a instituição de um órgão lá dentro, diretamente vinculado ao serviço de informação. Um órgão que foi instalado lá por um dos reitores, o reitor Miguel Reale[67], em 1972, no pior momento da

---

64. Márcia Bassetto Paes (1956). São Paulo.

65. Professora aposentada do Departamento de História da Universidade de São Paulo. "O trabalho da Comissão, presidida por Janice Theodoro, professora titular da Faculdade de Filosofia, Letras e Ciências Humanas (FFLCH), é dividido em 10 volumes, fartamente documentado e com ricos depoimentos. As graves violações de direitos humanos que atingiram duramente docentes, funcionários e estudantes ocorreram com a participação de parte da administração central da USP e seus funcionários" (FREITAS NETO, 2018).

66. "A Comissão da Verdade da USP desenvolve suas pesquisas por meio de bolsistas Fapesp e voluntários, coordenados pela Profa.-Dra. Janice Theodoro. A busca por informações referentes às graves violações dos direitos humanos de alunos, funcionários e professores da USP, no período de 31 de março de 1964 a 15 de março de 1985, mobiliza os pesquisadores a encontrar nos acervos da universidade registros que contribuam com objetivo do trabalho. Por meio de fontes distintas, a Comissão da Verdade da USP procura desvelar a trama complexa em que o Estado, mantenedor dos deveres e direitos, cria um aparato repressivo contra seus próprios cidadãos. Mortes, desaparecimentos e perseguições foram apagados, escondidos e legitimados das formas mais inusitadas. As vítimas do período e aqueles que hoje são representados por seus parentes, possuem o direito à memória e a reparação de sua história" (Comissão da Verdade – Universidade de São Paulo) [Disponível em http://sites.usp.br/comissaodaverdade/].

67. A gestão do reitor, Prof.-Dr. Miguel Reale se deu no período de 1969 a 1973. A Assessoria Especial de Segurança e Informação (Aesi), foi criada em 1972, em sua gestão, de modo a colaborar, prontamente, com os órgãos de informação e repressão, como o Departamento de Ordem Política e Social (Dops) e o Serviço Nacional de Informação (SNI), além da política. A implementação do Aesi gerou graves

ditadura. Então, quando eu entrei em 1976 na USP, esse órgão estava em plena atuação e foi extinto somente em 1982. Essa é a minha linha de pesquisa no doutorado, as perseguições por esses órgãos da ditadura que são chamadas de Aesis (Assessoria Especial de Segurança e Informação) que ficavam dentro das universidades. O meu recorte principal é o que funcionou dentro da USP, que não tinha a obrigação nenhuma de ter essa Aesi, pois ela era obrigatória apenas nas universidades federais, mas, por conta do Miguel Reale, esse órgão foi instituído lá. Isso significou perseguições aos estudantes, aos professores enfim, todos que eram contratados, tinham suas vidas vasculhadas e investigadas. Essa assessoria ditava quem deveria ou não ser contratado. Então, esse é meu objeto de pesquisa. Isso, obviamente, essa curiosidade veio da minha experiência com a ditadura, com um regime de exceção, devido a minha prisão em 1977, um ano depois que eu havia entrado na universidade. No ano seguinte, foi a prisão do Ronaldo, meu marido. Eu conheci o Ronaldo na Faculdade de História, ele é meu marido até hoje. Nós dois fomos presos.

A questão da ditadura é uma discussão que se tornou muito presente por conta de todo o processo eleitoral e discurso fascistizante do presidente eleito. Neste momento estão colocadas em xeque várias conquistas, várias liberdades conquistadas, liberdade de pensamento, de organização etc. E, deu para ter uma ideia, um pouquinho, do que isso significa. Do que significam perseguições, censuras, por exemplo, mesmo que muitas vezes veladas e outras não. De repente, ficamos taxados de "a ralé", que é como o Vladimir Safatle[68] chama, a ralé marxista, como seres de segunda categoria. Na verdade, trata-se da extinção de uma forma de vida, ainda citando Safatle. O fato de você ter preocupações com as condições climáticas virou ideologia marxista, o que é um absurdo.

A experiência da ditadura é ruim para todos. Mas é ruim, principalmente, para os menos favorecidos, para as minorias, para os não incluídos.

A luta da mulher e das minorias conheceu um aspecto muito particular no Brasil, e em outros países da América Latina, no período de suas ditaduras. A luta contra as ditaduras civil-militares ou militares nestes países se alinharam também à Contracultura[69]. Havia todo um movimento mundial de liberação

---

consequências de repressão que se materializaram na forma de prisões e até mortes de alunos e professores que eram monitorados em razão de sua militância política contra a ditadura militar. Segundo Freitas Neto (2018) "O relatório da Comissão da USP apontou que mais de 10% das 434 pessoas que morreram ou desapareceram durante a ditadura tinham relação com a USP: 6 professores, 39 alunos e 2 funcionários perderam suas vidas. 22 das 47 vítimas desapareceram entre 1971 e 1973".

68. Vladimir Pinheiro Safatle (1973), filósofo e professor chileno-brasileiro. É livre-docente da Universidade de São Paulo. Junto com Edson Teles, organizou e publicou em 2010 o livro *O que resta da ditadura: a exceção brasileira*.

69. Movimento com auge na década de 1960, também conhecida como cultura *underground*, cultura alternativa ou marginal. Distinguia-se como modo de mobilização pela insatisfação com a cultura dominante e contestação social a partir de novos meios de comunicação em massa. As manifestações da juventude liberal, consideradas abusivas pelas famílias conservadoras da época, geraram grandes e

feminina, de reivindicações de grupos LGBT (na época não se usava essa sigla), vários setores sociais podendo se manifestar e se organizar. No Brasil, essas minorias, essas pessoas começaram se organizar, obviamente, sob à ditadura. Então, muito do processo de organização desses grupos se deu também no processo de luta contra a ditadura e se confundiu com ela. Pois as ditaduras e os regimes de exceção são conservadores na sua essência. A questão das minorias, a questão da mulher vai bater de frente com o patriarcado, que nos regimes autoritários se mostra em sua forma mais opressora.

Hoje, vemos a situação que vive o pobre, o jovem pobre e negro, a menina pobre e negra da periferia, ela é uma consequência, sem dúvida, de todo o aparato que foi montado durante o período da ditadura civil-militar. Oficialmente, esse processo de abertura que tivemos, desembocando nessa democracia frouxa, sem a consolidação de direitos para a classe média, para as classes operárias e o precariado, resultou em uma continuidade dos mecanismos de repressão. A tortura, nas delegacias da periferia, nunca deixou de existir se formos analisar e colocar um olhar mais atento sobre essa camada social.

A repressão, a tortura, a experiência sofrida no Dops, e isso eu pude constatar com outras ex-presas políticas, sem dúvida, a mulher é tratada de uma forma humilhante pela desmoralização, principalmente. Utilizavam, utilizam, a perversidade sexual para torturar. Como simulações de abusos, por exemplo. Eu comparo a situação de uma menina ou de uma mulher que tenha sido estuprada e que é imputada a culpa a ela, ou seja, a culpa é da mulher que estava com uma saia mais curta, ou estava provocando de alguma outra forma. O sentimento de vergonha que nos dá ao ser torturada, principalmente no tocante à sexualidade, e em particular a sexualidade feminina, traz como consequência imediata o silenciamento. Eu demorei muito para conseguir falar sobre esses mecanismos utilizados pela polícia. E, no entanto, o objetivo dos torturadores era exatamente esse. Através da humilhação fazer com que você se sinta culpada também pelo seu corpo, pelas suas características femininas, por ser mulher etc.

No meu caso, eu fui presa junto com o Celso Brambilla[70], nós éramos colegas de militância, ele trabalhava na Mercedes Benz, se eu não me engano, e

---

intensos conflitos entre as gerações. O movimento não se caracterizava como luta de classes. Segundo Kucinski, "Havia, basicamente, duas grandes classes de jornais alternativos. Alguns, predominantemente políticos, tinham raízes nos ideais de valorização do nacional e do popular dos anos de 1950 e no marxismo vulgarizado dos meios estudantis nos anos de 1960. [...] A outra classe de jornais tinha suas raízes justamente nos movimentos de contracultura norte-americanos e, através deles, no orientalismo, no anarquismo e no existencialismo de Jean-Paul Sartre. Rejeitavam a primazia do discurso ideológico. Mais voltados à crítica dos costumes e à ruptura cultural, investiam principalmente contra o autoritarismo na esfera dos costumes e o moralismo hipócrita da classe média" (1991, p. 5-6).

70. Celso Giovanetti Brambilla (1951). Foi preso em 28 de abril de 1977, junto com Márcia Bassetto Paes, por distribuir panfletos em comemoração ao dia 1º de Maio em São Bernardo do Campo. Ambos, estudantes, militantes da organização clandestina "Liga Operária", que lutava pelo restabelecimento da democracia.

eu na Autometal, duas metalúrgicas de São Bernardo do Campo, militávamos no movimento operário na época. Ao sermos presos mentimos para a polícia, dissemos que éramos namorados. Isso para não comprometer o meu companheiro e nem ele queria comprometer a companheira dele. E a polícia utilizou de forma escabrosa esse fato para potencializar a tortura. Eles me torturavam, torturavam a ele, e utilizavam o fato de termos uma suposta intimidade sexual. E isso foi muito chocante! Este tipo de desmoralização do sujeito opera numa esfera muito particular. É a coisa de você se sentir como um sub-humano, você se sente como mulher, absolutamente, submissa. O fato de você ter o Estado como empreendedor desse mecanismo de terror, faz com que você tenha um sentimento de morte. É como se te tirassem o chão. Nesta situação você não tem nada. Eu estava incomunicável, porque fora enquadrada na Lei de Segurança Nacional. Foram 10 dias de incomunicabilidade, depois prorrogado por mais 10 dias, sem saber o que havia acontecido com o meu companheiro e com os outros companheiros de militância também. Sem saber o que estava acontecendo com a família, com o mundo. Nós tínhamos muito medo porque meses antes havia morrido Manoel Fiel Filho[71] e, em dezembro de 76, havia acontecido o Massacre da Lapa[72] quando o pessoal do Comitê Central do Partido Comunista do Brasil, que se reunia pela primeira vez em 20 anos, foi parte executada e parte presa. O delegado e torturador do Dops Sérgio Fleury[73] foi

---

71. Manoel Fiel Filho (1927-1976), operário metalúrgico morto durante a ditadura militar no Brasil. Sua morte foi registrada como suicídio, circunstâncias idênticas à do estudante Alexandre Vannucchi Leme, do jornalista Vladimir Herzog, de José Ferreira de Almeida e Pedro Jerônimo de Souza. Sua morte foi investigada pela Comissão Nacional da Verdade. Em 2009, foi realizado o filme-documentário *Perdão, Mister Fiel*, que relata acerca de sua perseguição política que culminou em seu assassinato. "No dia 19 de janeiro, o comando do II Exército divulgou uma nota informando que Manoel fora encontrado morto às 13h do dia 17, enforcado com suas próprias meias em uma das celas" [...]. Em setembro de 2014, a Comissão Nacional da Verdade (CNV) produziu laudo pericial indireto acerca da morte de Manoel, desconstruindo a falsa versão de autoestrangulamento. [...] A conclusão da análise é que "o diagnóstico diferencial do evento é de homicídio por estrangulamento, consumado em local e circunstâncias que não foram possíveis determinar", e que tal estrangulamento não foi causado pelas mãos do agressor, mas possivelmente pelas próprias meias que envolviam seu pescoço. Dessa forma, ficou confirmado que Manoel Fiel Filho foi morto nas dependências do DOI-Codi do II Exército/SP e que os órgãos de repressão simularam seu suicídio para acobertar o crime" (CNV, 2014, p. 1.811-1.816).

72. Operação realizada pelo Exército Brasileiro no Comitê Central do Partido Comunista do Brasil, em uma casa situada no Bairro da Lapa em São Paulo. Resultou na morte, prisão e tortura de integrantes (POMAR, 2006).

73. Sérgio Fernando Paranhos Fleury (1933-1979) atuou como delegado durante a ditadura militar. Foi considerado um dos repressores mais notáveis do período. É acusado de envolvimento em episódios de sequestro, tortura e assassinato, entre eles, do militante Carlos Lamarca e do Frei Tito. Também apontado como um dos comandantes do Massacre da Lapa em São Paulo e da Chacina da Chácara São Bento, em Recife (*Memórias da ditadura*). [acesso em 2019].

pessoalmente lá e empreendeu esse massacre em São Paulo. Ele era o delegado que estava cuidando do meu caso dentro do Dops. Ele ia lá inspecionar, pessoalmente, as sessões de tortura. Então, o tratamento era nesse sentido mesmo de rebaixamento, de destruir a razão e tirar qualquer traço de humanidade da pessoa por esse rebaixamento. Esses métodos não são exclusivos do Brasil, como é sabido, foram trazidos de fora, França e EUA, por exemplo. Militares franceses colaboraram muito para a implantação de métodos de tortura aqui no Brasil, a partir da experiência com a Argélia.

Eu fui ameaçada de ser estuprada com um pedaço de pau, eu tive baratas no meu corpo, aliás, nesta semana houve uma exposição[74] que foi proibida (em pleno 2019) e tinha como tema o uso de baratas como forma de tortura a uma mulher. Isso me é muito familiar, porque foi feito comigo, baratas no meu corpo. Um outro momento que foi de uma total [...], pra mim aquilo chegou no fundo da [...], bom, me colocaram em cima de uma mesa e me fizeram dançar; em volta estavam os investigadores e eles me batiam ou me queimavam, jogavam água e me davam eletrochoques[75]. E eu era obrigada a dançar enquanto o Celso ficava olhando, pendurado em um pau de arara[76]. Enfim, são as tentativas de rebaixamento do ser humano e, com a mulher, em uma sociedade patriarcal, esse rebaixamento se dá de uma forma mais efetiva, porque estamos já em um lugar subalterno. Do ponto de vista do torturador é um triunfo submeter a esse tratamento uma jovem de 20 anos, classe média, branca, feminista, intelectualizada, bem resolvida sexualmente etc.

A imagem do punho é utilizada como um símbolo de luta, de resistência, de mobilização e de conquistas também. De força, de um alçamento de força para uma conquista maior, para um lugar social mais justo. Sem dúvida essa imagem foi, e é muito utilizada pela sua força simbólica. Mas eu não sei se ela foi bem compreendida porque, de certa forma, nós temos uma grande responsabilidade no uso e na falta de compreensão. Nós, eu quero dizer, a

---

74. No dia 13 de janeiro de 2019, a Secretaria de Cultura do Estado do Rio de Janeiro cancelou o último dia da exposição *Literatura exposta* na Casa França-Brasil. A programação incluía uma *performance* que faria uma crítica à tortura durante a ditadura militar inspirada no conto *Baratária*, escrito por Rodrigo Santos (2016). Conta a história de uma mulher que tem traumas de baratas e que nos "anos de chumbo" ela é presa, e um torturador coloca os insetos em sua vagina (BARROS, 2019).

75. O eletrochoque era dado por um telefone de campanha do Exército que possuía dois fios longos que são ligados ao corpo, normalmente nas partes sexuais, além dos ouvidos, dentes, língua e dedos (ARNS, 2001, p. 35 – relatos).

76. "O pau de arara consiste numa barra de ferro que é atravessada entre os punhos amarrados e a dobra do joelho, sendo o "conjunto" colocado entre duas mesas, ficando o corpo do torturado pendurado a cerca de 20 ou 30cm do solo. Este método quase nunca é utilizado isoladamente, seus "complementos" normais são eletrochoques, a palmatória e o afogamento. [...] O pau de arara era uma estrutura metálica desmontável, [...] que era constituído de dois triângulos de tubo galvanizado em que um dos vértices possuía duas meias-luas em que eram apoiados e que, por sua vez, era introduzida debaixo de seus joelhos e entre as suas mãos, que eram amarradas e levadas até os joelhos" (ARNS, 2001, p. 34 – relatos).

minha geração que representou um grande setor que se mobilizou e foi às ruas pela abertura política. A minha geração, foi uma geração muito particular, porque nós não tínhamos nada a ver com o Partido Comunista do Brasil, com o "Partidão", stalinista e tal. Nós não tínhamos nada a ver com a guerrilha, a guerrilha já tinha fracassado e nós tínhamos uma crítica muito forte a este método. Afinal muitos jovens pegaram em armas e morreram. A minha organização e outras que cresceram no final da década de 1970, principalmente, em meados de 1974 e 1975, nunca fomos a favor da guerrilha. Nós tínhamos um antagonismo muito claro com relação à guerrilha e ao stalinismo. Tempos depois jogamos todas as fichas no PT. A primeira greve do ABC foi em 1978, foi um ano depois que eu fui presa e no mesmo ano que meu marido foi preso. O Lula surgia naquele momento como uma liderança e o Partido dos Trabalhadores, que ainda não tinha esse nome, como uma grande esperança para os trabalhadores e se constituindo como uma experiência inédita no Brasil. Eu fiz parte de uma geração que trabalhou pela legalização do PT. Inclusive, a minha organização foi uma das que formularam a proposta de que o Brasil precisava de um partido como este. Daí a importância de trazermos para nós, também, a responsabilidade de ter deixado o movimento social de base à mercê de grupos conservadores, como os neopentecostais. Não só o PT se tornou um partido eleitoreiro, mas nós, de certa forma, nos deixamos ludibriar pelo canto da sereia do neoliberalismo. Não dá, a conciliação com esse poder não pode ser feita. Tinha que se ter mão firme para usurpar a velha política e consolidar as conquistas dos trabalhadores, das minorias que hoje estão ameaçadas, da própria mulher. O que de sólido tinham, de fato, essas conquistas? Nós pecamos, eu acho, porque essa mão em luta, essa mão que está em ação, que está em luta, talvez não tenha sido colocada em prática durante esses anos de abertura, e principalmente nos anos petistas, e até mais enfaticamente, nos anos do governo petista. Por exemplo, a Presidenta Dilma Rousseff, ter aberto às portas para a lei da guerrilha[77] ter sido sancionada e hoje nós estamos com esse problema, pois movimentos como MTST, MST podem ser criminalizados. E ela é uma pessoa que foi presa política, que sofreu o que ela sofreu, que ficou na Torre das Donzelas[78] etc. e sofreu por ser mulher. As fotos de Dilma como

---

77. Lei n. 13.260, de 16 de março de 2016 (BRASIL, 2016). Há críticas relacionadas por vários autores acerca de problemas trazidos com a Lei n. 13.260/2016 que podem ferir preceitos e garantias constitucionais pela tipificação do crime de terrorismo. Em tempos de crise política no Brasil e no mundo, manifestações políticas emergem da sociedade e, sem a devida cautela, tal tipificação e criminalização, poderia ser utilizada contra o exercício do direito de se expressar, contestar, lutar e reivindicar por direitos sociais e trabalhistas, além da restrição da liberdade de livre-expressão do pensamento crítico.

78. Torre das Donzelas era uma ala de celas femininas no Presídio Tiradentes, em São Paulo. Em 2018 foi produzido um documentário de longa-metragem que recupera a história de um grupo de mulheres que foram presas políticas e que ocuparam uma cela no Presídio Tiradentes, em São Paulo, durante a ditadura militar. O filme narra como a história democrática do Brasil foi sendo desenhada durante os anos de prisão desse grupo de mulheres (TORRE DAS DONZELAS, 2018) [Disponível em http://www.torredasdonzelas.com.br/].

guerrilheira que circularam na época da eleição, foi um choque. Os sinais de direitização já estavam sendo dados. De certa forma, nós não demos o devido valor. Nós, meio que ficamos em uma zona de conforto, vamos dizer assim. E aceitando algumas migalhas que foram arrancadas pelas beiradas do sistema quando que, na verdade, precisava-se era de uma coisa mais efetiva, de um avanço mais efetivo dessas conquistas todas.

É, "pare"! Além de um sinal de trânsito importante, eu também sinto um pouco sobre como a gente está, estão jogando na nossa cara uma coisa dessas, um "pare". É um momento em que nós, na realidade, não podemos parar. Tanto do ponto de vista social, político etc., a gente tem que avançar. Mas tem que saber também como avançar. E se a gente parar, se a gente abrir mão das nossas convicções, aí vai a nossa vida junto. Se abrirmos mão do que acreditamos, da necessidade de uma sociedade mais justa, em termos de política de inclusão, tema do seu trabalho, se a gente para, nós iremos jogar por água abaixo anos de suor e sangue de outras pessoas; além de comprometer toda uma geração futura. Pois esta deverá herdar as convicções para a conquista de uma sociedade mais justa em todos os níveis.

Sílvia, eu demorei muito, muito para entrar com os processos na Comissão de Anistia e procurar essa forma de expressão, ou seja, "abrir a caixa-preta". Não fui a única. Fiz parte do "Clínicas do Testemunho"[79] um trabalho muito importante subsidiado pelo Ministério da Justiça e foi a partir desse projeto que eu comecei a me abrir para as comissões. O projeto da "Clínica" foi um trabalho de terapia com ex-presos e com filhos e netos. A questão é que o trauma e o silenciamento repercutem e reverberam em outras gerações. Um bom exemplo é o Shoah[80], o holocausto. Toda uma geração que se cala porque é indizível o que aquela geração passou. O não dito e o interdito permanecem como uma opressão subterrânea que também vai repercutindo nos filhos, nos netos, enfim... para mim foi fundamental para compreender a extensão de um trauma ao participar da Clínica do Testemunho! O que me pegou mesmo, foram os filhos dos ex-presos políticos. Isso porque o ex-preso político tem dificuldade em falar. Ele tem muito um discurso politizado, já programado e isso me aborrecia.

---

79. O Clínicas do Testemunho é um convênio do Ministério da Justiça/Comissão de Anistia que funciona em quatro capitais brasileiras: Rio Grande do Sul, São Paulo, Rio de Janeiro e Pernambuco. "É um projeto que visa proporcionar escuta e devolver voz àqueles que tiveram suas vidas afetadas pela violência estatal. Violência esta que o Estado, em um regime de exceção, impetrou a seus cidadãos em nome da lei de segurança nacional, configurando-se assim como crime de lesa-humanidade. As práticas instituídas de tortura, prisões arbitrárias, mortes e desaparecimentos forçados permanecem produzindo efeitos em nossa sociedade enquanto permanecerem ocultadas, desconhecidas e impunes e, por isso, o projeto se estende ao âmbito do individual ao social" (SIGMUND FREUD ASSOCIAÇÃO PSICANALÍTICA, 2014).

80. Termo em hebraico, האושה, HaShoá, que quer dizer "a catástrofe". Em iídiche corresponde a זברוח, Churben ou Hurban, que no hebraico significa "destruição". Diz respeito ao genocídio em massa de cerca de 6 milhões de judeus durante a Segunda Guerra Mundial.

Agora, antes disso, eu achava que tinha sido uma decisão minha ter ido para a esquerda, ter me organizado, ter ido trabalhar na fábrica, e que, ninguém, deveria ser onerado por conta disso. E o Percival Maricato[81], o advogado que eu procurei e que também foi preso político, foi decisivo para mim ao dizer: "Márcia, é o seguinte, a sociedade tem que pagar, sim, porque esta sociedade foi omissa e você não foi em uma questão que se pleiteava o bem comum, ou seja: em acabar com a ditadura, pleitear a volta do Estado de direito e das liberdades democráticas". E aí, caiu a minha ficha! Porque a rigor, não tem dinheiro que pague o que eu passei, não tem! Porém, é uma questão simbólica, de você ter o registro. O que eu vou fazer com esse dinheiro de indenizações? Posso até dar para uma instituição ou sei lá! Mas o importante é o registro, é a sociedade não perder a sua memória social, não ter um apagamento da história. E isto vem através de documentos, de registros de depoimentos, das clínicas de testemunhos, da qual eu fiz parte.

O Narciso! Essa imagem me fala dos tempos atuais! As pessoas estão muito narcisistas, existe uma exposição do eu e o não olhar para o outro. Você está simplesmente conversando com ninguém no Facebook, conversando com o invisível, está conversando com alguém, mas é com o invisível e se expondo e daí sobrevém a dificuldade de se olhar para o outro. É necessária uma dose de delicadeza na aproximação física com o outro. Com relação a essa imagem e a violência contra a mulher na ditadura, o que se pretendia era exatamente o apagamento do eu, a anulação do indivíduo, do sujeito enquanto um ator, um sujeito histórico. E essa anulação impede que esse sujeito conheça a si mesmo, que ele se veja. É isso que me passa de imediato, o não reconhecimento, o autoconhecimento e o estranhamento de si mesmo, frente a uma situação de extrema violência. Quanto à situação da mulher, o que mais causa espanto, nesse processo rumo ao conservadorismo, é a quantidade de mulheres que falam "mais eu gosto de ter esse lugar...", o lugar do feminino frágil, subjugado, desse feminino cúmplice de um patriarcado, e isso é o que mais choca. A naturalização do discurso do opressor internalizado pelo oprimido. Então, na verdade, essa diferença que nos faz diferente, ela nos faz diferente, mas também nos pleiteia e faz com que pleiteamos uma igualdade em relação a um sistema social. Eu acredito que o respeito às diferenças vai e passa por uma isonomia em todos os níveis para que todos tenham as mesmas oportunidades, enfim. Na realidade, eu não acredito em uma sociedade justa sem que a mulher não tenha e não esteja com seus plenos direitos adquiridos, eu não acredito. A plena justiça social passa, principalmente, pela situação da mulher. A mulher arrasta todas as outras minorias. Seja como mãe de uma criança especial, seja como mãe de um transgênero, de um homossexual. Ela sintetiza todas as outras diferenças.

---

81. Advogado formado pela Universidade de São Paulo. Foi membro da Comissão de Direitos Humanos da OAB-SP.

A condição da justiça no âmbito da mulher, significa a justiça extensiva a toda a sociedade.

Distorção! Fui taxada como, primeiro achavam que eu era da guerrilha, que eu era guerrilheira, que eu pegava em armas, e eu tinha 20 anos quando eu fui presa. Então, o discurso da polícia era nos caracterizar como elementos perigosíssimos, terroristas, esse era o jargão colocado. Estas foram as justificativas dadas quando assumiram a minha prisão. Eles demoravam bastante tempo para assumir que havia uma pessoa presa chamada Márcia, Celso ou Anita. Então, a distorção sempre foi utilizada para incutir, para naturalizar ações de repressão e que é o que se vê hoje, a mesma forma. Há uma distorção de valores. O lugar de... uma expressão muito batida, mas o lugar de fala, o lugar de escuta, o lugar de visão, de perspectiva e, por trás, obviamente, estão os interesses de um grupo de pessoas ou de cada um, e que lançam mão desta manipulação, da distorção como manipulação. Uma coisa que me incomodava muito e sempre me incomodou na esquerda mais tradicional, como eu já te disse, fiz parte de uma geração de trotskistas[82], aqueles que vieram no final da década de 1960 para o Brasil e que tinham uma outra visão, vamos dizer assim. A esquerda tradicional, quando se tratava de preso político, qualificava-o assim: "ah, mas o cara abriu! Não abriu!" O cara abrir, significa delatar alguém ou não delatar. O cara saía taxado da prisão. Eu conheci, por exemplo, pessoas que sofreram muitíssimo. Inclusive um professor e historiador que morreu a pouco tempo, e eu o conheci antes de ser presa, ele era taxado como um cara que havia entregado muita gente, um estigma horroroso. Na verdade, é a utilização de um vocabulário policialesco, é a polícia que usa isso "se o cara abriu, se não abriu". A apropriação do jargão policial e reverberado pela própria esquerda ou pela mídia, condena o sujeito a um ostracismo político, taxado como delator. E, na verdade, em nenhum tribunal, o depoimento colhido sob tortura, é válido, em nenhum tribunal! Ninguém sabe, realmente, o limite do outro, o limite da dor, o limite da humilhação, o limite desse rebaixamento a que você é submetido. Tem o triste episódio do Frei Tito[83]. O Frei Tito se matou, ele foi uma das vítimas

---

82. O trotskismo está fundamentado nos escritos de Leon Trótski (1879-1940). Trótski foi um intelectual marxista e revolucionário bolchevique. Ele rejeitou as teses ultraesquerditas. Seu conjunto de ideias fundamentadas em Marx, Engels e Lenin é apresentado como uma vertente do comunismo em oposição ao stalinismo.

83. Frei Tito de Alencar Lima (1945-1974) foi um frade dominicano que em 1967 foi estudar Filosofia na Universidade de São Paulo. Em 1968, foi preso por participar de um congresso da União Nacional dos Estudantes (UNE), tornando-se alvo de perseguição e repressão militar. Em 1970, na "Sucursal do inferno" (sede da Oban – Operação Bandeirante), Frei Tito, em 48 horas, foi submetido a métodos de tortura como: pau de arara; choques elétricos na cabeça, nos órgãos genitais, pés, mãos e ouvidos; socos, pauladas e palmatórias, além de ser preso na "cadeira do dragão" e ser queimado com cigarros. Na prisão, ele escreveu acerca da tortura à qual foi submetido e o documento se tornou conhecido em toda parte, transformando-se em um símbolo de luta a favor dos direitos. Pouco antes de sua morte, escreveu: "São noites de silêncio. Vozes que clamam num espaço infinito. Um silêncio do homem e um silêncio de Deus" (*Memórias da ditadura*) [acesso em 2019].

148

da ditadura. Ele foi aluno da USP, das Ciências Sociais. Quando saiu da cadeia, se tornou uma pessoa absolutamente perturbada, do ponto de vista psicológico. Torturado pelo mesmo Sérgio Paranhos Fleury, que usava a questão da sexualidade, de sua suposta (pelos torturadores) homossexualidade, o Frei Tito sofreu abuso de tortura como ameaça de estupro quando preso. Ele foi acusado de ter entregado algumas pessoas. O Frei Tito saiu do Brasil e foi para a França para se tratar e não aguentou. Ele se tornou um homem atormentado e perturbado e se matou. Ele saiu do convento em que estava e foi para um lixão e se enforcou em uma árvore bastante simbólica da França, um álamo. Enfim, o limite do outro, ninguém conhece, ninguém conhece o limite da dor.

Uma lágrima é difícil! Uma lágrima pode ser de dor, pode ser de emoção e não é só uma questão romântica, não. Uma lágrima pode significar uma dor muito profunda, uma dor calada, uma dor contida para ser uma lágrima. Sílvia, é incrível você relacionar essa expressão "uma lágrima" com a questão da mulher na ditadura. Porque uma coisa que eu fazia questão de não fazer, era chorar na frente dos meus algozes. Eu fazia questão de me manter durona lá, em todas as situações, porque eu não queria corroborar com o lugar de fraqueza que haviam me colocado. Apesar de estar, absolutamente, em uma situação de fraqueza flagrante. Mas eu acreditava que se eu demonstrasse uma lágrima, uma ou duas..., eu poderia corroborar com essa fraqueza. Isso não quer dizer que eu não chorasse. Eu chorei e muito com a cara na parede, na cela onde eu me encontrava lá no Dops, ou mesmo depois, no presídio especial, no Carandiru. Mas essa demonstração de fraqueza, era um gostinho que eu não queria dar para os torturadores. Eu acredito que muitas mulheres tenham passado também por esta mesma percepção.

Sonho! O sonho tem que estar sempre presente. Porque o sonho, se ele for realizado, deixa de existir e não podemos viver sem sonhar. A mulher, na condição em que é colocada, tem a conotação de ser mais sonhadora, romântica. Mas eu acredito que o sonho é o impulso para as conquistas, seja para a mulher ou para o homem. E eu acho que a gente não pode viver sem um; quando ele se realiza, ficamos em uma condição de ausência de desejo. Se faz necessário a concepção de outro sonho.

Nós estamos em um momento que é necessário um olhar mais cuidadoso para a questão das minorias, para a questão da inclusão. E temos que procurar entender, como você está fazendo em seu livro, o que foi aquele período. Porque não dá para conviver com tanta gente falando que a ditadura foi uma coisa boa. O período da ditadura foi péssimo! Me assusta muito o discurso da Escola Sem Partido, por exemplo, que na verdade é uma censura. Não é uma censura estabelecida pelo governo e exercida por um órgão do Estado. É muito pior porque é a censura que está dentro das pessoas e exercida por elas. É o pai e a mãe que chegam e vão fiscalizar, pessoalmente ou através do filho, a aula que lhe está sendo ministrada. Quando se chega em um momento de naturalização e internalização de um Estado opressor, estamos, na verdade, diante de um monstro cada vez mais difícil de ser combatido. Eu acho que temos que levantar, sim, essas questões, temos que procurar entender os erros; onde nós falhamos; onde que nós, mulheres poderíamos ter feito mais; como poderíamos ter ido além. Eu tenho muitos amigos de esquerda, inclusive, que falam "a sociedade brasileira tinha que passar por isto (o governo atual)". Discordo veementemente. O país está passando por um grande, imenso e desnecessário retrocesso. Esse saudosismo da ditadura militar é assustador, todos perderam, todos perdem.

Povos indígenas: resistência e protagonismo contra o racismo

Eu[84] tenho 42 anos. Eu sou biomédica formada pela Universidade Federal do Pará (Ufpa) e mestre em Antropologia, na concentração de Bioantropologia em Genética Forense da Ufpa.

Nós, enquanto indígenas, antes de eu ser mulher, eu já nasci indígena, eu venho de um ventre indígena. A partir daí eu digo que nós, indígenas mulheres, nós estamos em um contexto não muito diferente da mulher não indígena. É uma luta para também termos diante da sociedade, o nosso protagonismo, a nossa autonomia e não só dentro das universidades, mas em contexto de luta, de demarcação de nossos territórios. E aí eu falo em nível de território, não só de território indígena, mas todo o território brasileiro, porque afinal de contas, ele é indígena. A nossa luta é muito parecida com a das mulheres não indígenas. A gente começa a ter uma sociedade que, muitas das vezes, não ouve a mulher. Se a mulher não indígena tem problemas, imagina nós, indígenas mulheres falando. E a gente vem pensando em um novo contexto que é aprender a língua portuguesa para podermos estar onde nós estamos hoje que é dentro das universidades, dentro das escolas, sendo nós mesmos e podendo falar por nós mesmos hoje. O nosso protagonismo é bastante atuante. Eu venho de uma região, eu sou do Rio Negro. O movimento indígena é muito forte, onde nasceu a primeira Associação de Indígenas Mulheres no Brasil. A partir dali eu já tenho um contexto de referência e de luta, principalmente, as que "sofreram" a questão do auge da borracha[85] no Rio Negro. Então, a nossa luta e o nosso protagonismo ele já vem pra dentro das universidades de uma forma bem mais atuante, pois a gente já vem com um movimento na veia, um movimento indígena. Porque muitas das pessoas dizem que as nossas comunidades não indígenas são machistas e, na verdade, eu posso te dizer que quem sempre mandou,

---

84. Eliene Rodrigues Putira Sacuena (1977).

85. O ciclo da borracha teve seu auge entre 1879 e 1912. Mais tarde, durante a Segunda Guerra Mundial, teve seu momento de sobrevida entre 1942 e 1945. A extração do látex da seringueira e comercialização da borracha incitou a expansão colonial pela atração de riquezas.

sempre foram as mulheres, porém, sempre atuando por detrás dos homens. E aí, a gente sai detrás, e estamos dando, como vocês mesmos falam, a nossa cara para a sociedade. Sempre fomos nós que comandamos as comunidades indígenas e, na verdade, nós temos toda a força dentro delas. Quando a gente chega dentro da universidade, o fato de ser mulher e o fato de ser indígenas mulher, a exclusão, praticamente, ela é 100%. É muito triste, principalmente quando você vê uma outra mulher excluindo uma indígena mulher. Isso, de fato, é muito complicado. O número de desistências para povos indígenas dentro das universidades, é brusco, é alarmante. Ninguém consegue viver em uma sociedade onde você exclui, onde você vem de uma cultura que tudo funciona através do coletivo e, de repente, ali todo mundo te olha como inimigo porque você é mais um concorrente no mercado. E isso é muito complicado para nós. Mas eu quero te dizer que nós, enquanto indígenas, mulheres dentro da universidade, nós somos a maioria. Existe, por exemplo, aqui em Belém, na Ufpa, o maior número é de mulheres, são de indígenas mulheres que são atuantes em todos os cursos dentro da universidade. E as organizações, tanto em nível de Amazônia, Brasil e nível de universidade, elas são comandadas por mulheres, por indígenas mulheres. Eu fui representante dos povos indígenas dentro da universidade até o início deste ano. E quem assumiu agora, foi uma homossexual e, isso para nós, é uma vitória muito grande. Eu fiquei por três mandatos e, de repente, a gente começa a ter uma homossexual também sendo representada dentro de todo esse contexto de luta que a gente vem travando, principalmente em nível federal, através de uma conjuntura de governo que é totalmente contra nós, povos indígenas. E te falar que quando nós chegamos dentro da universidade, o nosso primeiro "choque", talvez essa não seja a palavra certa, mas o primeiro impacto cultural, está muito relacionado à questão de racismo. O racismo é brusco dentro das universidades. O fato de você ser mulher, o fato de você ser indígena mulher, você já é vista: como preguiçosa, você não é inteligente, você não irá conseguir, o teu lugar é no mato, o que você está fazendo aqui? Por que você está usando relógio? Por que você está usando um brinco diferente? Por que você está dentro da universidade? Pra que você está dentro da universidade? – E aí, as exclusões de grupo, a formação de trabalho e o tempo todo os indígenas acabam sendo excluídos dentro da sala de aula, excluídos dentro do curso. E se você não tem uma força ali do movimento indígena te apoiando, se você entra na universidade sozinho, você não consegue. Porque o sistema do não indígena, não preparou as universidades para nos receberem. Na verdade, a sociedade brasileira, nunca e eu não acredito que um dia ela possa se preparar para conviver com a diferença em um nível de povos indígenas. Eu fico muito triste de falar isso, mas sabe, há mais de 500 anos a gente percebe que a sociedade brasileira não foi preparada para lidar com a diferença dos povos indígenas, para lidar com a questão cultural dos povos indígenas, para respeitar os povos indígenas. Então, nós vivemos em um contexto que no primeiro dia pós-eleição, de vitória do atual presidente, havia indígena já sendo massacrado dentro da sala de aula. E aí você vê um país totalmente racista em um primeiro dia de vitória de eleição. Aí, agora é como se fosse "normal", as pessoas falarem aquilo que realmente elas querem agora falar para ofenderem as outras, não respeitando, não deixando o outro ter sua autonomia e falar por ele mesmo. Dentro da universidade, é algo que eu te digo ser mais cruel, porque é onde você forma pessoas, é onde se forma cidadãos, onde se forma profissionais. E esses profissionais saem com aquilo que eles aprenderam em nível de livros e não se deixam abrir para o diferente. É onde eu falo que eu sou indígena e as pessoas falarem assim: "você é indígena mesmo, porque você fala bem o português?" E eu ter que falar que, para eu estar aqui, eu tive que aprender a língua portuguesa. Porque todo mundo fala que é bonito quando a gente começa a falar na nossa língua, mas só que o não indígena não entende. E não é isso mais que a nova juventude indígena vem pensando. A gente quer que o não indígena realmente compreenda o que nós estamos falando. Por isso que a língua portuguesa entrou em nossas comunidades também como uma forma de nós nos apropriarmos da língua como forma de um monumento, um artefato, um instrumento de luta. É um instrumento de luta! Nós, enquanto povos indígenas, hoje, estamos nos apropriando do sistema do não indígena porque os nossos velhos, os nossos ancestrais lutaram muito, muito para que hoje, eu estivesse dentro de uma universidade. E a gente também não espera que a universidade irá se preparar para nós. Foram mais de 500 anos e a universidade nunca se preparou para nós. Ou seja, a mudança, a gente não tem que esperar que a mudança comece de fora para dentro, isso já passou. A gente tem que começar a mudança de dentro para fora, a gente precisa estar incluído e a inclusão para povos indígenas é importante, e ela se chama universidade pública. A universidade pública é diversa e é ali dentro que a gente precisa mudar, mudar a partir dali. Nós precisamos mudar nosso ensino básico, o nosso Ensino Médio porque não se tem compromisso com a formação para que um dia nós estejamos dentro da universidade. Mas só que nós podemos fazer isso dentro da própria universidade também. Hoje a Ufpa, a partir do nosso movimento, ela é a única no Brasil a ofertar cursos em todas as áreas com reservas de vagas, não é cota. É reserva de vagas com 2 vagas em cada curso e nós lutamos por isso, porque foi uma construção feita pelos os povos indígenas da Amazônia que lutaram por essas vagas. Então, nós, enquanto povos indígenas, precisamos manter, precisamos ter a essência do que é a nossa cultura, nossa especificidade, e nós não podemos perder isso para um sistema totalmente burocrático. Nós precisamos dialogar com a medicina e eu falo com um amigo antropólogo que também é indígena, o Edimar Kaingang que defendeu agora o doutorado, eu falo que nós não temos que perder a essência do que são povos indígenas quando entramos dentro da universidade porque a nossa luta é dia a dia com cada indígena que entra na universidade porque isso é uma vitória pra gente. Nós cansamos de aplaudir o filho do fazendeiro, o filho do dono da borracha passando e que era médico e que ia pra lá, porque nós, indígenas, podemos fazer isso, podemos fazer muito mais. Nós temos que dialogar a medicina tradicional com a medicina ocidental, precisamos dialogar sobre o que é a farmácia para nós, o que é o fitoterápico para nós. Nós não precisamos das receitas, nós precisamos é fortalecer o nosso conhecimento e isso, eu acredito muito que a universidade pode colaborar conosco. Sabe, Sílvia, eu digo que a universidade tem um papel fantástico, maravilhoso depois que eu a conheci e digo que a universidade tem muito, muito para também aprender com a gente, ela só precisa valorizar a nossa cultura e respeitar os povos indígenas. Porque se os não indígenas curam dor de cabeça com um determinado remédio, nós já curávamos a muito tempo com os nossos. A universidade tem muito a crescer e a aprender, e isso não é ideologia, isso é respeito aos povos indígenas. E quando eu falo da questão da educação diferenciada, de uma saúde diferenciada, de um território diferenciado, é porque não é só falar a palavra diferenciado, "ah vamos fazer isso aqui porque é diferente", não, é preciso entender porque eu preciso fazer diferenciado. Por exemplo, por que eu preciso que as indígenas mulheres, hoje, façam o preventivo (o exame Papanicolau)? Por que eu preciso que elas façam hoje esse exame se antes elas não faziam? Porque houve a transição cultural, houve o contato e está chegando o HPV, está chegando o HIV nas aldeias, coisas que antes não havia e hoje estão chegando. Eu preciso acompanhar os povos indígenas a partir dessa mudança toda que o não indígena causou também. Eu não tenho que pensar só naquele indígena que está fechado na aldeia porque ele não está mais fechado na aldeia, o contato já aconteceu. Eu preciso ter um entendimento, de fato, sobre o que eu posso fazer em nível de diferente, mas respeitando a questão cultural dele. Eu não preciso levar toda uma equipe médica de especialistas para lá se eu não entender a questão cultural daquele povo, se eu não valorizar o pajé daquele povo. E, antes de se começar a fazer qualquer coisa, perguntar ao pajé, se eu posso fazer esse procedimento. Porque hoje há povos indígenas que curam picada de cobra sem precisar ir pra cidade e quem faz isto é o pajé. Para que que eu vou obrigar uma comunidade ir para cidade por causa de uma picada de cobra se isso pode ser resolvido na aldeia. Se eu não tiver entendimento, eu não vou conseguir fazer essa aula diferenciada, essa educação diferenciada e territorialidade diferenciada. Eu preciso entender e respeitar isso. Eu preciso ter um entendimento que eu não tenho que falar em alcoolismo porque o alcoolismo não faz parte dos povos indígenas. O que eu tenho que utilizar e falar é sobre alcoolização. Por quê? Porque foi algo que entrou, algo que chegou e que não fazia parte de nosso contexto cultural. A alcoolização hoje, ela mata os povos indígenas. Ela está ali acabando com toda uma questão cultural dos povos indígenas e isso eu tenho que entender o motivo pelo qual aconteceu. Eu digo que a psicologia, hoje, também tem um papel fundamental junto aos povos indígenas, mas para isso, ela precisa entender o que está acontecendo dentro do território. Qual é a questão cultural e o que, de fato, está fazendo com que aquele povo esteja indo por esse caminho. Hoje nós temos um contexto em que as pessoas falam na internet, falam em qualquer lugar que é pouco índio para muita terra. Sabe, Sílvia, isso me dói tanto! Mas me dói tanto! Você não tem noção. Porque a terra é como se ela não tivesse nenhum valor. Mas para nós, não é isso. A terra ela tem um valor que é incalculável, ela é a nossa mãe, é onde eu piso e me sinto firme nela. Eu digo que a demarcação de terra é importante para nós, porque nós nos apropriamos da demarcação de terras. Mas, território para mim, é além da marcação de terra. O território é onde eu tenho saúde, onde eu tenho educação, onde eu tenho respeito, onde eu aprendo a lidar com o povo e seu eu não tiver noção do que é território, eu não terei o entendimento sobre porque o pajé fica triste quando uma árvore fica fora da demarcação de terra, quando um rio todo é acabado, quando uma hidroelétrica vem e acaba com tudo. Eu explico sempre que as hidroelétricas na Amazônia e que sempre atingem povos indígenas, elas funcionam da seguinte forma, para o não indígena entender: é como se alguém chegasse na tua casa sem falar nada e disse assim, "vou construir um muro aqui no meio da tua casa", e daí, constrói um muro alto dentro da tua casa. E diz assim, "agora eu vou ligar uma torneira aqui para você" e aí, enche tudo! E aí, eu me pergunto, quem estava para aquele lado ali, do muro que está enchendo, irá morrer. E uma casa em que você foi criado os teus avós, o teu cachorro que morreu um dia e que você tem toda uma história. Eu gosto de falar isso e comparar para o não indígena ter um entendimento que é isso que acontece em uma hidroelétrica. Tudo vai pro fundo! Tudo é acabado. As aldeias são retiradas de um lugar e sendo colocadas em outro onde aquela aldeia antes, tinha toda uma ancestralidade, tinha toda uma cosmologia, que tinha as epistemologias todas daquele povo e que meu pajé dali ele irá ficar deprimido. E as pessoas não conseguem entender que hoje nós temos pajés mortos, dentro da aldeia viva, ali vivendo. A árvore onde ele pegava toda a energia, e as plantas onde ele pegava todo suporte para curar sua aldeia, foram para o fundo. Não tem mais nada! As mineradoras cavaram tudo. Eu conheço aldeias que tiveram que mudar de lugar e que o povo ficou com medo do rio e por isso eles não pescam mais. E aí, se o não indígena não tem esse entendimento sobre o porquê que isto, de fato, está acontecendo? E uma das problemáticas que traz isso tudo é a alcoolização. Então, é preciso ter um entendimento e o meu papel dentro da universidade é, justamente, falar sobre isso. E uma coisa que muita gente estava comentando era "ah, Putira, hoje vocês estão dentro das universidades, e aí, como é que fica agora com essa situação? Vão tirar terra, vão fazer isso, tem os fazendeiros, mineradora..." e eu falo assim, "gente o fato de hoje nós estarmos dentro da universidade, não faz com que eu me esqueça da minha base". Eu não posso me esquecer da minha família, não posso deixar de lutar mesmo estando em uma cidade, mesmo estando aqui, mas pelo contrário, é aí que eu tenho que falar mesmo! Porque eu já tenho um conhecimento do sistema do não indígena, então, eu tenho que me formar para minha comunidade, eu tenho que falar para minha comunidade porque, afinal de contas, quem está lá, na minha base, é minha mãe, meus irmãos, meus tios, meus avós. Então, hoje nós estamos dentro das universidades com o propósito de retorno. Eu estou indo agora para o doutorado, e eu fico pensando que, poxa, eu tenho um doutorado, eu acho que eu ainda fiz pouco dentro da universidade. Porque eu ainda continuo vendo pessoas me fazerem as mesmas perguntas de quando eu entrei na graduação. Então, eu acho que ainda fiz pouco, eu não fiz quase nada ainda. Porque eu vou ficar feliz quando essas perguntas não existirem mais dentro das universidades, dentro da sociedade, como: por que você usa um relógio? Você é indígena mesmo? Ah, porque você fala bem português. E não é nem isso só... Sílvia, às vezes a gente até perde a paciência, porque a gente é humano, não é? As pessoas quando a gente fala sobre isso, eu digo que: é interessante... vocês entram nas nossas terras, roubam nossos minérios, roubam a nossa riqueza e a gente não pode usar um relógio de vocês? Às vezes a sociedade é muito cruel conosco. E aí, quando o presidente eleito falou sobre "o zoológico" [índios em reservas, são como animais em zoológico], eu já falava sobre o zoológico porque era como eu me sentia tantas vezes quando chegava um enfermeiro ou um médico em nossas comunidades. Porque eles se preocupavam em bater fotos, andar nas casas e se esquecia do que ele iria fazer que era atendimento de saúde, o professor iria dar aula para a gente. Então, eu já falava sobre o zoológico, sobre como a gente se sente com esses profissionais que não têm formação e capacitação para lidar conosco em nível de cultura. E, às vezes, parecia que eles estavam no zoológico visitando e batendo fotos, e nem pediam autorização. E aí, eu digo também, eu coloco para se refletir, se um não indígena gostaria que chegasse um fotógrafo e saísse batendo fotos dele estando malvestido, comendo, entrando na casa sem pedir licença, se eles aceitariam isso. E, geralmente, nos seminários, nas rodas de conversa, as pessoas falam que não. E eu digo, por que que nós temos que aceitar isso? Nós também somos seres humanos. Por que que nós é que sempre temos que aceitar? Sílvia, eu gostei muito de quando você falou e me procurou, eu fiquei muito feliz, eu te confesso. Por quê? Porque eu estou publicando um artigo sobre bioética e, nesse artigo, eu falo muito nesse contexto de nós termos que aceitar tudo, sabe, vindo de uma hierarquia lá em cima e que não nos representa. Por que que eu falo de retorno aos povos indígenas? Nós, enquanto povos indígenas, sempre estamos pensando em um retorno para a comunidade. E aí, eu tive muito contato com artigos publicados da minha região, das nossas comunidades lá do Rio Negro, quando eu cheguei na universidade. Livros e mais livros depois que eu entrei na universidade. E que não havia esse retorno. Alguns, realmente, não têm essa preocupação. E, muitos desses profissionais, pesquisadores, eles estão relacionados a que a gente peça para o Comitê de Ética em Pesquisa (CEP), para a Comissão Nacional de Ética em Pesquisa (Conep) e aí, eles não perguntam para os povos indígenas se esta pesquisa irá contribuir para com eles, se eles querem essa pesquisa. Não existe autonomia dos povos indígenas para pesquisas. Hoje, nós conversamos muito sobre essa situação, porque precisa de uma autorização das lideranças. Como é que você vai chegar em um povo se ainda nem teve contato com esse povo. Aí, já vem lá de cima, a Funai em Brasília libera, uma CLT libera, aí você vai lá naquele povo porque está tudo liberado e diz que tem que fazer a pesquisa. E o povo? E onde fica o 169[86] sobre se ter um entendimento e que para isso, precisa-se ter a autorização dos povos indígenas? E que você precisa ter também um respaldo de saber se isso irá contribuir ou não. É uma coisa que me preocupa porque eu sou da área das ciências biológicas, tenho mestrado em antropologia, na bioantropologia, e eu sempre trazia essas discussões em salas de aula. Hoje, nós estamos dentro das universidades e eu não preciso mais que ninguém fique falando por mim. E foi por isso que eu gostei de você ter me chamado porque hoje nós estamos aqui para falar sobre nós mesmos, nós temos essa autonomia, nós temos esse protagonismo. E isso é importante. Seria diferente, talvez, a entrevista, se você procurasse um antropólogo trabalhando na região. E o que eu estou falando sobre as nossas angústias, nossas vitórias, das nossas lutas, são contextos diferentes. Eu digo que nós estamos à frente da antropologia e eu tenho uma professora que ri disso, e eu digo que nós estamos à frente porque os antropólogos estudaram sobre isso, mas nó vivemos esses contextos. E então, existe uma diferença muito grande de dizer "ah, eu tenho uma experiência com os povos tal...", "ah, eu vivi com os povos tal e tal...", mas quem tem uma vivência de povos indígenas somos nós. Hoje, a universidade tem um papel fundamental, uma universidade pública e gratuita, então, imagina se terminar agora a universidade pública! Nós, enquanto povos indígenas, hoje, dentro das universidades públicas, temos um papel fundamental, porque nós somos um elo das aldeias com o sistema do não indígena e que nós temos que viver isso intensamente e não deixar o movimento. E nisto nós também temos encontrado dificuldades dentro da universidade. Eu não tenho como dizer "não" às lideranças quando me chamam para uma reunião, eu terei que sair da aula e ir pra lá. E tem professores que não têm entendimento. Isso é diferente, isso é uma educação diferente, isso é uma formação diferente, diferenciada para os povos indígenas. Eu preciso respeitar e depois eu tenho que ver como é que eu vou fazer para que ele recupere essa aula, para que eu possa conversar com ele sobre essa aula. Mas aí está o problema! É porque nós não deixamos a nossa base, nós não deixamos a nossa luta. E quem vem do movimento, como a gente vem do movimento, a maioria dos indígenas, você tenta relacionar isso da melhor forma possível. E é onde você, muitas das vezes, você encontra professores totalmente racistas, porque para eles isso não é importante, mas para nós, é muito mais do que importante. Há professores que dizem "ah, sinto muito, vou te

---

86. "Convenção n. 169, relativa aos Povos Indígenas e Tribais em Países Independentes, indicam que o livre-consentimento prévio informado dos povos indígenas é fundamental para a realização de seus direitos no âmbito de convenções, incluindo os direitos à cultura, à autodeterminação e propriedade" (PERRAULT, 2004).

dar falta..., eu não tenho que fazer nada... vou reprovar você..." E, aí, nós vamos ficar reprovados, muitas das vezes, porque o que mais pesa para nós é a nossa questão cultural, é o movimento e eles [os professores] não conseguem ver a importância que ele poderia dar e até aprender com isso. E isso é muito complicado ainda.

Sobre a imagem do "pare", não dá para parar, Sílvia! É uma coisa que eu acho que não funciona para nós, povos indígenas. Porque já ouve muito sangue derramado, muitos indígenas já se foram, meu pai já faleceu, já foram tantas lutas por uma educação indígena diferenciada e nós, hoje, na universidade, não podemos calar, nós não podemos nos calar, não podemos parar. É uma luta contínua e nós precisamos que o povo brasileiro se conscientize que nós somos humanos e que nós temos erros, e temos erros porque somos humanos como eles. Mas acima de tudo, é que nós somos os povos originários. Isso, a sociedade brasileira precisa respeitar. E, na verdade, eu acho que não só respeito, mas também nos valorizar. Às vezes, eu fico muito triste de ver uma pessoa lá de fora valorizando a gente, enquanto o povo brasileiro, meu vizinho, outro ali me xingando porque eu estou pintada. Isso é muito triste, você entrar no ônibus pintada com um brinco de pena, com uma pulseira e as pessoas se afastarem. Eu até brinco, às vezes eu brinco com essa situação para a gente não ficar tão abalado e eu digo que às vezes o racismo contribui também, eu digo brincando, principalmente, quando o ônibus está lotado, ele acaba contribuindo porque quando está lotado e a gente está pintado, as pessoas se afastam e a gente passa tranquilo dentro de um ônibus lotado. Eu brinco, mas é cruel. Alguns professores têm medo da gente sujar as paredes das universidades e dizem, "olha, cuidado porque senão vai sujar..." e a minha vontade é de jogar jenipapo e pintar toda a universidade de grafismo indígena e ponto-final, está na Amazônia, está no Brasil e o Brasil é indígena e isso precisa ser respeitado.

A questão do grafismo indígena está muito relacionada à etnia. Muitas pessoas às vezes não entendem que, por exemplo, às vezes eu estou pintada outras vezes eu não estou pintada. Quando eu tenho uma festa na aldeia, mesmo a gente estando longe, a gente se pinta. É como se nós não estivéssemos nos desligado de lá; na verdade, nós não nos desligamos. E o grafismo tem vários significados, várias epistemologias. Uns significa luto, quando a gente perde alguém, um parente da comunidade, então se faz um grafismo de luto. Outro significa festa, outro significa "ah, eu estou disponível para casar", outro significa "vamos para a luta" e a luta, ultimamente, a gente só está andando pintado mesmo. É nossa identidade. Uma vez uma professora falou assim, "ah, Putira, é a segunda pele de vocês?" E eu falei, "não professora, é a primeira!" Porque muitos falam que é a segunda pele, mas eu falo que é a primeira pele porque nós somos indígenas. O grafismo significa tudo isso, significa luta, tristeza, festa, energia. Mas, o grafismo, o que mais representa é a nossa identidade. É dizer quem somos, de onde viemos, e para onde vamos. O grafismo é algo muito importante para nós. É mais do que importante, é algo que me representa, é algo que eu sou, é algo que eu posso me expressar para dizer que eu estou na luta, que eu estou triste, que eu estou em festa e que isso deve ser respeitado. O nosso grafismo, o urucum, eu digo que quando nós, os povos indígenas nos pintamos de urucum, ele significa a força do Brasil inteiro, mas as pessoas não perceberam ainda. O pau-brasil significa vermelho, o povo brasileiro vermelho, e o povo vermelho somos nós. E eu falo isso e as pessoas perguntam "como assim?" E eu digo que o urucum significa a gente, não é só o pau-brasil, não é isso só, está muito além disso. O grafismo é algo magnífico da nossa cultura.

Essa imagem..., ah, um rio! Alguém está se olhando. Não sei se você sabe, mas eu venho das águas. O meu povo vem das águas. Nós somos considerados os povos das águas, que é o Rio Negro. Eu sou Baré. Meu pai é Baré e minha mãe é Baniwa. E essa imagem me fez lembrar e me dá saudade de casa. Porque você imagina aquele riozão todo lá, o nosso Rio Negro e eu posso te dizer que o não indígena está acabando com as nossas águas. E a água para a gente é sagrada, ela é que nos alimenta, não só pela sede, mas é ela que nos dá o nosso alimento. O peixe que nós consumimos, a tartaruga e muitas coisas mais. Então, eu imagino que daqui um tempo a gente não possa mais ter o reflexo na água porque a água está morrendo. Nós do Rio Negro, temos a água, principal-mente nós, enquanto povo Baré, a água é sagrada para nós. A gente é criada nos rios e quando quiseram colocar a mineradora que nós lutamos, tiramos o garimpo de lá e tudo mais, era, justamente, para preservarmos nossas águas, porque a gente sabe que contamina tudo. E eu acho que o não indígena não está respeitando mais a natureza e ele não vai mais conseguir ver o reflexo dele e, quando isso acontecer, a gente também vai estar morrendo [choro...], complicado isso.... É triste ver que não existe respeito pela natureza por causa do capitalismo. O capitalismo, eu falo que nós, enquanto povos indígenas, nós não fomos preparados para lidarmos com o capitalismo. Ele é muito cruel! O capitalismo, na verdade, ele acaba pegando nosso ponto fraco. Eu digo que nós temos um ponto fraco que é esse maldito capitalismo que acaba colaborando para se ter parente contra parente. E isso acaba fazendo e mostrando aquilo que a sociedade quer da gente. Tem um professor, que é o meu orientador, que ele fala assim: "poxa, eu fico triste quando eu vejo um indígena pegando a pior parte que nós temos, enquanto não indígenas, pegando só nossas falhas. Eu queria que ele pegasse aquilo que nós temos de melhor", ele falava, ele fala so-bre isto. Tudo acontece por causa do capitalismo e nós não fomos preparados para lidar com isso. E eu acredito que nem a sociedade em si mesma, foi tão preparada para lidar com o capitalismo e da forma como ele vem crescendo e avançando, e acabando com toda a nossa natureza, a nossa vida. Porque a mata, a água, a terra, é nós, faz parte da gente, do nosso contexto. E aí, quando se fala assim, "ah, vocês não são evoluídos...", eu acho, eu tenho certeza que o não indígena não tem entendimento ainda do que é evolução humana. Eu digo que estudar a evolução me fez pensar que nós somos é muito evoluídos e que o não indígena é que não evoluiu em nível de saber lidar com a natureza. É uma imagem muito bonita! Mas é triste falar sobre isso. A terra, o rio, a floresta têm vida. A minha mãe, a minha avó ensinava com a roça que eu planto primeiro a mandioca e eu tenho a chance de replantar a mandioca, mas a partir dali a terra cansou e eu tenho que plantar outras coisas. Eu não posso plantar só a mandioca, porque a mandioca suga muito a terra eu tenho que plantar frutas, fruteiras, como vocês falam. Eu tenho que plantar um abacaxi, uma mangueira, um cajueiro, uma outra coisa em que a raiz vá ficar fixa. Então, ali eu não vou mais poder plantar, mas não irá ficar desmatado e isso é sustentabilidade. Nós já fazíamos sustentabilidade e é isso que o não indígena não consegue, ainda, ter entendimento da importância dos povos indígenas para a preservação do planeta. A gente fala, fala, fala e parece que... E é aí que eu falo que o maldito capitalismo veio para acabar com tudo isso. E, aí, depois? Eu moro em uma região, que é o Rio Negro, no Amazonas, que eu não tenho muito problema, ainda, de desmatamento. Eu não sei se porque nós estamos tão longe de tudo que ali, na fronteira com a Colômbia, em São Gabriel da Cachoeira, e ali em toda essa região, a gente acaba ainda tendo muitas coisas que os outros povos, praticamente, já perderam tudo das suas terras. E nós lutamos muito para que ele permaneça, mesmo a gente já ter iniciado com os conflitos, mas a gente luta muito, muito mesmo e usando o sistema do não indígena para se proteger. Por isso é importante nós estarmos dentro das universidades. E, hoje, as lideranças também, as lideranças mais jovens, elas precisam ter esse pensamento de que é preciso ouvir os mais velhos, mas também ter o entendimento do sistema não indígena. Isso é muito importante, é importantíssimo você ter um indígena, advogado, um indígena médico, um indígena enfermeiro, e as pessoas não valorizaram isso ainda. Quando as pessoas não indígenas chegam em nossas comunidades, a maioria delas não tem o entendimento da língua indígena. E o indígena formado, terá esse entendimento sobre o que é que está doendo, o que está sentindo, o que está acontecendo. E é a mesma coisa no território, quando uma agência de turismo entra, mas e aí? Ela tem que discutir com a associação, ela não pode mais entrar via prefeitura ou via isso porque a gente tem um entendimento agora de como as coisas funcionam. Porque nós somos autônomos para decidirmos o que nós queremos. E é isso o que nós queremos dentro das universidades com relação ao funcionamento dos conselhos de ética, que eles precisam consultar os povos indígenas antes de fazerem pesquisas. Em que os estudos irão contribuir? Que retorno darão aos povos indígenas? As pessoas pensam que retorno é dinheiro e não é dinheiro! O retorno que nós, os povos indígenas queremos, é dizer: o que foi que você encontrou em sua pesquisa? Quais são os resultados? Surgiu um livro? Muito bom, deixa eu ler seu livro, manda esse livro para a comunidade. Vamos dividir! Eu não falo em troca, porque a troca foi muito injusta com os povos indígenas, foi trocada toda nossa riqueza por espelho. E isto é injusto demais! Eu falo em compartilhamento, vamos compartilhar nossos saberes, aquilo que você sabe, o que eu sei, vamos compartilhar, vamos nos encontrar para vermos o que é melhor para a questão dos povos indígenas, vamos ter entendimento, eu entendo o que você está falando e você entende o que eu estou falando, isto é compartilhar. A gente não aceita mais a troca. A troca foi cruel com a gente. E ainda é cruel.

A distorção, ela é horrível! Os jornalistas adoram fazer isto, não é Sílvia? Distorcer tudo o que a gente fala! A distorção acaba sendo muito comum para nós, povos indígenas. A gente fala de uma coisa, aí, de repente, quando a gente percebe, está tudo diferente de como a gente falou. A distorção é complexa para nós e também dá medo, eu te confesso que ela dá medo das pessoas distorcerem tudo aquilo que a gente fala e que a gente faz. A distorção é o que está acontecendo na mídia contra os povos indígenas, hoje. Estão distorcendo a nossa origem, a nossa autonomia, a nossa luta e aí, nós teremos que lutar contra essa distorção toda e é o que nós temos feito ultimamente, ficarmos lutando e não há outro jeito.

Sobre o infanticídio, ele é uma distorção cruel, principalmente com os nossos pajés. Eu digo que para a questão cultural e para os nossos pajés, ele é horrível. Eu vou me explicar de uma forma bem Putira, vou colocar os dois lados para serem pesados. O que é o infanticídio para mim? O infanticídio, quando vários povos, não só um único povo, mas quando vários povos que tem a questão cultural e aí eu não uso o termo infanticídio, porque essa palavra foi dada pelos não indígenas. Então, a nossa questão cultural ela estava muito relacionada a ser nômades, nós éramos nômades, nós andávamos e não éramos fixos em nenhum lugar. Com o contato, nós passamos a sermos fixos. E nós vivíamos em guerras entre nós, todo mundo sabe disso. Então, imagina, nascer gêmeos e o quanto seria difícil para uma mãe correr no mato com um, dois filhos e isso fez com que nossos pajés assumissem essa responsabilidade. Responsabilidade de sonhar, pois muitas das culturas têm isso de sonhar quem vai viver e quem não vai, de repente não conseguia identificar quem era o bom e que era o mau a depender da questão cultural. E aí, acontecia a morte dessas crianças. Ou nascia com deficiência e nós, enquanto povos indígenas, nós não sabíamos como lidar com essa situação. Mas aí, eu te falo de uma situação, onde aqui, no Estado do Pará, quando aconteceu em Altamira a adoção, quando aconteceu que uma comunidade indígena já havia enterrado as crianças e o técnico de enfermagem tirou e levou para Altamira e isso foi um escândalo nacional. E aí, eu cheguei na Ufpa e uns colegas estavam comentando sobre isso e eu fiquei na porta ouvindo o quanto eles falavam assim, "ah, os indígenas são cruéis, eles estão matando as crianças, enterram vivas..." e começaram a falar. E, de repente, um desses colegas se virou e me viu na porta. Ele disse, "oi, Putira!" E eu respondi, "oi!". E ele disse, "Putira, a gente está falando sobre o que aconteceu... Nossa, Putira, mas isso é cruel, isso é ruim, e as crianças estavam vivas e foram enterradas vivas..." Aí eu respirei fundo e eu disse: é, eu também fiquei muito impactada! Eu também fiquei igual a vocês, quando eu cheguei na sociedade de vocês. Eu fiquei horrorizada também com a sociedade de vocês em que mãe abandona filho na maternidade sem saber quem irá criar, mãe mata seus filhos, os filhos matam seus pais, vocês fazem horrores com os mais velhos e os deixam sozinhos e isolados, filhos batem, pessoas que cuidam de idosos batem nos idosos, maltratam, matam. Aqui homem mata mulheres, a mulher não pode dizer "não" que é morta, e as crianças de vocês, vocês abandonam nas ruas e elas ficam se virando sozinhas, muitas das vezes elas são mortas, elas ficam morando debaixo de pontes desse mundo cruel. Vocês fazem abortos continuamente, vocês matam as crianças e eu vi tantas coisas e eu fiquei da mesma forma que vocês – E, aí, eles me olharam e falaram, "Putira, eu não tinha pensado nisso!" E eu disse – é, é porque nós somos uma sociedade muito pequena e como vocês já vêm com todo o racismo em cima da gente. Vocês nos crucificam, como vocês mesmos falam, pela nossa questão cultural, pelo meu pajé tomar uma decisão por achar que é melhor para a aldeia naquele momento, por ele ainda não ter o entendimento que nós não somos mais nômades e que nós estamos fixos, por ele não ter o entendimento de quanto ele é cruel, vocês falam. Mas aí, a gente tem um pajé fazendo isso. Mas, quantas pessoas vocês têm fazendo isso, mesmo? Matando crianças, roubando criança, estuprando, quantas pessoas mesmo vocês têm? Aí, então você olhar para um povo indígena, único e pequeno, é mais fácil. Mas agora, quando você olha para um todo, então, eu fiz a pergunta: o que vocês fazem é natural? Por isso que vocês se horrorizam com o que os povos indígenas fazem? Sílvia, porque falar de um povo, criticar um povo pelas suas atitudes, por ele não ter esse entendimento, porque uns povos faziam e não fazem mais isso. E isso vem sendo mudado nas aldeias, também. Mas nós não podemos perder a essência e o entendimento sobre o porquê que eles fazem isso ainda. Por que que é feito tudo isso? Eu preciso entender primeiro, por que isso é feito, qual é a questão cultural daquele povo, o que aquele povo pensa em relação a isso? Eu preciso ter um entendimento sobre: por que eu estou criticando os povos indígenas se eu vivo isso em minha sociedade? Todos os dias têm crianças morrendo, todo dia tem filho matando o pai, todo dia tem tudo isso, mas você não vê isso nos povos indígenas, isso não é frequente nos povos indígenas. Então, uma vez que aconteça, os povos indígenas são criticados por uma atitude dessa enquanto isso a sociedade não indígena faz isso. Quantas mulheres são mortas por dia no Brasil? Aí você me diga, quantas indígenas são mortas em suas comunidades por dia? É uma questão de comparar. E muitas coisas estão chegando em nossas comunidades por causa do contato com o não indígena, por causa da alcoolização e isto também tem que ser falado. E que o infanticídio, ele não é dessa forma que é colocada pela sociedade. Tem um artigo muito interessante sobre infanticídio, escrito por Rosane de Fátima Fernandes, uma Kaingang, formada em antropologia aqui na Ufpa. Quando surgiu essa polêmica toda no Facebook, ela indicou o artigo dela que fala justamente sobre isto, sobre a questão da sociedade não indígena colocando a palavra infanticídio, colocando a fala dessa forma, não como um contexto de que "ah, tem que matar as crianças...", não, não é isso. Ela tem argumentos que vai explicando de forma antropológica, e ela também é uma indígena. Então, a gente tem esse entendimento de que alguns povos, hoje, preferem não falar sobre o infanticídio, isso que já foi feito na cultura há algum tempo. Na minha comunidade mesmo, ninguém prefere falar. Mas está, realmente, relacionado à questão de ser nômades e das guerras entre os povos, e aí, vinha o outro e matava, então, antes que isso acontecesse, nós tínhamos a autonomia de fazer isso do que vir o outro e matar, ou deixar para trás. Então, há todo um histórico que precisa ser respeitado.

Uma lágrima! Ah, eu queria que fosse de felicidade, ai como eu queria! [Choro]. Difícil ter só uma lágrima. No momento em que nós vivemos hoje, não dá pra ter somente uma lágrima, não. Eu queria que fosse de alegria, eu queria que o povo brasileiro respeitasse e valorizasse a gente como povos indígenas, eu queria e iria chorar pra caramba. Mas a minha lágrima foi quando esse presidente eleito ganhou as eleições e eu confesso que chorei muito de tristeza, porque eu sabia que ele iria fazer tudo que está fazendo. Pela primeira vez eu acho que acreditei no que dizia o presidente eleito. A lágrima é pelos povos indígenas que estão nos seus lugares, estão nas nossas comunidades e que não tem noção do que pode acontecer com eles. Talvez, eles não tenham essa preocupação que nós que estamos buscando aqui, já temos. E que nada possa atingi-los lá, nos atingir em nossas aldeias também. Sílvia, é triste essa conjuntura, eu acho que não dá para um indígena ter uma lágrima só do que vem acontecendo. Se tivéssemos uma lágrima que fosse de respeito e valorização. Acho que seria isso.

Sonho! O sonho que a sociedade brasileira nos valorizasse pela nossa cultura, pelo nosso respeito, pela especificidade cultural de cada povo e que cada povo indígena pudesse ficar nas suas terras sem conflitos, sem ser esse capitalismo cruel. Que nós pudéssemos entrar nas universidades e elas compartilhassem nossos conhecimentos, nos valorizassem dentro delas. Que os garimpeiros e fazendeiros nos deixassem em paz. Esse é o sonho. Para mim é o sonho. Que as minhas águas do Rio Negro continuem sem poluição e meus filhos e meus netos possam tomar banho lá e beberem aquela água, sem problemas de contaminação. E que a cobra grande viva lá, assim como os aracus, os pacus, as tartarugas vivam lá por muito tempo, porque eles são os nossos peixes.

E nós estamos aqui não só para lutar, mas também para informar sobre a nossa cultura, sobre quem somos nós, sobre o que é o meio ambiente, o que é o território e sobre a importância dos nossos territórios demarcados. Sílvia, nós, enquanto indígenas-mulheres, principalmente da Amazônia, nós não vamos desistir e nós estamos aqui para lutarmos pelos nossos territórios, e assim, a gente acaba lutando pelo planeta. A gente vai continuar lutando pela nossa cultura e o povo brasileiro precisa nos respeitar e respeitar nossa cultura.

Movimento Quilombola: resistência e luta pelo respeito às diferenças

Eu tenho 26 anos, moro em Macapá no Amapá, Brasil, sou filha do Quilombo Mel da Pedreira[87]. Neste momento estou trabalhando como trancista[88] junto com minha amiga que começou a fazer trança quando ela estava em transição capilar, quando ela usava cabelo alisado. Depois ela cortou o cabelo, mas acabou sentindo falta do cabelo comprido e resolveu experimentar fazer a trança. E agora ela faz esse trabalho já há 4 anos. Esse ano ela me convidou para ajudá-la a fazer tranças e é nisto em que estou trabalhando. Sou acadêmica do Curso de Letras Francês de uma universidade pública do Amapá. O Curso de Letras Francês é oferecido, principalmente, por causa de nossa área de fronteira que é bem próximo à Guiana Francesa. Por conta do comércio, isso exige bastante que nós tenhamos o conhecimento da língua francesa.

---

87. A comunidade Quilombo Mel da Pedreira se encontra a 50km de Macapá, capital do Estado do Amapá, Região Norte do Brasil, no litoral do Rio Amazonas. O acesso à comunidade é realizado pela rodovia BR-156 e por transporte fluvial (canoa) através do lago que há no território. O Quilombo é constituído por descendentes de escravos engajados na formação do espaço agrário. A presença da coletividade e do uso comum da terra caracterizam à comunidade, além da presença do sistema de mutirão entre as famílias. A comunidade mantém fortes laços de parentesco e, em sua maioria, professa o cristianismo em denominação evangélica. Nas proximidades há outras comunidades rurais negras que são descendentes ou remanescentes de negros. A infraestrutura da comunidade é mínima e se apresenta precária. Há pouco mais de uma década é que as velas e lamparinas deixaram de ser a fonte de iluminação principal. Até o ano de 2009 não havia água tratada e, ainda hoje, há falta de saneamento básico. Há apenas uma escola pública estadual na comunidade que oferta o Ensino Fundamental somente até o quinto ano. A falta de condições e oportunidade de estudos gera a migração dos quilombolas para a cidade, principalmente para Macapá. Não há oferta de serviços de saúde na comunidade. Os quilombolas se mantêm pelos próprios recursos naturais existentes, vivem da caça, da pesca e da coleta de frutos e raízes. De acordo com Soares: "nas últimas décadas, a área que compreende o Quilombo Mel da Pedreira foi apropriada de forma indevida por terceiros para exploração dos seus recursos naturais, já que essas terras não tinham titulação e regularização fundiária. Apenas em 2007, a forma de propriedade tornou-se de titulação definitiva da comunidade, conferindo-lhe o direito coletivo e indiviso". E, ainda, segundo a autora, "os territórios de quilombo não podem ser considerados simples vestígios do passado. É, na atualidade, constituído por um grupo de pessoas, familiares, que vivem no mesmo espaço por se identificarem por meio dos laços de parentesco e de memória na construção histórica da comunidade. Assim se engajam num movimento cuja identidade evoca aspectos do passado, mas que com a constituição de relações cria-se uma subjetividade, uma identidade com o espaço ocupado, construindo assim, por meio de sua apropriação, uma territorialidade. [...] A identidade é utilizada como possibilidade de autodefesa pelas comunidades rurais diante das tentativas de apropriação e expropriação de suas terras" (SOARES, 2014, p. 141-155).

88. A trança possui uma tradição que é considerada patrimônio imaterial, um aprendizado que é compartilhado e ensinado pelas gerações de mulheres ensinando suas filhas a fazerem e usarem tranças. Diz respeito a modos de cuidar e pentear o cabelo crespo ao mesmo tempo em que possibilita a construção do pensamento crítico e o debate acerca do racismo e da associação negativa do cabelo à mulher negra e sua depreciação. Neste sentido, grupos diversos do movimento negro aproveitam para fazer oficinas de tranças para a discussão sobre cultura afro-brasileira e fortalecimento da memória, bem como da autoestima de meninas, adolescentes e mulheres negras a partir pela valorização do cabelo crespo.

Há 6 anos eu milito junto ao movimento negro, principalmente de mulheres e de juventude. Eu fiz parte do grupo de formação política de jovens e lideranças quilombolas aqui do norte do país e hoje faço parte de um grupo de juventude e de mulher negra de atuação política, além de outros movimentos que atuam na sociedade. Nós temos o grupo de mulheres negras que se situa na cidade, do qual eu participo. Mas é um pouco diferente do grupo de mulheres na comunidade quilombola. Porque no quilombo nós temos a questão da identidade relacionada também a sermos mulheres negras e agricultoras. Neste contexto, é necessário ter políticas públicas mais específicas para essas mulheres, pois muitas delas trabalham de sol a sol junto com seus maridos nas roças. Como estamos distantes do centro urbano, é difícil as mulheres terem acesso à saúde, à educação, ao saneamento básico, e por tudo isso nós precisamos ir à luta e buscarmos pelos nossos direitos sociais. E é por isso que eu milito: para nós conseguirmos alcançar nossos objetivos.

Na saúde, infelizmente, questões como a violência obstétrica já chegaram também ao quilombo. Isto porque apesar de estarmos distantes do centro urbano, a comunidade quilombola é perto da cidade. No meu quilombo nós não temos mais a cultura das parteiras. Na verdade, quem era a parteira da comunidade era a minha avó e ela também já está vivendo na cidade, ela já se aposentou. E agora, todas as mulheres que irão ter seus filhos utilizam o sistema estadual de saúde. E nós acabamos por cair nesta questão da violência obstétrica. Eu, por exemplo, tenho um filho de 3 anos. Eu me preparei durante toda a gravidez para o ter em parto natural. Mas quando chegou na hora dele nascer, eu fui submetida a uma cesariana. Eles falaram que o bebê não estava encaixado e não me deram nenhuma outra alternativa, não fizeram nenhum esforço para induzir o parto ou outra intervenção. Então, eu não tive escolha e tive que fazer a cesariana.

A respeito de educação, eu gostaria de dizer que se não houvessem as políticas públicas inclusivas, especialmente para os negros, eu não estaria hoje, estudando na universidade. Na época, em 2011, eu tive acesso à universidade pelo sistema de cotas. E lá no quilombo, a educação é oferecida apenas até o Ensino Fundamental 1, então, eu precisei sair de lá para poder estudar na universidade. Eu apenas consegui progredir nos meus estudos por causa da oportunidade do acesso pelo sistema de cotas na universidade pública. Porque há muita gente que tem sede de aprender e não tem as mesmas oportunidades que eu tive e que eu ainda estou tendo agora.

O nosso título de terra quilombola é de 2006 e nossa certificação é de 2005. Logo no início do processo, foi muito difícil nós conseguirmos todos os mecanismos para termos essa documentação. Um dos motivos, é que a nossa comunidade tem uma especificidade que é um pouco diferente dos outros quilombos do Brasil, nós somos evangélicos. E esse fato se constituiu uma barreira muito grande porque alguns antropólogos disseram que nós tínhamos perdido a nossa história, a nossa tradição, a nossa religião, portanto, a nossa identidade. Acontece que a maioria das comunidades quilombolas são católicas e quase nenhuma delas é de matriz africana, o que não justificaria nós não termos acesso aos nossos direitos por conta da religião. Isso foi algo muito cansativo, mas, depois, em 2005, nós conseguimos a nossa certificação e em 2006 nós conseguimos o nosso título de comunidade quilombola. Porém, na atual conjuntura política, que nós não podemos deixar de falar sobre isto, tanto o nosso quilombo como outras comunidades quilombolas e não somente as que se encontram aqui no Amapá, nós estamos sofrendo perseguições por grileiros que querem contestar a certificação do quilombo, querem fazer uma outra pesquisa para provarem que a comunidade não tem direito às terras e isto tem gerado um conflito muito grande. E a atual conjuntura política do país vai de encontro com tudo o que nós já conseguimos e isto gera uma grande preocupação pela perda de direitos sociais. Há quilombolas que já sofreram ameaças e como nosso quilombo é bem próximo do centro urbano, isso aumenta a nossa preocupação, pois há fazendeiros que têm interesse em nossas terras. As políticas públicas para a conservação ambiental que tanto os indígenas como os quilombolas defendem não é de interesse para quem trabalha com as grandes agriculturas como é o caso da soja e do milho. Há uma grande briga de interesses que faz com que indígenas e quilombolas se encontrem em situação de represália.

A minha vida toda eu tenho visto os meus avós, os meus tios e outros quilombolas trabalharem duro na roça, na enxada, fazendo farinha de mandioca. Então, a gente planta a mandioca, produz a farinha e a população local do centro urbano consome esse produto. Nós caçamos e pescamos para mantermos a família. Nós plantamos mandioca, macaxeira, milho, melancia e hortaliça. Temos criação de peixes, porcos, cavalos, galinha. Então, quando um candidato político tem uma fala infeliz dizendo que quilombolas são preguiçosos, "não fazem nada, nem para procriadores servem", eu fico perplexa! Porque eu não sei qual quilombo que ele visitou, mas eu sei que no meu quilombo não foi. Aqui todos trabalham e trabalham muito! E se pegar e olhar as mãos daqueles que são mais velhos, você verá o quanto as mãos deles são calejadas pelo trabalho difícil do dia a dia. Então, eu achei que essa fala é muito injusta, muito cruel, de um candidato que é uma pessoa que não tem um mínimo de conhecimento de causa para falar esse tipo de coisa.

Sobre essas questões que envolvem trabalho e agora com a nova proposta de reforma da previdência, eu penso que os quilombolas vão demorar um pouco mais para conseguir sua aposentadoria. Mas eles não estão preocupados com essa política e não percebem o que pode acontecer. Eles estão lá, lidando no dia a dia e retiram da água e das matas aquilo que necessitam para comer. Porém, eu me preocupo mais com as pessoas que já estão quase na idade de se aposentar e que já não têm aquela força para trabalhar nas roças no dia a dia. Eles ainda não percebem o quão será prejudicial para eles essa reforma, principalmente, no que diz respeito aos pontos negativos da reforma.

Quando eu vejo a imagem do punho, eu penso em força e resistência. Força e resistência ao preconceito, à desigualdade social... O leque é muito grande! Porque nós ainda temos muito chão para podermos alcançar os nossos objetivos e isso me lembra bastante o quanto os meus antepassados já sofreram e o que eles conseguiram alcançar e aquilo que nós ainda podemos alcançar da nossa bandeira de luta. Então, essa imagem me remete à luta que já foi e às que ainda virão. Sobre as políticas de cotas, por exemplo, é no mínimo ingênuo e muito cruel igualar as oportunidades entre as pessoas, principalmente, trazendo para a minha realidade. Quando eu estudava no quilombo, a escola ia somente até o quarto ano e quem quisesse estudar mais isso, ou teria que andar muitas horas para ir a uma outra comunidade para estudar do quinto ao oitavo ano ou então saía da comunidade e vinha para a cidade a fim de terminar os estudos. Quem não tinha nenhuma e nem outra opção, ficava na roça, somente com o quarto ano do Ensino Fundamental, porque ficava limitado a isso. Então, não existe isso de que todos nós temos direitos iguais porque, na verdade, as realidades são muito diferentes. Mesmo que as pessoas estudem de quinta a oitava, que façam o Ensino Médio à noite, no ensino modular, no EJA (Educação de Jovens e Adultos), é difícil, porque nós não temos muita estrutura como o pessoal da cidade e muito menos a estrutura e a mesma oportunidade de quem vive no Sudeste que é uma região muito mais evoluída que o Norte em relação à educação. Os quilombolas não têm as mesmas oportunidades de alunos que podem se dedicar somente aos estudos e que têm essa estrutura na própria cidade. Então, nós não temos as mesmas oportunidades de podermos ter estudado mais para entrarmos em uma universidade. Por isso que as políticas de cotas são tão importantes para nós. Porque nós iremos concorrer em pé de igualdade com os nossos pares, não havendo essa desigualdade entre pessoas que puderam estudar e se preparar para um vestibular com ouros que não tiveram quase que nenhuma oportunidade. E com relação ao "pare", de imediato, essa imagem me traz o centro urbano que é bem diferente da realidade que nós temos no quilombo. Mas o "pare", também vem no sentido de eu não parar de continuar expondo minhas ideias, contando a minha história, minha vivência. O "pare" para mim tem a ver com ser impedida de falar, de ser calada e ser impedida de avançar.

Essa outra imagem, eu não conhecia. Mas eu vejo nela o reflexo, mas me intriga esse reflexo e me faz lembrar o espelho da alma. É uma imagem confusa e é difícil discorrer sobre ela. Eu não sei se serei coerente com o que irei dizer, mas é uma questão de distorção e isso me remete muito a, principalmente, às nossas histórias do movimento negro, principalmente às mulheres, em que nós ouvíamos e contávamos nossas experiências. E a questão do estereótipo é muito forte, um estereótipo negativo sobre o negro. E pessoas do próprio movimento distorcendo toda uma história de luta. Aqueles que são os mais radicais, também são, ao mesmo tempo, os mais ignorantes, e essas pessoas, de certa forma, atrapalham o movimento da forma "correta" como deve ser. Aqueles que fazem parte de um movimento extremista acabam discriminando aqueles que são brancos e não são negros. A pessoa pode não ser alguém ruim, pode ser alguém simpatizante pela causa, podem lutar do nosso lado, mas aqueles que têm um posicionamento extremista não aceitam e acreditam que só mesmo os negros é que devem ter essa fala e que devemos só nos relacionar com negros, e que em movimentos de negros os não negros não devem estar. E dentro da Igreja a gente também acaba arranjando inimigos com relação a isto, o que acaba atrapalhando também porque a nossa voz do movimento negro deve ser de agregar, de ter os mesmos espaços e essas pessoas extremistas cortam e afastam os não negros de nós. Isso atrapalha bastante! Atrapalha muito mesmo! Com relação aos extremos no movimento feminista, nós, feministas, buscamos a igualdade de direitos. Buscamos ter os mesmos espaços e os mesmos direitos de frequentar esses espaços. Aquelas que são extremistas, acreditam que somente as mulheres têm o direito de entrar em certos espaços e às vezes fazem manifestações chocantes que são extremas e que acabam nos saindo muito caras por aqueles que não acreditam no movimento feminista. Porque os que não apoiam o movimento feminista, distorcem e acabam dizendo que nós não temos causa, que as mulheres já alcançaram o que tinham para alcançar, que todo mundo é igual e que nós só estamos fazendo baderna. Então, essas pessoas que são extremistas, atrapalham e prejudicam o movimento tal como ele é, na verdade. Assim como dentro do movimento feminista negro, temos a ala extremista e que outros que se dizem contra o movimento feminista, batem mais na tecla por causa desses extremistas. E isso atrapalha o movimento que é a nossa trajetória histórica em busca dos nossos direitos e causa essa distorção, faz parte de uma tentativa de passar a ideia sobre: eu sou o que eu sou, ou eu sou o que me distorceram? Se eu fui vítima ou não. Então, essa imagem e a distorção trazem uma reflexão em relação a isso.

A palavra diferença me remete muito ao preconceito, justamente por causa das questões de exclusão. Eu já tive experiências ruins com relação a isto e meus pais também. E pior, isto porque aqui onde nós estamos, mais de 80% são negros e pardos e isso é, no mínimo, ridículo. Eu sei que "ridículo" é uma palavra muito forte, mas é isto, por acontecer uma coisa desse tipo. Achar que só porque a pessoa tem o cabelo cacheado, tem o cabelo crespo, é tachada como muito diferente do resto da sociedade, e por conta disso a pessoa pode fazer e falar aquilo que bem entender, pode colocar apelidos, de praticar o *bullying*. Então, a palavra diferença me remete muito a tudo isso, a essas histórias que eu já ouvi e que já vivi, e que por elas nós somos discriminados pelo simples fato de sermos como somos, de sermos quem nós somos. O Estado do Amapá é composto por 80% de negros e pardos, jamais deveria acontecer isso, principalmente, aqui, porque nós somos a maioria. Por que nós somos vistos como tão diferentes assim na sociedade para sermos discriminados e bulinados?

Se eu pudesse derramar uma lágrima, seria pela discriminação do meu filho. Ele nem entende tudo isso e já sofreu o preconceito e a discriminação. Isso me machuca bastante. E por esse motivo eu derramo uma lágrima. Eu sou casada com um homem branco que nasceu em um bairro negro daqui do Amapá. Ele sempre sofreu discriminação por negros extremistas que não deixavam que ele, menino branco, brincasse com as outras crianças que também eram negras. Quando nós começamos a nos relacionar, eu sofri preconceito por uma parte da família dele, não por todos, mas pelo fato de eu ser negra. Eles acreditavam que eu era oportunista, esse tipo de coisa. Mas, em termos econômicos, ele tinha bem menos condições do que eu. Então, não tinha como ser um oportunismo de minha parte, nesse sentido. Tivemos o nosso filho que nasceu negro, mas com o cabelo ondulado. E as pessoas começaram a fazer piadinhas, dizendo que ele não era filho do meu marido pelo fato dele não ser negro. E meu marido, sempre bate no peito dizendo que o filho dele é negro e que é quilombola. E há várias pessoas que dizem que ele não deveria falar desta forma, que isso soa como um xingamento, como algo ruim. Então, nós nos afastamos destas pessoas e meu filho sofreu este tipo de preconceito, mesmo sem nem saber o que isso significa e o quanto dói. Nós resolvemos proteger nosso filho disso tudo, dessas pessoas, porque essa carga negativa ele não merece carregar. Nós nos comprometemos de empoderar o nosso filho para que, futuramente, ele consiga se defender desse tipo de gente. Então, um governo extremista que diz que não há preconceito racial no Brasil, este, não me representa.

Eu sonho que em um futuro próximo, eu espero, nós consigamos conviver, normalmente, sem discriminação de raça, de orientação sexual, de gênero, e que nós possamos ser tratados, finalmente, como seres humanos. Eu sonho que nós, realmente, alcancemos esse vale dos sonhos que hoje, ainda, é um sonho que parece distante. Mas nós buscamos com a nossa luta diária alcançarmos a equidade que tantos dizem que desejam, lá na frente.

Eu não concordo com a atitude de alguns antropólogos de dizer que perdemos nossa identidade por sermos, na maioria, evangélicos. Eu não concordo porque na essência, se nós formos buscar ao pé da letra sobre o que é o quilombo, nós preenchemos todos os requisitos, como a descendência, a vivência, os modos de trabalho, a coletividade, então, nós preenchemos todos esses requisitos e a única diferença é a questão da religião. E não cabe nem dizer que nós perdemos o contato com a nossa identidade porque nós temos o nosso grupo de Marabaixo[89], nós temos o nosso grupo de tambor, que são

---

89. O Marabaixo é uma manifestação do folclore presente na Região Amazônica, típica da Região Norte do Brasil. Constitui-se de ritmo musical e dança de roda de tradição africana.

vindos de culturas negras e que nós herdamos dos nossos ancestrais, das pessoas negras que foram escravizadas e, a única diferença, é que se canta em outras festas. Mas o resto, todas as características nós temos. Então, a implicância é só com relação à religião, mesmo! Eu fui criada na Igreja Evangélica. E eu vejo que a Igreja está muito dividida. Há muitas pessoas que levantam a bandeira do respeito e da não discriminação racial, mas discriminam pela questão de gênero. Dentro da própria Igreja, há pessoas que dizem que tudo isso é errado mesmo, que tem que discriminar mesmo essas pessoas. Está bem dividido! E, por conta disso, eu também me afastei de lá. Eu precisei sair porque o discurso de discriminação, de preconceito, é muito forte. Mas eu vejo que em outras comunidades quilombolas também há divergências com relação a esse assunto. Mas eu acredito que nós devemos respeitar, respeitar a religião do outro, respeitar a opção do outro, de deixar que a pessoa faça as opções que ela queira fazer, até porque, não somos nós que devemos julgar, pois quem julga é Deus. Cada um presta suas próprias contas a Deus e não cabe a nós julgarmos os outros. Cabe a nós, respeitarmos. Cadê o "amai os vossos irmãos?" É nisso que eu sempre bato! Então, dentro da Igreja há quem queria discriminar, mas há aqueles que defendem o respeito a cada pessoa. Isso depende muito do eu de cada um, do caráter de cada um, da forma de interpretar e como cada cabeça entende as coisas.

A gente só quer respeito! Só isto! Nada além disso! Respeito a nossa história, respeito a nossa luta. Respeito!

Mulher negra: feminismo e empoderamento

Tenho 30 anos, sou assistente social, concluí o mestrado recentemente na Universidade Estadual Paulista "Júlio de Mesquita Filho" (Unesp), mesma universidade em que fiz minha graduação, também em serviço social. Sou servidora pública há 9 anos. Iniciei minha trajetória trabalhando com medida protetiva a adolescentes em situação de conflito com a lei no município em que resido. Logo após eu fui trabalhar com assistência estudantil em uma universidade pública federal, onde foi meu primeiro concurso e, em seguida, vim trabalhar na universidade pública onde atuo atualmente.

Falar de um lugar de fala me remete a pensar em trajetórias e itinerários. Um pouco sobre como se constitui a minha subjetividade enquanto mulher negra. Vou falar diretamente da minha descendência para você poder compreender um pouco sobre a minha história. Os meus pais não concluíram os estudos, mas sempre priorizaram que nós, que eu pudesse estudar. Eu tenho um irmão mais novo com uma diferença de 7 anos e meus pais dedicaram toda a vida funcional deles para possibilitar os meus estudos. Eu estudei em escola pública até o Ensino Médio.

No Ensino Médio eu fui para a escola particular e eu me lembro que à época, o salário que a minha mãe recebia, que era o salário-mínimo, minha mãe era empregada doméstica, ela pegava todo o salário, na íntegra mesmo, R$ 150,00 que eu me lembro que esse era o valor do salário na época, para poder pagar os meus estudos. A entrada na escola privada foi de uma maneira muito diferente. Durante a conclusão do Ensino Fundamental eu sentia que eu não estava aprendendo. O conteúdo que eu tinha na escola parecia que não me era suficiente e eu queria mais. Por outro lado, estava no limite do que aquela escola que eu estudava poderia me oferecer. Então, partiu de mim o desejo de mudar de escola. E eu disse para os meus pais que eu queria. Naquele momento eles não tinham condições, mas priorizaram isto. Então, eu fui para o Ensino Médio pedir à escola uma bolsa de estudos. Fui sozinha pedir esta bolsa e aí a direção da escola me deu a bolsa que era a isenção da mensalidade, mas eu pagava os materiais. Então, os materiais eram o salário-mínimo da época. Assim foi todo o meu Ensino Médio.

Durante a conclusão do terceiro ano e o estímulo que a escola particular sempre priorizou neste sentido que era diferente da escola pública, a gente conversava muito sobre o interesse dos alunos. Eu sempre me senti incomodada com a desigualdade social e sempre desejei trabalhar com essa questão, mas não conhecia o serviço social. Daí então, eu fiz um teste vocacional na escola e daí foram algumas áreas: ciências sociais e serviço social. Conheci na época, por coincidência, uma amiga, uma pessoa da família que havia feito serviço social na Unesp e que me indicou e que falou dos recursos que eu teria para estudar em uma instituição pública, tendo em vista que meus pais não teriam condições de me manter. Então, eu concluí o Ensino Médio em 2005 e ingressei na universidade em 2006 na Unesp. Fui residente na moradia estudantil durante os 4 anos da graduação.

Durante a graduação, importante dizer que durante a graduação eu não tive estudos e nem contato com a temática racial, ou seja, não foi objeto da minha pesquisa. Ao longo da graduação, eu estudei algumas temáticas que foram: territórios, família, mas nunca teve esse recorte específico da questão racial. Que inclusive eu considero que foi até muito recente a minha implicação com o feminismo negro. Mas o que eu observava era que na minha sala, por exemplo, só havia eu de mulher negra. Os meus colegas, a maioria era também vindos de escolas particulares do Estado de São Paulo, a maioria eram mulheres, por ser um curso que atrai mais mulheres, mas que mulher negra era só eu. Eu frequentava o período matutino e minha amiga com quem eu morava, também mulher negra, era do noturno. Então, éramos as 2 únicas negras da turma, de uma turma de 60 alunos. E, o que que eu observava? A partir daí é que eu tenho que falar um pouco, ter esse olhar da diferença: que nós, mulheres negras, a gente sempre tem que ter o rendimento acima da média, se destacar além da média. E da nossa colocação de como a gente tinha que enfrentar para conseguir a inserção em alguns espaços. Por exemplo: essa minha amiga que eu acompanhei muito de perto e a gente tem um vínculo muito forte, ela é negra retinta. Ela tem o tom da pele bem escuro. Ela teve muita dificuldade para conseguir estágio. Ela é uma pessoa com uma formação excelente, atualmente ela tem mestrado pela Unifesp na área da saúde e ela é muito boa, muito competente. Mas a questão da estética prejudicou muito. A expectativa das pessoas que lidavam com ela, as oportunidades, eram restritas porque existe o mito da democracia racial no Brasil, de que todos somos iguais, mas na verdade, não somos! Essa inserção da pessoa negra em cargos de poder, ela é muito complicada, é muito difícil.

Então, a trajetória, a conscientização de que a luta é constante, essa imagem da mão me remete à luta. E ela é uma mão... me parece uma mão de homem, essa mão fechada, esse punho cerrado me lembra e me remete à luta. Então, é essa luta que ao longo de toda a minha trajetória, desde a conscientização durante a graduação e que foi a nossa primeira dificuldade que era a inserção nos espaços de formação, tanto para conseguir um campo de estágio, em sala de aula, por sermos a minoria, uma pessoa em cada turma, minha colega e eu só, então a gente teve que se conscientizar e começar a entender como que nós faríamos para enfrentarmos o cotidiano que é excludente mesmo. E aí a gente começou o movimento dentro da universidade para conseguir ter as cotas na graduação porque a Unesp não tinha. Eu estudei de 2006 a 2009 e as cotas iniciaram apenas em 2011 ou 2012. Assim como na nas universidades federais que começaram em 2012. A partir da nossa conscientização e do nosso movimento de luta dentro da universidade é que se reconheceu que as pessoas não são iguais e que nós não ocupamos os mesmos lugares, infelizmente. E aí discutimos o acesso à universidade e conseguimos, então, por meio dos movimentos dentro da instituição, assegurar as cotas.

Retomando o itinerário... concluí em 2009 a graduação e fui trabalhar na prefeitura de minha cidade. Eu acho importante falar um pouco do sentimento que eu tive ao longo dessa trajetória relacionada à inserção profissional. Esse núcleo que tinha medidas socioeducativas, onde eu trabalhei, eu também era a única mulher negra no profissional, técnico e negra no Centro de Referência Especializado de Assistência Social (Creas). O Creas faz o atendimento de média proteção que é quando os vínculos foram rompidos, mas que as famílias ainda continuam juntas, onde houve uma situação de violação de direitos, mas as famílias continuam juntas. E eu trabalhei especificamente com as medidas socioeducativas com os adolescentes durante 1 ano e depois mais 1 ano com os idosos que também sofriam violações. E quando as pessoas (isso é muito recorrente, até hoje isso acontece), quando as pessoas vão procurar o Serviço, por tudo que é falado antes no sistema de proteção, nos equipamentos que ela faz, quando ela chega e se depara com uma mulher negra, isso, para muitas pessoas, é... vou usar a palavra: é diferente. É diferente no sentido que eles chegam e falam assim: "mas você é aquela pessoa que eu falei por telefone? "Porque a figura do sucesso, a figura que a nossa sociedade coloca, não é uma mulher negra. Uma mulher negra é questionada quando ela está em espaço de poder, quando ela está com oportunidades de trabalhos diferentes daquilo que se espera delas. Então, isso aconteceu comigo em meu primeiro trabalho e eu tinha apenas 21 anos. O sistema na época que eu trabalhava, envolvia o judiciário e a prefeitura e eu ouvi várias vezes: "nossa, mas você é a pessoa? "No sentido de que viam que eu não era a figura que se esperava, ou seja, esperavam uma mulher branca. E nesse sentido, lá no meu trabalho também houve uma troca de gestão e a nova gestora, ela... por diversas vezes, eu exercia o trabalho técnico cotidiano, mas quando era para publicamente estar e apresentar o trabalho, ela tinha preferência por outras profissionais. E eu sentia, a gente percebe e sente que era por questões de preconceito racial mesmo, por racismo. Ela não considerava o meu lugar, ela não me respeitava enquanto mulher negra. Só que ainda não era uma coisa que eu havia amadurecido para mim. Porque hoje eu olho a minha trajetória e quando eu avalio, eu sei que era isto, mas naquele momento, eu não sabia.

É uma categoria importante quando eu falo da minha trajetória, que a expectativa das pessoas com relação a uma operadora do direito, porque enquanto assistente social, eu lido diretamente com acesso a bens e serviços, com a proteção social das pessoas, e o que elas esperam de expectativa e de quando elas encontram uma mulher negra, jovem, naquele contexto, é diferente. Isso é importante e me gerou muito sofrimento porque o racismo tem essa dimensão e essa potencialidade de atingir a nossa autoestima, dignidade e como agente vem se construindo a partir daí. Porque quando você se conscientiza, você começa a buscar, a ler mais. Então, o meu contato com o feminismo negro ele foi recente e muito relacionado também com o processo que eu passei, o processo estético de assumir o meu cabelo. Eu sempre alisei e eu tenho a cor da pele negra, mas o tom de pele mais claro, eu não sou negra retinta, mas é importante dizer que a pessoa negra, a mulher negra, a intensidade da pele define muito as relações que ela irá estabelecer e como ela é vista na sociedade. Eu sempre alisei o meu cabelo e passei por um processo de embranquecimento ao longo da trajetória e é muito comum as meninas negras fazerem isso. Porque a gente passa inconsciente por isso, então, em 2015 eu decidi assumir o meu cabelo. E assumir o cabelo foi muito profundo e muito reflexivo para mim.

Então, foi para além da estética, as mudanças foram muito profundas. Eu comecei a entender quais eram os fenômenos que perpassam a realidade cotidiana da mulher negra de forma mais consciente, mais certa de que o movimento é coletivo e de que nós caminhamos juntas e de que uma puxa a outra e que a gente só vai conseguir uma mudança se for na coletividade e é fortalecendo a autoestima das mulheres. Porque reconhecer a relação que do que se espera e do que é uma figura do sucesso no sistema dessa sociedade machista, misógina[90], olhar par tudo isso e identificar que nós ocupamos um lugar abaixo de tudo isso, a Ângela Davis[91] fala sobre isso, ela fala que as mulheres negras, elas estão no patamar mais baixo da pirâmide. Então, quando elas se movimentam, toda a sociedade se movimenta. Porque nós estamos tão abaixo, tão subjugados nossos corpos em vários sentidos que quando a gente reconhece, quando a gente se conscientiza da importância da luta, de estarmos juntas, isso é muito importante. Eu creio que, para mim, o contato importante foi através da internet porque muitas feministas negras tiveram a oportunidade de fala e de se colocar pela internet, pelo Youtube, onde o conhecimento passou a ser difundido e muitas estudiosas como a Djamila Ribeiro[92] e outras mulheres negras têm tido um lugar de fala por meio da internet. Ou seja, a gente se comunica através das redes sociais e dos grupos que são muito importantes. Então, eu tive esse contato mais profundo e que foi mais reflexivo quando eu iniciei a transição capilar. E sempre foi um paralelo com a minha vida profissional, com a questão profissional.

Eu sempre trabalhei como assistente social com o direito das mulheres, eu componho a rede de atenção e apoio às mulheres do município, sou membro do conselho municipal dos direitos da mulher. Então, o meu lugar de fala está muito relacionado de reconhecer que nós não somos iguais e que não ocupamos as mesmas posições, pois já saímos em desvantagem. E não existe igualdade racial no Brasil, isso é mito. Nós somos diferentes e a gente precisa ser compreendido nesta diferença e precisamos de políticas de discriminação positiva para reconhecer que as pessoas não são iguais e o Estado legitimar isso. E esses tempos de hoje, são tempos sombrios. Nós não sabemos como que ficará.... Recentemente, o presidente eleito anunciou: o fim da Secretaria de Igualdade Racial, a secretaria irá compor um único ministério que é a família, direitos humanos e a secretaria da mulher; a indicação de uma pastora extremamente conservadora que atua na mesma linha do presidente eleito e que não reconhece as diferenças. Então as políticas públicas certamente, a partir de agora, terão o caráter ultraconservador e se já era difícil e já era complicado, tendo uma secretaria específica, quais serão as implicações agora? É um cenário de muitas dúvidas e incertezas. Mas que por outro lado fortalece, eu tenho sentido que as pessoas se fortalecem.

---

90. Misoginia é a repulsa, desprezo ou ódio contra as mulheres. Esta forma de aversão mórbida e patológica ao sexo feminino está diretamente relacionada com a violência que é praticada contra a mulher.

91. Angela Yvonne Davis (Estados Unidos, 1944), professora e filósofa socialista que alcançou notoriedade mundial na década de 1970 por sua militância pelos direitos das mulheres e contra a discriminação social e racial nos Estados Unidos.

92. Djamila Taís Ribeiro dos Santos (1980) é filósofa, feminista e acadêmica brasileira. É pesquisadora em Filosofia Política pela Universidade Federal de São Paulo (Unifesp). Ficou conhecida no Brasil por seu ativismo na internet.

Eu me tornei mãe recentemente, agora em outubro de 2018 e eu tive acesso a um outro universo, a uma outra dimensão do que é ser mulher que foi a questão do parto. Isso para mim foi muito importante. Eu ressignifiquei a minha existência e reconheci que uma outra questão que eu ainda nunca havia pensado, por eu não ter o contato com a temática que é sobre a violência obstétrica. Como que a violência obstétrica se constitui, como que são as várias facetas da violência obstétrica. E a partir do grupo que eu conheci em meu município, o Círculo Materno, eu vi como é importante a gente... (porque o município tem um protocolo interessante quanto à questão do parto humanizado) e como é importante a gente estar sempre bem informado, estarmos juntas. Esse grupo vem discutindo os protocolos realizados pelo SUS e também pelas instituições em geral que atendem a saúde reprodutiva. Para mim, a questão do parto é um outro ponto que eu nunca havia tido acesso e que eu tenho me interessado bastante e que eu gostaria de aprofundar meu conhecimento. Mas dizer que ser uma mulher negra nesta sociedade, é assumir que nós passamos por vários processos de desumanização porque somos subjugadas por falta de informação, de percepção do próprio corpo, e assim a nós deixamos de nos assumir, de nos aceitarmos. E aí, sobre o parto, quando eu descobri que estava grávida de uma menina, eu levei um susto. E esse susto me deixou tão inquieta que eu pensei: meu Deus por que eu não quero ter uma filha? Primeiro, porque eu tinha certeza de que era um menino e quando eu soube que era uma menina eu levei um susto. E eu pensei: poxa! Por que eu não queria que fosse uma menina? E eu fiquei refletindo sobre isso... E por que eu não queria? Porque eu não queria que ela passasse por tudo o que eu já passei. Porque ter uma filha, uma mulher negra, feminista, porque eu pretendo educá-la assim, e ela ter que enfrentar... nossa! Enfrentar muita coisa, muito sofrimento. Mas ela será forte! Porque assim eu quero. Mas a gente quer proteger e quando você pensa em um filho, de imediato você já pensa na proteção que você quer oferecer, no cuidado. Mas aquilo bateu muito forte em mim, de ter medo do que ela terá que passar, daquilo que ela terá que viver e dos tempos que virão. Porque decidir ter um parto natural como eu tive, com um mínimo de intervenções, foi muito difícil. Eu conheci as doulas por meio do círculo materno que é um grupo que não tem vinculação com nenhuma instituição e que faz orientação para o parto. As doulas oferecem um atendimento particular, então, não são todas as mulheres que têm acesso. Eu vim conhecer esse grupo e depois desse grupo eu criei o meu plano de parto e ao longo dessa trajetória toda, foram muitas as dificuldades, muitos desafios. Desde não encontrar um profissional, um médico que quisesse fazer o parto até encontrar a médica que fez o meu parto, que é naturalista e que foi um plano de parto super respeitoso. Eu passei por outros dois médicos que não me viam com a capacidade de ter um parto natural. Então, a informação é importante, estarmos juntas, contar quem são os profissionais que fazem e que não fazem o parto natural para que a mulher vá consciente de sua escolha. Não há nenhum problema que a mulher escolha a cesárea, mas ela tem que estar consciente do que ela deseja. Se ela deseja fazer o parto natural, ela tem que ter condições concretas para poder executar o plano de parto. Isso foi possível para mim. Eu creio que foi um privilégio eu ter um parto como eu tive. Mas pela minha busca de informações, pelo meu perfil, pois eu sou uma pessoa determinada. A minha trajetória me fez mais forte, mais dura e eu sei lidar bem com as dificuldades. Mas a maioria das mulheres não têm esse respeito e não conseguem usufruir desse direito de ter um parto natural, um parto humanizado.

Então, os fatos mais importantes da minha trajetória, foi a entrada na universidade e depois a maternagem, o parto e como foi tudo isso para mim, ter uma filha, isso tudo me faz renovar as esperanças embora estejamos vivendo neste contexto, nessa conjuntura política péssima de retrocessos, ter uma filha me trouxe a esperança de novo, a vontade e a força. Aquela força que eu tive em 2006 quando eu fui para a universidade e dormi no chão do alojamento porque eu não tinha vaga, dormi dois meses no chão do alojamento da universidade, e dividia bandejão porque eu não tinha condições de comprar uma bandeja, então, aquela força de 2006 que me fez desejar tudo isso, ela foi alimentada agora de novo. E é por ela que eu tenho força.

Para nós que trabalhamos com políticas públicas no Brasil, eu considero que é fundamental ter um olhar para a diferença. O reconhecimento de que não somos todos iguais. Em relação à pessoa negra, à pessoa com deficiência, enfim, à diversidade humana, nós precisamos de políticas que reconheçam e que façam a discriminação positiva que é a compreensão da diversidade e tratar os desiguais da forma correta na medida das suas desigualdades, daquilo que necessitam para estarem em condições de igualdade.

Na minha trajetória, eu não iniciei consciente das diferenças porque eu nunca tinha estado... importante disso isso: que no ambiente familiar, os meus pais, por exemplo, nunca me disseram que iria enfrentar essas dificuldades como o preconceito. E, ao longo da trajetória escolar, hoje eu reconheço que eu sofri muitas coisas, mas como na época eu não tinha conhecimento sobre isto, eu não dimensionei como era vivenciar o preconceito. Hoje, olhando minha trajetória escolar, na universidade, o marco para mim foi a minha entrada na universidade porque lá, como a maioria das mulheres, eu fui ensinada a não gostar do meu corpo, a não gostar do meu cabelo, então, quando eu fui para a universidade, embora eu ainda não tivesse o contato com a questão racial, por ser um campus da área de humanas, as pessoas são muito reflexivas e a liberdade concebida como premissa, então, eu aprendi a ter uma outra relação com meu corpo. Eu vi a possibilidade de viver de outra forma. Para mim, lidar com a diferença é reconhecer que não somos iguais.

O "pare"... Essa imagem, ela me remete às dificuldades cotidianas. Às vezes o que eu sinto, principalmente com relação ao meu trabalho, é que as dificuldades são tão grandes que o fatalismo está ali, é muito próximo da gente querer jogar a toalha e dizer: chega, deu! Não consigo mais! Porque fazer a defesa das minorias como hoje eu trabalho na assistência estudantil e que eu lido diariamente com a construção dos sonhos das pessoas, das famílias que desejam entrar na universidade e precisam desse apoio para permanecer na universidade e, por outro lado, a gente vive uma retração do papel do Estado, esse corte de gastos, de recursos. Porque para o Estado, infelizmente, é um gasto a assistência estudantil, não é um direito, ela não é compreendida na perspectiva do direito. Então, com relação a essa imagem do Pare e ao meu trabalho, é isso: às vezes a gente tem essa vontade mesmo de parar, vou me dar por vencida que é mais fácil. Mas o nosso lugar de fala é tão importante que eu sempre penso que eu tenho essa percepção da assistência estudantil da universidade por conta de tudo que significou para mim e que foi um divisor de águas. Certamente se hoje eu não tivesse tido o acesso à universidade, eu seria uma empregada doméstica como é minha mãe, minhas tias e reproduziria o que é comum e o que é possível dada a realidade. Então, eu considero que eu não posso parar, eu não posso desistir, embora eu reconheça que eu tive diversos problemas com relação às dificuldades de relacionamento cotidiano. Porque nós não lidamos com pessoas preparadas para a luta. Depois que eu vim para este campus onde eu atuo, pela formação dos colegas, pela área de atuação, eu vejo que eles não estão muito acostumados com o embate, com a discussão, com a construção coletiva dos trabalhos, com a crítica e com a crítica construtiva. Então, eu já enfrentei muitas dificuldades, mas eu não me permito parar, eu não me permito dar por vencida. Tem dias que a gente chega em casa esgotada, acha que chegou no limite. Mas eu penso que se eu tenho hoje essa oportunidade de estar atuando na gestão e se eu estou dentro de um órgão público, enquanto minoria, é importante dizer que aqui também no meu espaço de trabalho, enquanto servidora técnica do quadro de servidores, eu sou a única mulher negra aqui do campus. Há uma outra professora negra, mas somos apenas nós duas de mulheres e mais um servidor negro. Então, o nosso lugar de fala é muito importante, a nossa vivência, a nossa trajetória, a nossa percepção do cotidiano é diferente da maioria. Então, eu já pensei várias vezes em parar, mas eu não me permito e isso é não nos permitir ao fatalismo. Eu sempre penso que foram tantas dificuldades para concluir o mestrado, enfim, vou parar agora? Eu sempre olho para minha trajetória e digo: olha, passar por tudo isso e desistir? Porque, infelizmente, a autoestima da mulher negra é o tempo todo tensionada e eu reconheço que tem rebatimentos da minha, pois às vezes, você é tão colocada em dúvida, se você é boa mesmo, se você é isso mesmo que você começa a se questionar: será que eu sou essa pessoa? Quando eu fui convidada para assumir o cargo de gestão em que estou hoje, eu fiquei muito reflexiva, porque eu nunca havia tido essa oportunidade... foi ruim no começo porque eu não me achava capaz e eu ficava com medo e falava: meu Deus, será que eu vou conseguir? Será que sou eu mesma no meio de tantas pessoas, por que eu? E depois eu fui reconhecendo que isso é uma das consequências do racismo na minha identidade, na formação da minha subjetividade. Eu fui tão tencionada o tempo inteiro em ter que ser boa, em ser a melhor sempre para ter uma oportunidade que esse rebatimento, infelizmente, ele se deu em mim. Mas eu tenho refletido bastante para tentar ressignificar isso. Essa expressão "Pare", ela não se concretiza na minha vida porque eu me vejo em movimento o tempo todo e é a oportunidade de olhar a minha vida a partir da perspectiva da minha filha agora, é uma perspectiva nova. Além da força que eu tinha para mim, ela chegou agora e veio me deixar mais forte, com mais vontade. Então, o "Pare" não combina. Às vezes você tem que olhar um pouco de longe, sair um pouco de cena, mas depois voltar mais forte. E força a gente não sabe de onde ela vem. Eu falei com relação ao parto e isso vem da ancestralidade. Eu sempre pensei assim: se as minhas avós conseguiram ter um parto natural sem intervenção, se a minha mãe conseguiu com menos condições, eu também conseguiria. Minha mãe conta que quando eu nasci, nem enxoval ela tinha, quando eu nasci meu pai saiu para comprar porque a gente não tinha condições. Então, a força para mim vem da ancestralidade, da compreensão da trajetória das mulheres da minha família que são mulheres fortes, são mulheres chefes de família. E hoje a minha condição é diferente das mulheres da minha família. Eu tenho um trabalho diferente do trabalho delas, eu tenho um companheiro com um bom trabalho também, tenho a minha casa. As condições concretas da minha existência são melhores que as delas e bem melhores. Mas a minha força vem delas, vem dessa minha compreensão do que eu quero traduzir do que elas fizeram. Da força do parto, e no momento do parto, eu só pensava isso, eu falava: poxa, minha avó conseguiu na roça, minha avó pariu sete só com a parteira e por que que eu não vou conseguir? Por que que eu vou passar o domínio desse momento para a figura do médico, sendo que eu posso ter força e conseguir? Então, é assim que eu lido quando o fatalismo chega e quando a vontade de parar chega, eu sempre penso no histórico de como é que foi para eu chegar até aqui.

Eu não sei se estou vendo corretamente essa imagem, mas eu a vejo em duas perspectivas: uma que me parece a imagem de um espelho e eu me vendo no outro, e a outra perspectiva, são duas pessoas fazendo o mesmo movimento que me remete à coletividade e me remete também à igualdade. Porque aqui, a figura esquerda me parece uma mulher negra e do outro lado, um homem branco. Essa imagem é bem ampla para mim. Pensando na perspectiva da primeira que eu falei que eu acho que não é a mais forte que a imagem remete, que é a do espelho. Existe um como eu me vejo, mas não é a mais forte para mim. A segunda que é com os dois fazendo o mesmo movimento, que me remete à coletividade, é a força, as mãos dadas. E uma terceira perspectiva, é de uma mulher negra que aqui do lado esquerdo com esse cabelo crespo, com esse nariz e do outro lado, um homem branco, eles estão fazendo um mesmo movimento, mas quais foram as trajetórias? O que constituiu essas duas pessoas? Como que se constituem esses dois sujeitos? Embora eles estejam fazendo o mesmo movimento, eles estão completamente diferentes. O lugar do homem branco e o da mulher negra.

Então, quando eu me apropriei das questões que compõe o feminismo negro, uma delas me chamou muito a atenção, que é a questão do comportamento esperado das mulheres negras da subalternidade que a sociedade espera que as mulheres tenham, que as mulheres negras tenham. E aí, eu comecei a observar e o meu trabalho acontece muito na coletividade, em reuniões, em construções coletivas em geral e eu observava que, enquanto mulher negra, eu poderia estar fazendo a mesma colocação que uma pessoa branca, mas as minhas falas sempre soavam mais agressivas do que a fala da pessoa branca. A gente poderia estar falando a mesma coisa, mas a mulher negra, a fala dela quando ela se implica e enfrenta aquilo que se espera, ela é tida como agressiva, como despreparada. Então, isso para mim era uma distorção do que eu falava. E isso, relacionado ao que eu falei antes, tem uma implicação muito grande para a minha autoestima, para a forma que eu me coloco publicamente, mas isso é muito comum e, depois que eu comecei a ler sobre o feminismo negro é que eu comecei a entender que é isso mesmo. Quando as mulheres negras ocupam um lugar que não é esperado, que é um lugar de profissões subjugadas e que historicamente as mulheres negras foram colocadas, pois, a inserção no mundo do trabalho das mulheres negras se deu assim, quando elas estão em um lugar de fala que não é o comum a elas, as falas são distorcidas, mal-interpretadas, relacionadas à agressividade, a comportamentos mal-educados que vão desde a estética. Quando eu assumi o meu cabelo crespo, uma colega do trabalho me falou assim: nossa, mas você parecia muito mais chique antes, você ficava muito mais bonita antes. Então, pelo embranquecimento eu me parecia mais uma mulher branca com aquele cabelo liso e eu tinha um lugar de fala mais privilegiado. E sobre isto, uma colega minha de uma outra cidade e que também trabalha como servidora em uma universidade pública, uma colega dela falou assim: "com esse cabelo assim, você está parecendo uma empregada doméstica". E ela perguntou: "assim como?" E ela respondeu: "ah, com esse cabelo enroladinho, com coque, você está parecendo uma empregada doméstica". E essa minha colega ela também se coloca enquanto mulher negra, inclusive, nós até temos umas características bem próximas, mesmo tom de pele... ela saiu da instituição, justamente por não lidar bem e por não suportar a distorção do comportamento dela. Ela é uma mulher que é sindicalista, ela sofreu muito, ela não lidou bem com isso, isso fez mal para a saúde mental dela e ela teve que fazer uma escolha que foi sair da instituição e ir para outro lugar. E eu a vejo como muita admiração e quando ela saiu da instituição, muitas pessoas disseram: "nossa, que bom que ela saiu! Ela era tão agressiva!" As pessoas confundem. Ela era uma mulher extremamente comprometida, séria, estudiosa e foi muito comum os colegas falarem: "nossa, ela era briguenta!". Para mim a palavra distorção me remete a isso, enquanto mu-

178

lher negra. O quanto se espera e se coloca como padrão o comportamento e quando a gente rompe com isso, se tem um outro lugar, como isso incomoda e como as pessoas têm necessidade de colocar algum estigma que seja a agressividade. Então, a palavra distorção me remete a isso.

O sonho para mim é o que me move, é o horizonte. Eu posso dizer que eu vivo parte daquilo que sonhei para mim, os sonhos não acabam, por isso que eu digo que é parte de mim. E agora, com minha filha, veio uma nova dimensão de tudo. Hoje eu sonho outras coisas, eu não sonho com aquilo que eu sonhava lá atrás. Eu sonhava em ter um bom trabalho e eu tenho um trabalho que eu gosto, que eu me identifico, eu tenho uma casa e tenho uma condição financeira tranquila, um trabalho estável, tenho uma família saudável e isso para mim é um sonho. Agora, com minha filha, com a chegada dela, com que eu sonho? Eu não sonho mais nada de material, eu não sonho mais nada que o dinheiro possa comprar. Eu sonho que ela seja uma mulher forte, que ela seja uma pessoa justa e que eu possa estar aqui para educá-la, para acompanhá-la. Os meus sonhos hoje passam todos por ela, passam pelo meu desejo de ser melhor para ela, para minha família. Profissionalmente, olhando, eu sonho um dia atuar em programas enquanto servidora pública que a gente não tenha que excluir uma pessoa em detrimento de outra porque a gente lida com necessidades básicas como alimentação, moradia, ou seja, eu sonho com uma revolução, eu sonho com um Estado ampliado em que as pessoas possam se desenvolver e serem respeitadas plenamente, que elas consigam acessar a universidade, ter a permanência garantida. Sonho com uma sociedade que respeite as mulheres. Hoje de manhã, eu li uma notícia que uma jovem foi morta pelo namorado aqui no município, e eu sonho e bate muito forte lá dentro de mim com relação a minha filha. E eu fico pensando que a gente precisa de uma sociedade que olhe e que respeite as mulheres. Depois da maternagem e agora com o parto eu falei: meu Deus, se os homens soubessem o que é o parto, se as pessoas em geral soubessem, os homens sobretudo! O respeito e a admiração pelas mulheres que eu já admirava as mulheres, mas agora, a força que a gente tem de parir, é impressionante! A gente é uma fortaleza! Então eu sonho com uma sociedade mais justa e que respeite as diferenças, que respeite as mulheres, que os indicadores de violência precisam diminuir, embora eu reconheça que nós estamos indo na contramão de tudo isso com esse governo, com um presidente que colocou as mulheres na linha de frente do enfrentamento dele que mencionou o estupro a uma deputada e disse que não a estupraria porque ela não merecia. Então é sonhar, mas ter o pé aqui na realidade. O sonho para mim é o horizonte, é onde nós queremos chegar, onde nós almejamos, mas ter o pé na realidade que é dura e cruel, que mata mulheres todos os dias e que mata e vai nos matando aos poucos, porque a medida em que a gente se reconhece na outra e que para minha trajetória, eu me vejo sempre no coletivo e enquanto tiver uma mulher sendo violentada, morta, enfim, vai morrendo um pouco de nós todos os dias, da nossa humanidade, da humanização, dos relacionamentos e das relações sociais. Então, o sonho para mim é isso.

Foi até no contato que eu tive com você, Sílvia, e com aquilo que você fala da educação com amor, porque na academia a gente desumaniza muito os processos, a gente não olha a singularidade do ser humano, as diferenças, em geral, principalmente aqui na realidade de um campus da área de exatas, é muito frio. A gente lida, a pessoa tem que dar conta daquilo, do que está posto e não importa os sentimentos, não importa a subjetividade dos sujeitos nos processos que eles estão inseridos. Eu lido cotidianamente com o sofrimento das pessoas, quando a pessoa chega até um serviço de assistência estudantil, no serviço social da instituição, ela chega com alguma demanda que já foi negligenciada, com algum pedido, com alguma necessidade básica que está sendo negligenciada. A lágrima, a dificuldade, me remete ao choro, ao sofrimento. Eu busco isso desde o início de minha atuação, não tratar aquela pessoa que chegou até a mim como mais uma, mais uma história, mais uma que está chorando, mais um que está sofrendo. Não! Cada pessoa tem as suas singularidades e merece um tratamento digno, um tratamento respeitoso, compromissado. Manter essa capacidade de se indignar e de se colocar nas situações ainda que nós tenhamos os limites institucionais, de nós alimentarmos a esperança de tentar dar um tratamento diferenciado naquele caso, de ver o que é possível, de lidar com as limitações concretas de recursos e de ter que excluir estudantes dos programas, mas ter esse olhar humano de compreender que cada história é uma história, que cada pessoa é uma pessoa e não tratar tudo como se fosse igual, o sofrimento alheio como algo comum. A lágrima também me remete muito a um momento reflexivo, a um momento em que a gente para e dá vazão aquilo que é nosso, que é essencialmente humano, que é a fragilidade e que não é ruim também, sentir isso. E que às vezes dá vontade de ficar mais quietinha e observar e olhar e o sofrimento vem, a reflexão vem. A lágrima para mim é isso, é remeter a humanidade, é a gente se permitir ser frágil, ser doce, ser forte porque depois da lágrima sempre vem a onda, a onda passa, a lágrima passa, e vem um sentimento bom, uma vontade que é sempre construída na coletividade. Porque sozinhos, principalmente lidando com os programas, com o trabalho concreto, a gente já teria, certamente, se sufocado. Mas a gente se alimenta das histórias que ouvimos das pessoas que atendemos, dos movimentos sociais que participamos, então, depois da lágrima sempre vem uma ideia nova, uma percepção do outro que é diferente, uma percepção nossa que é diferente e é uma dificuldade se manter com lágrimas. Porque o sistema, a forma esperada é que você seja sempre duro e que você não mostre essa essência sua, esperam um comportamento-padrão, que você lide com mais uma história, mais um estudante que não terá acesso, mas para mim, não é assim. Tem dia que a lágrima vem e vem forte e ela vem também para reconstruir. Logo após vem o desejo de novas possibilidades, novos projetos. A lágrima é a humanidade, é nossa, é essencial. Eu quero me implicar cada vez mais com a humanização dos processos porque é próprio dessa sociabilidade nos humanizar, de nós não nos enxergarmos, não nos olharmos e eu quero isso para mim. Eu desejo ser mais simples, ser menos vaidosa com as coisas, de poder me entregar inteiramente aos meus projetos, a essa nova oportunidade que a vida me deu de ser mãe. Eu quero ser uma profissional cada vez mais comprometida, mas séria, ainda que isso implique em lágrimas, distorções, sonhos distantes, eu quero uma sociedade, eu desejo, onde as pessoas sejam respeitadas, que as pessoas tenham possibilidades de ascensão profissional mais igualitária. Esse é meu desejo. A vida me deu essa oportunidade de res-significar o amor através da minha filha e é o que eu desejo e trazer para mim essa dimensão do amor no meu trabalho, o amor para minha família, o amor pelas coisas que eu faço. É isso!

Direito de ser mulher: a luta contra a mutilação genital feminina e a cultura patriarcal

Eu[93] tenho 54 anos, sou formada em Contabilidade e com mestrado em Estudos Legais.

Em primeiro lugar, eu agradeço por você, Sílvia, ter me escolhido para eu fazer parte da tua história e do teu livro. Eu não me considero uma pessoa que dá tudo para a luta contra a violência contra as mulheres, porque aqui, na Guiné-Bissau, existem vários tipos de violência contra a mulher. E as violências mais duras são aquelas ligadas a práticas tradicionais e práticas culturais. Eu, sendo vítima de um desses tipos de violência e, como eu costumo dizer, cujas consequências, eu vou viver com elas pelo resto de meus dias, eu penso que não deveria ficar calada, não deveria ficar de braços cruzados e, deveria mesmo, era dar a minha cara, dar a minha voz para que outras meninas não venham a sofrer ou a viver tudo o que eu estou a viver.

Por isso, eu estou a lutar contra essa prática da mutilação genital feminina (MGF)[94]. É verdade que hoje, na Guiné-Bissau, eu sou a cara do combate, a cara nacional no combate dessa prática e demais outras práticas, mas sobretudo da prática da mutilação genital feminina, porque ela, apesar de ser mais uma prática tradicional e cultural, é também tida em países, alguns países

93. Fatumata Djau Baldé (1965), Guiné-Bissau, África. Foi ministra das Relações Exteriores da Guiné-Bissau. Assumiu vários cargos no governo de seu país. Foi secretária de Estado da Solidariedade Social e Emprego, ministra do Turismo e ministra dos Negócios Estrangeiros. É presidente do Comitê Nacional para o Abandono de Práticas Tradicionais Nefastas à Saúde da Mulher e da Criança, na Guiné-Bissau. Defensora dos direitos humanos das mulheres.

94. "A OMS estima que, em todo o mundo, entre 100 e 140 milhões de meninas e mulheres tenham sido sujeitas a um dos primeiros três tipos de mutilação genital feminina. [...] Em todas as sociedades em que é praticada, a mutilação genital feminina é uma manifestação de desigualdade de gênero que está profundamente enraizada em estruturas de ordem social, econômica e política" (OMS, 2009, p. 6-7).

islamizados com uma recomendação da religião islâmica. E, no meu país, onde existe um grande número de islamizados, então há ainda, até hoje, quem continua a dizer que a prática é uma recomendação religiosa, quando todos nós sabemos, hoje em dia, que isso não é verdade.

Eu, pessoalmente, fui submetida à prática quando eu tinha 9 anos de idade. Naquela altura, eu também não sabia, mas só depois de crescida é que eu descobri alguns problemas que eu havia tido, depois de ir aos médicos, depois da minha formação. Eu consegui com leituras e informações aqui e ali, descobrir que tudo aquilo era consequência da prática da mutilação genital feminina. E então, comecei a estudar sobre esta prática e foi aí que eu descobri que a prática não é recomendação religiosa, mas sim, que ela é uma prática mais tradicional e cultural. Por isso é que eu estou a lutar contra ela.

Essa prática é tida na Guiné-Bissau como um requisito para que as jovens meninas sejam aceitas dentro das suas próprias comunidades e, sobretudo, de poderem constituir família. Quer dizer, é um pré-requisito para o casamento. Numa comunidade em que a prática é tida como um pacto de identidade cultural na comunidade praticante, uma menina que não é submetida à prática, geralmente, não pode se casar. Ela é rejeitada porque é considerada suja e por isso não pode se casar, não pode ter relações sexuais. Por isso é que a prática acontece aqui mais em comunidades islamizadas. Apesar de em outros países de nossa sub-região, a prática ser nacional, basta uma criança nascer do sexo feminino e já é submetida à prática. Mas na Guiné-Bissau a prática é só em comunidades islamizadas. E nessas comunidades uma mulher não submetida à prática, dizem que ela não pode praticar a religião islâmica, ela não pode se casar, e até não pode viver dentro daquele meio. Essa mulher é tida como suja, como quem cheira mal, além de muitas outras coisas, como nomes que lhe dão. Por isso, é obrigação de cada família, submeter a sua filha a essa prática, prática essa que tem muitas e muitas consequências. A minha dissertação de mestrado é sobre essa prática. Nós também fizemos um pequeno manual sobre a MGF e que os animadores utilizam no quadro de sensibilização para o abandono dessa prática, onde é possível encontrar tudo o que há de informação a respeito, quais são suas consequências para a vida da mulher, tanto consequências físicas, psicológicas, psicossociais e outras consequências onde as mais duras são àquelas ligadas à questão sexual e saúde reprodutiva. Porque a parte que é retirada da mulher, a MGF em si, significa todo um tipo de intervenção que é feita no órgão genital feminino externo por qualquer motivo que não seja de ordem médica. Existem vários tipos de MGF, os tipos[95] 1, 2, 3 e 4.

---

95. "Tipo I: Remoção parcial ou total do clitóris e/ou do prepúcio (clitoridectomia). Tipo II: Remoção parcial ou total do clitóris e dos pequenos lábios, com ou sem excisão dos grandes lábios (excisão). Tipo III: Estreitamento do orifício vaginal através da criação de uma membrana selante, pelo corte e aposição dos pequenos lábios e/ou dos grandes lábios, com ou sem excisão do clitóris (infibulação). Tipo IV: Todas as outras intervenções nefastas sobre os órgãos genitais femininos por razões não médicas, p. ex.: punção/picar, perfuração, incisão/corte, escarificação e cauterização" (OMS, 2009, p. 6).

Na Guiné-Bissau o tipo majoritário é o tipo 2, apesar de também existir um pouco do tipo 1 e do 3, que é dos tipos mais duros. Mas, dependendo do tipo que a jovem menina for submetida, assim também é que as consequências são graves e mais tarde, na saúde sexual, sobretudo, na saúde reprodutiva. Porque o órgão que é retirado, o clitóris, é o órgão que é o responsável para ajudar a mulher no momento do parto, ele ajuda na elasticidade da própria mulher no momento do parto. Então, existem casos em que esse clitóris é retirado em sua totalidade, os pequenos lábios também são retirados, os grandes lábios também, são todos retirados. Eu tenho imagens em minha dissertação de mulheres submetidas à prática e das consequências físicas da MGF. Dependendo da forma como a menina for submetida, assim, a situação do parto se torna ainda mais difícil.

Relativamente, o próprio prazer sexual, uma das condições, uma das causas da prática da MGF, é que dizem que uma mulher que não é submetida à prática, fica muito vulnerável, querendo muito ter relações sexuais, depois se torna muito promíscua. Então, para evitar aquela promiscuidade e fazer com que ela seja fiel ao marido, fazer com que ela fique só em casa e não queira correr atrás de outros homens, tais como os próprios fazem correndo atrás de muitas mulheres, mas para nós, as mulheres, não é permitido fazer isso, então, ela, a mulher, é submetida à prática da MGF. Porque na realidade, dependendo da forma como for submetida à prática, diminui o prazer sexual da mulher. Então, é verdade que a mulher tem muitas partes do corpo que pode ajudar no prazer sexual. Mas também, sabendo tradicionalmente como muitas mulheres são tratadas pelos maridos, para alguns no momento do sexo é só chegar, e assim, o homem chega, a mulher abre as pernas e ele entra, faz o exercício dele e se satisfaz, e se levanta. Ele não se interessa pela sua própria mulher, com o prazer dela, com seu desejo. Então, daí para o homem, não há problemas. Mas a mulher fica toda a vida dela sem saber o que é um prazer sexual porque ela não consegue se realizar. Nós temos o caso de uma menina que diz ter ouvido falar que o sexo é gostoso e prazeroso, mas ela mesma, já teve relações sexuais com alguns jovens da idade dela, porém, não conseguiu ter esse prazer. Então, ela viajou para outra cidade, para procurar outros homens, mas mesmo assim, não conseguiu sentir esse prazer que ela ouviu dizer. E depois, afinal, ela se perguntou, aonde é que fica esse prazer? Nós a levamos ao médico para ver que tipo de prática de MGF que ela havia sido submetida. E ela havia sido submetido àquelas práticas mais duras, onde haviam lhe retirado o clitóris, os pequenos lábios e os grandes lábios. Então, não tinha mesmo como ela sentir algum prazer. Então, o objetivo é mesmo esse, o objetivo da mulher não ter nenhum prazer.

E, como eu disse, no momento do parto, muitas mulheres ficam com problemas. Problemas esses que vão desde a elasticidade, que podem conduzir a vários outros problemas e é até difícil para o obstetra dar atenção a esses problemas que são mais duros. A fístula urogenital também é uma das consequências da MGF. É uma grave condição que faz com que a mulher passe todo tempo a perder líquido, além de perder o líquido, ainda por cima, esse é um líquido que cheira muito mal. Essa pessoa não consegue ficar no meio das outras pessoas. Se estiver em um casamento, acaba por se divorciar e volta para a casa dos pais e, mesmo na casa dos pais, não pode viver no meio de toda a família. Tem que ficar em um cantinho porque ela é uma pessoa que tem aquele odor a todo o tempo. Então, essa também é uma grave consequência da prática de MGF.

Hoje na Guiné-Bissau há a lei que criminaliza a prática da MGF. Desde a Conferência de Beijing, na China (1995), a conferência em si, recomendou aos países, a criação de instituições que possam lutar contra essas práticas que, na verdade, sendo uma prática tradicional e cultural, ligada à religião, foi muito difícil na Guiné-Bissau fazer essa ação, sobre tudo, dar a cara. Porque se acredita que, tradicionalmente, podem te matar, podem ter muitas outras coisas, assim, misticamente, que podem acabar com a tua vida. Daí que é difícil as pessoas darem a cara por essa luta. Mas, hoje em dia, graças a Deus, pouco a pouco, apesar de ainda continuar a ser difícil, é verdade que eu sou a cara dessa luta. Mas também estão a cada dia, surgindo mais caras que estão a se juntar a mim e, graças a um trabalho de colaboração de várias organizações da sociedade civil, conseguimos em 2011 termos uma lei que criminaliza a prática da MGF. E essa lei já está em vigor, já está a ser implementada e muitas pessoas já foram conduzidas à prisão por causa dessa lei.

Hoje em dia, uma prática que se diz tradicional, cultural, religiosa, pouco a pouco, estamos lá a chegar! A prática da MGF ainda continua na Guiné-Bissau e em termos de dados, atinge cerca de 45,5% de mulheres com idade dos 15 aos 49 anos e crianças de zero a 14 anos atinge 30%. Apesar de ser uma prática muito dolorosa contra a mulher, são as próprias mulheres ainda que querem mais a continuidade da prática porque elas foram educadas desta forma. Elas não têm acesso à escolarização e são elas que são a garantia destas culturas tradicionais e da manutenção da tradição das culturas. Então, elas são responsabilizadas pelos seus familiares e pelos maridos de darem continuidade àquela prática. Hoje, por causa da lei, já ninguém diz, publicamente, que realiza a MGF, mas já se utilizam de outros mecanismos, de outras estratégias de realizar a prática da MGF. Fazem isto submetendo bebês recém-nascidos à prática e aí, quando você ouve a criança chorar o tempo todo quando nasce, não é apenas uma criança que está a chorar, mas na realidade, ela foi submetida à MGF. Por isso, a nova estratégia do Comitê Nacional para Abandono das Práticas Tradicionais Nefasta à Saúde da Mulher e Criança (CNAPN), a qual eu dirijo, é uma colaboração muito assemblada com o setor da saúde, junto aos técnicos e profissionais da saúde que são os médicos, enfermeiros e parteiras para que qualquer criança de zero a 5 anos, independentemente dos motivos que a conduziram ao centro de saúde ou a um hospital, elas sejam observadas para ver se ela não foi submetida à prática da mutilação genital feminina. Caso ela tenha sido submetida à prática, os pais ou os responsáveis por isso, possam ser trazidos à justiça.

Então, nós estamos nesse trabalho e acreditamos que um dia a prática da mutilação genital feminina irá terminar. Apesar da MGF ser uma prática secular, é verdade que para o seu abandono é preciso uma luta de mudança no comportamento. Mudança no comportamento desses que passam, necessariamente, para uma educação da nova geração e isso implica incluir no currículo escolar, os conhecimentos que têm a ver com essas práticas e da necessidade de seu abandono. Nós já temos conseguido esse trabalho e, hoje, até o nível do sexto ano escolar básico, já temos isso introduzido nos currículos escolares. Nós já produzimos material para a formação dos professores e vamos iniciar uma formação a nível das escolas de formação de professores e também a nível das escolas de formação dos técnicos de saúde para que a jovem geração comece a ser educada já, desde a escola, para quando forem adultas, já terem a consciência de que essa prática é nociva e não aceitaram a se submeterem seus filhos ou seus descendentes à prática da MGF. Estamos a trabalhar, nesse sentido, a partir de um trabalho de informação e sensibilização junto às comunidades praticantes e não apenas destas, mas um trabalho que está a ser cada vez abraçado por mais organizações, sobretudo pela sociedade civil, mas também, felizmente, pela Guiné-Bissau ter parceiros internacionais dispostos a apoiar esta causa. É nisso que nós estamos nesse momento. Estamos a fazer esse trabalho e pensando que, apesar de um país do Ocidente ou de outra parte como o Brasil, não ter a prática da mutilação genital feminina, em razão do mundo globalizado em que vivemos, é importante dizer que há comunidades, que têm pessoas da Guiné-Bissau que vivem no Brasil. Muitas vezes os imigrantes, não conseguindo manter com a prática nos países em que estão, eles trazem os filhos de férias ao seu país de origem, submetem a menina à prática, e depois retornam para os países onde estão a viver. Por isso é que o Brasil e outros países, devem conhecer e saber da existência da prática da MGF e procurar adotar políticas legislativas que já criminalizam essas práticas para proibir que crianças que estão nesses países, sejam, tanto pelo próprio país ou nas diásporas, submetidas às práticas. Quer dizer, quando vierem para as férias, serem levadas ao médico e observadas e informar àquela família assim que a criança regressar, ela será observada e, caso for submetida à prática, a família terá que ser conduzida à justiça para responder pelo crime. Porque a prática de mutilação genital feminina é um dos maiores crimes contra a mulher e a jovem moça. É uma das violações mais flagrantes dos direitos humanos porque põe em causa o direito à sobrevivência, o direito à saúde sexual, o direito à saúde física, o direito à saúde reprodutiva, assim como a própria saúde mental das crianças que já foram submetidas. Por isso é necessária uma luta tanto a nível nacional como a nível internacional para que se consiga abolir com essa prática.

Hoje em dia, por exemplo, até nos Estados Unidos, a prática existe, assim como em países da Europa como a Inglaterra, Portugal, França, Dinamarca e outros. Em todos esses países, por causa da imigração, os imigrantes levaram para lá também as suas culturas e as suas tradições, e essas práticas também existem. É verdade que a maioria desses países, atualmente, já tem algumas leis para criminalizarem a prática da MGF e também já começaram a conduzir as pessoas à justiça. Eles já estão a lutar, mas é preciso que todos os países também se interessem pela causa e lutem. Por isso a Nações Unidas, adotaram em 2012 e também em 2014, uma resolução que condena a prática a nível mundial. A prática da MGF em alguns países, é medicalizada, é feita por médicos. Mas a Organização Mundial da Saúde (OMS) decidiu que qualquer médico que for apanhado realizando essa prática, ele terá sua carteira médica cassada. Por isso nós queremos que todos os países se juntem. Eu sempre costumo dizer que a mulher em seu dia a dia é confrontada com vários tipos de violência: casamentos forçados, casamento infantil, violações domésticas, aos sistemas tradicionais de herança, vários tipos de violência. Mas as violências tradicionais e culturais como a de mutilação genital feminina, causam consequências que acompanham as vítimas para o resto de seus dias. Por isso, após essa entrevista, eu gostaria que o Brasil fizesse parte da lista dos países do mundo que irão dar a cara para lutar contra a prática da mutilação genital feminina. Porque só assim, formando redes entre os vários países do mundo, é que nós poderemos, todos juntos, combater essa prática. Eu quero que o mundo inteiro conheça a mutilação genital feminina para ser possível lutar contra ela. Aguento tudo isso porque sei que tenho pessoas como você, Sílvia, espalhadas pelos diferentes cantos do mundo, dispostos a apoiar esta causa.

Direitos das mulheres: resistência e enfrentamento contra a violência obstétrica

Eu tenho 59 anos e me formei em medicina pela Universidade Federal de Minas Gerais (UFMG) e fiz metrado em Ginecologia e Obstetrícia pela Universidade Estadual de Campinas (Unicamp).

Eu sempre fui uma pessoa de múltiplos interesses e hoje, fazendo uma retrospectiva da minha trajetória, eu vejo que muitas coisas que às vezes eu era até criticada e o pessoal falava "nossa, perdeu tempo com isso e agora vai fazer aquilo", eu acho que eu nunca perdi tempo com nada. Eu acho que todas as experiências foram constituindo a minha bagagem. Mas eu falo isso porque de vez em quando eu sou chamada para falar para alunos do terceiro ano que estão decidindo carreira, e eu costumo brincar que o meu primeiro vestibular foi para odontologia para depois eu entender que eu queria mesmo era enfermagem, para então, no terceiro período, eu me alucinar pela medicina, trancar matrícula e fazer outro vestibular e me formar em medicina. E depois, prestar vestibular para psicologia, cursar dois anos meio, fazer uma residência de pediatria e depois fazer uma residência de ginecologia e obstetrícia e, tudo isso, para saber mesmo que eu quero é ser cantora lírica. Que é outra coisa que eu faço que é cantar ópera. Então, eu me vejo como uma pessoa que foi dando vazão, foi respeitando essa multiplicidade de interesses em um momento do mundo em que, culturalmente, talvez até hoje ainda seja assim, essas pessoas que fazem muitas coisas, elas são consideradas pessoas indecisas ou pessoas que não sabem focar em uma coisa, ou que para você fazer uma coisa bem-feita você precisa escolher uma e fazer uma coisa só. Essa ideia sempre foi passada, a sociedade sempre passou, pelo menos para mim. Eu encontrei muito esse discurso vida afora, que a gente precisa escolher uma coisa, se dedicar aquela coisa e fazer aquela coisa bem-feita. E hoje, na altura dos meus 59 anos, eu me sinto perfeitamente autorizada para dizer que não é nada disso. Para dizer que quando você dá vazão aos seus interesses e você vai atrás daquilo que te interessa, isto te enriquece, isto te traz uma bagagem. Então, eu acho que, por exemplo, eu fiz uma residência de pediatria e depois uma residência de ginecologia e obstetrícia, a maior parte da minha vida profissional foi atuando como ginecologista e obstetra, mas é claro que eu vejo em mim uma obstetra com uma sensibilidade diferente de quem já foi pediatra. Então, o bebê, o recém--nascido, a hora de decidir que uma gravidez, por algum fator de risco, precisa ser interrompida, eu não tenho aquela postura clássica do obstetra que fala "ah, vamos interromper, vamos fazer uma cesárea e entrega o neném para o pediatra e ele que se vire". Não, não é o pediatra que se vire. Quem se vira é o bebê. Então, vamos segurar esse bebê dentro do útero o máximo que a gente puder e vamos ter muito critério para fazer isso. Então, como eu sou obstetra e pediatra, eu acho que, eu sinto o bebê de uma forma diferente. Então, isto é para dar um exemplo sobre quando as pessoas falavam para mim "nossa, você fez uma residência de pediatria, perdeu tempo lá, ficou 2 anos fazendo e agora é que você está fazendo residência de ginecologia e obstetrícia", e muitas pessoas me questionavam de uma forma um pouco incisiva, "mas afinal, o que você quer, pediatria ou ginecologia e obstetrícia?" E eu falava, olha, eu quero todas essas coisas, eu quero muito! Então, eu sempre me identifiquei com a educação e eu fiz magistério. E na época do meu Ensino Médio a gente tinha que escolher um curso profissionalizante e no meu colégio tinha magistério, bioquímica, análises clínicas, eletrotécnica, e eu não tive dúvida. A questão da educação, ela nasceu dentro de mim, eu acho que é uma coisa que está na minha essência. Eu comecei a dar aula muito cedo. O meu primeiro emprego como professora foi aos 17 anos, como professora do antigo Mobral (Movimento Brasileiro de Alfabetização de Adultos). Então, eu fui professora do Mobral, daí eu terminei o magistério, dei aula para a 4ª série do Primário e, depois, durante o curso de medicina, eu dei aula durante todo o curso em um colégio. Eu tinha turmas de 5ª série até o 3º ano do Científico e eu dava aula de inglês e de biologia no colégio. Então, isso também as pessoas me cobravam: "mas afinal, você dá aula de quê?" Até que um dia, tinha um professor de química muito engraçado, uma pessoa com uma percepção e aí, a professora de história chegou e disse: "mas como assim, você dá aula de inglês, de biologia, mas o que é que você sabe mesmo?" Daí esse professor de química virou e falou assim: "ela sabe mesmo é dar aula! E você toma cuidado porque se ela precisar dar aula de história, eu acho que ela dá também!" Então, essa coisa do ensinar, eu sempre tive essa sensação que eu sou capaz de ensinar qualquer coisa, qualquer coisa que eu precisar dar aula, ensinar, eu acho que eu sou capaz. Eu vou lá, eu estudo e aprendo e, realmente, eu tenho uma facilidade para contribuir para o aprendizado do outro. Então, eu me vejo como essa pessoa de múltiplos interesses, felizmente, eu não agarrei nesta ideia de que a gente tem que escolher uma coisa só. Eu me dedico ao canto há mais de 20 anos e que é uma paixão, o canto lírico. E é uma coisa que eu faço e que me equilibra muito, me coordena e em todas as essas coisas que a gente passa, que todo mundo passa na vida. E eu sou uma pessoa sensível, eu percebo muita coisa, eu absorvo muita coisa, então, de repente às vezes eu me sinto meio entupida de muitas coisas e aí o canto me dá leveza, o equilíbrio, a coordenação necessária. Eu também dou aula no curso de medicina há mais de 6 anos e eu vejo que agora, a essa altura da vida, que é um momento em que eu tenho uma condição, eu acho que, atualmente, essa veia de educadora está muito aflorada e eu estou dando liberdade para isso. Então, hoje, eu estou muito ligada às atividades relacionadas à educação.

É interessante falar sobre isso, sobre o direito das mulheres, porque eu sempre vi os movimentos de luta pelos direitos das mulheres e eu sempre apoiei, mas eu olhava para aquelas mulheres e pensava assim: "gente, eu não vivo isso que elas vivem, eu não preciso reivindicar isso que elas reivindicam, mas se elas vivem esse tipo de opressão, elas têm que brigar mesmo, elas têm que lutar e elas não podem se submeter a isso". Eu sou muito engajada na luta pelos direitos das mulheres de modo geral, mas o meu engajamento nunca se deu por uma questão própria, pessoal, da minha vivência, da minha experiência. E eu fico olhando e pensando: "gente, eu não vivo nada disso!" E, por que que eu não vivo nada disso? Então, hoje, fazendo mais uma retrospectiva, eu vejo que eu tive um pai feminista. Um pai com valores feministas. Então, dentro de casa, o meu pai na simplicidade dele, tinha um papo com as filhas, porque nós somos em 2 mulheres e 2 homens, o papo dele com as filhas era assim: "minha filha, você tem que estudar, você tem que ter tua profissão e você tem que ter autonomia financeira, você precisa ter o teu dinheiro. Um casamento se aparecer é muito bom, mas que você se case só pelo casamento, eu não quero nunca uma filha minha precisando de encontrar um casamento..." Eu estou com 59 anos e comecei a escutar isso desde a adolescência, então, veja que eu preciso reconhecer que eu tive um pai que já tinha valores feministas. Ele dizia: "olha, minha filha, eu não quero uma filha minha precisando encontrar um casamento para sobreviver, para se sustentar e eu não quero nunca, uma filha minha que casou e depois ela precisa ficar naquele casamento porque ela não tem como sair fora financeiramente". Então, essa era a conversa do meu pai comigo e com a minha irmã e que este era o grande fantasma dele, era uma filha precisar ficar em um casamento. Ele falava: "ninguém casa para se separar, todo mundo casa para ficar junto mesmo, mas ninguém pode ficar junto porque casou para não se separar. Isso não pode existir, então, casamento pode não dar certo e se não der certo as pessoas têm que se separar, cada um tem que viver sua vida". Então, há 50 anos atrás, ele via mulheres infelizes e obrigadas a ficarem dentro daquele casamento porque não tinham outra opção. E hoje, nós ainda vemos isso. Eu ouço de muitas mulheres que falam assim: "eu até gostaria de sair dessa, mas eu não posso. Eu não tenho independência financeira e eu tenho que ficar..." Esse era o fantasma do meu pai e ele passava isso para gente com muita ênfase. Então, eu tinha dentro de casa, um apoio familiar para o que eu quisesse fazer. Ah, quero fazer teatro..., "vai, tudo bem! Não prejudica sua faculdade". Ah, pai, quero dar aula, vou trabalhar... "Trabalhar é bom filha, mas vamos dosar as coisas..." Eu tinha uma liberdade muito grande para fazer as coisas que eu queria, eu tinha apoio e eu sentia que meus pais tinham orgulho de ver que eu ia atrás das coisas e fazia muitas coisas. Eu fui criada dentro desse modelo de pensar que eu tinha que ter uma profissão e independência. Depois eu me casei com um homem que também é extremamente fundamentado em valores humanos, e, portanto, os valores feministas, estão inseridos ali também. Por isso que eu digo que a minha entrada nesta luta, não é por uma necessidade própria. E, talvez, eu até me sinta mais forte para ajudar e para apoiar essas mulheres porque eu não estou lutando em causa própria, mas eu estou me solidarizando com as mulheres que vivem esse tipo de coisa.

Quando eu comecei a ouvir falar de violência obstétrica[96], eu que sempre fui uma obstetra cuidadosa, carinhosa com a paciente, que não colocava o meu conhecimento acima das escolhas delas, mas colocava o meu conhecimento à disposição para contribuir com a escolha delas. Elas sempre confiaram em mim e diziam "eu sei que se eu precisar de uma intervenção, se eu

---

96. "A expressão 'violência obstétrica' (VO) é utilizada para descrever e agrupar diversas formas de violência (e danos) durante o cuidado obstétrico profissional. Inclui maus-tratos físicos, psicológicos, e verbais, assim como procedimentos desnecessários e danosos – episiotomias, restrição ao leito no pré-parto, clister, tricotomia e ocitocina (quase) de rotina, ausência de acompanhante – dentre os quais destaca-se o excesso de cesarianas, crescente no Brasil há décadas, apesar de algumas iniciativas governamentais a respeito. [...] Recente pesquisa nacional deu visibilidade ao problema: cerca de 1/4 das mulheres que tinham parido, e também aproximadamente metade das que abortaram, relataram alguma forma de VO. Esses fatos são a ponta de um *iceberg* com o qual a sociedade e os profissionais da atenção primária à saúde (APS) brasileira têm convivido passivamente. Sendo a prevenção quaternária a atitude e a ação de identificação e evitação de risco de hipermedicalização, intervenções desnecessárias e danos, ela deve considerar a VO em seu escopo de saberes, valores e práticas" (TESSER, 2015, p. 2).

precisar de alguma coisa, você vai fazer..." Então, eu sempre tive essa relação. E o retorno que eu sempre tive das minhas pacientes era muito bom, eu sempre tive uma relação muito gostosa porque elas sabiam que eu estava ali para tentar fazer o melhor. E eu me mudei para uma cidade pequena há 28 anos atrás, onde a obstetrícia era dividia em dois blocos. Um bloco de mulheres que na época até se chamava de indigentes, as mulheres que eram do INPS, Inamps[97], antes do SUS, eles chamavam essas pessoas que não tinham plano de saúde de indigentes. Essas mulheres não tinham plano de saúde e não tinham dinheiro para pagarem uma assistência e elas tinham seus bebês lá no hospital com as parteiras. E as parteiras eram as funcionárias que começavam trabalhando em serviços gerais e daí elas passavam a auxiliar de enfermagem porque elas tinham uma afinidade com aquilo, e de tanto verem o parto acontecer elas iam "pegando mão" e se tornavam parteiras e parteiras práticas. Os partos eram feitos por elas e se precisasse chamar o médico, então chamava. Mas eu me formei na UFMG, fiz residência em Belo Horizonte, eu já vim de um contexto onde a assistência obstétrica era feita por médicos obstetras. As outras mulheres, as pacientes que tinham dinheiro para pagar o médico, elas iam com o médico, mas eles faziam cesárea, marcava a cesárea para o dia tal. E eu cheguei nessa cidade, trazendo algo totalmente diferente porque eu era médica obstetra, mas que fazia parto normal. Então, as mulheres ficavam assustadíssimas quando iniciavam o pré-natal e eu começava a conversar sobre parto porque não passava pela cabeça delas um parto normal. Por quê? Porque parto normal que elas sabiam, eram daquelas mulheres que não tinham assistência de ninguém e tinham os bebês lá com as parteiras. E eu fui mudando com as pacientes que me procuravam, as pacientes que eu atendia e que era um movimento muito grande de gestantes. A gente foi mudando isso, fomos dando uma assistência qualificada e a paciente sabia que se ela entrasse em trabalho de parto, eu já iria ficar do lado dela até a resolução, até que o parto acontecesse. E aí, quando eu ouvi falar de violência obstétrica, eu fiquei magoada e eu pensei: "não, gente, eu não faço isso!" E eu era tão crédula que eu não acreditava que os médicos faziam essas coisas que as mulheres estavam reclamando, eu achava que isso não era possível. Eu achava que eles estavam falando de obstetras como eu, mas eu não fazia nada daquilo. Mas eu devo dizer

---

97. "O Instituto Nacional de Assistência Médica da Previdência Social (Inamps) foi criado em 1977 pela Lei n. 6.439, que instituiu o Sistema Nacional de Previdência e Assistência Social (Sinpas). [...] O novo sistema transferiu parte das funções até então exercidas pelo Instituto Nacional de Previdência Social (INPS) para duas novas instituições. A assistência médica aos segurados foi atribuída ao Inamps e a gestão financeira ao Instituto de Administração Financeira da Previdência e Assistência Social (Iapas), permanecendo no INPS apenas a competência para a concessão de benefícios. O Inamps foi extinto em 1993 pela Lei n. 8.689, e suas competências transferidas às instâncias federal, estadual e municipal gestoras do Sistema Único de Saúde (SUS), criado pela Constituição de 1988, que consagrou o direito universal à saúde e a unificação/descentralização para os estados e municípios da responsabilidade pela gestão dos serviços de saúde" (CPDOC/FGV, 2009).

que, hoje eu brinco e falo que eu tive uma doula para me dar assistência no meu parto da ideia da violência obstétrica, do meu entendimento disso. E eu comecei a entender que a violência obstétrica se refere a procedimentos desnecessários e intervenções desnecessárias que os médicos fazem e dão justificativas vazias e a paciente acredita, a gestante acredita, a parturiente acredita. E isso virou no Brasil, infelizmente, que nos partos assistidos por médico, a incidência de cesárea é altíssima. Entre os planos de saúde nós tínhamos até pouco tempo, 90% de cesariana e nós sabemos que nos outros países não é assim. Tem alguma coisa, tem algum lugar em que as coisas não estão muito certas, não é? E eu comecei a entender que o médico tomou conta do cenário da gravidez, do parto e, realmente, o médico tomou conta disso e ele acha que a mulher tem que fazer o que ele quer. E o que ele quer? Ele quer o que é mais prático para ele, o que é mais rápido como uma cesárea. E se a mulher fala que quer parto normal, ele não apoia essa ideia. E, quando em um plantão, uma mulher chega e fala que quer ter parto normal, esse parto será um parto cheio de intervenções, intervenções desnecessárias e a mulher ouve muitas coisas desagradáveis durante o trabalho de parto. Então, não é folclore, a história na hora das dores, parto dói, ninguém pode negar isso. Essa fala sempre foi muito corriqueira: "ah, na hora de fazer não gritou assim, não é? Agora aguenta!" E eu comecei a me dar conta de que isso acontecia mesmo. Eu acho que eu passei muito tempo, talvez, meio na bolha porque eu tinha uma relação só com as minhas pacientes, eu dava plantão, mas dentro do meu plantão, eu fazia o que eu acreditava e eu não consegui acreditar que outros profissionais faziam essas coisas que as pacientes contam e que hoje nós classificamos como violência obstétrica. E foi quando eu me dei conta de que, realmente, isso acontece e muito. E por que que o médico não quer nem ouvir falar disso? Ele não quer ouvir falar disso por dois motivos, na minha percepção. Primeiro, porque ele não para pra entender o que é a violência obstétrica. Às vezes ele não pratica, mas como ele não para pra entender, ele começa a generalizar e ele acha que toda vez que se faz uma intervenção, que todas as intervenções, agora, são violência obstétrica. Ele não para pra entender o conceito e que este conceito se refere a procedimentos desnecessários, procedimentos sem indicação clínica. Ou então, ele entende o que é, ele vê que ele faz, e ele não quer ouvir falar disso. E fica fácil para o médico porque o médico é uma figura de poder na sociedade até hoje. Fica fácil ele desqualificar o que as mulheres estão dizendo, o que elas estão reivindicando. Fica fácil porque ele tem o poder. E as mulheres, por outro lado, ficam muitas vezes inibidas mesmo. Porque elas têm medo de precisar do médico e aí, como é que ela vai confrontar o médico e depois ela precisa ele? Infelizmente, a obstetrícia virou um campo de guerra, uma área de muita tensão porque os médicos querem continuar fazendo o que eles quiserem fazer. E o que eles querem, muitas vezes, infelizmente, não visa o bem-estar do paciente. Mas um dos princípios básicos da ética médica é que a nossa atuação tem como foco o bem-estar do paciente. E na obstetrícia a atuação do médico não tem, muitas vezes, foco no bem-estar do paciente, mas tem foco no bem-estar do médico. Por que que eu vou marcar sua cesárea para o dia 22 de dezembro às 7h30 da manhã? Porque eu não quero que chegue o natal e eu possa ser chamada a qualquer hora, então, eu já vou fazer essa cesárea, porque eu vou lá, faço, eu gasto uma hora para fazer, vou embora e pronto, já fico livre! Vou passar meu natal tranquila com o menor risco de ser chamada. Então, a assistência obstétrica passou a ser... E não é só a assistência obstétrica, eu estou falando da obstetrícia, mas, infelizmente, eu passei o ano passado pela experiência da doença e faleci-mento da minha mãe. Eu enfrentei UTI, enfrentei hospital e, infelizmente, aquilo tudo que me machuca de ver na assistência obstétrica, eu tive uma tristeza muito grande ao descobrir que, enquanto eu achava que era na obste-trícia e que a gente está lutando para mudar isso, mas daí eu descobri de re-pente que a situação da obstetrícia é a melhor. Por quê? Porque a sociedade civil já se levantou contra isso. Hoje nós já temos legislação, temos muita base para lutarmos contra esse tipo de violência. Só que aí, eu, minha mãe, minha família, nós fomos vítimas de violência na assistência médica e mesmo eu sen-do médica. Então, eu não gosto nem de pensar no que que deve acontecer com os pacientes que não tem um médico parente. Porque mesmo eu sendo médica, mesmo eu tendo uma entrada mais aberta na UTI, no hospital, eu passei por coisas e eu descobri que a situação da violência obstétrica ainda está melhor porque a violência em todas as outras áreas do atendimento à saúde está muito pior, está velada. E na obstetrícia nós ainda estamos privile-giados porque nós temos grupos de apoio ao parto, grupos de incentivo, gru-pos de ativistas e legislação, e se reivindica muito. Felizmente no Brasil, nós temos obstetras no país inteiro que estão apoiando às mulheres, esses grupos de mulheres nessa luta pelos direitos de um parto bem assistido, onde as es-colhas da mulher sejam respeitadas. E quando a gente fala em respeitar a esco-lha da mulher, eu nunca tive ou nunca vi contar de uma paciente, de uma parturiente que está acreditando que o obstetra está ali, realmente com a in-tenção de ajudá-la, de ver o melhor para ela, eu nunca vi contar de uma pa-ciente se rebelar. Elas se rebelam é quando elas não estão seguras de que o que o médico está propondo é o melhor. E por que que as vezes elas não confiam? Às vezes até aquela conduta proposta é a melhor mesmo, mas aque-le médico, do jeito que ele está tratando essa mulher, do jeito que ele está tratando a família dela, do jeito que ele está ali, pronto, ela não sente mais a confiança. Se esse acolhimento não for um acolhimento amoroso, se ele não ouvir com sinceridade, querendo saber, realmente, o que ela pensa, o que que ela deseja, ele pode até indicar uma intervenção que está correta tecnicamen-te, mas a confiança já está quebrada. E o que eu quero dizer é que na assistên-cia obstétrica nós ainda estamos melhores por causa disso, porque nós temos grupos de ativistas que inclui o obstetra de Norte a Sul do país. A violência obstétrica tem nome e tem legislação e se você passa por alguma coisa, aquilo está previsto em lei. Agora, e nas outras áreas da assistência à saúde como eu passei como acompanhante, como minha família passou e a minha mãe passou como paciente? Aí a minha decepção, o meu desespero aumentou demais porque eu pensei "gente, tudo isso pelo que nós estamos lutando na obstetrícia, nós estamos é muito adiantados". E o que está ocorrendo nas outras áreas da assistência onde não existe nenhum movimento ainda? Nenhum movimento forte como esse?

Sobre corpo e vergonha, essas reflexões estão me fazendo voltar a minha vida e eu estou me sentindo uma pessoa cada vez mais privilegiada. Porque eu tive essa criação de muita naturalidade em relação ao corpo. Dentro de casa eu tive sempre tudo isso com muita naturalidade. Meus pais sempre encararam a nudez, dentro de casa, na hora do banho com muita naturalidade. Então, era assim: "vamos tomar banho?" E eu me lembro do meu pai entrando no chuveiro com a gente, com os filhos e tomando um banho. Então, a nudez sempre teve uma naturalidade, porque na hora que você vai tomar banho você tem que ficar nu, você tem que tirar a roupa. E eu me acostumei a saber como era o corpo de um homem pequenininho que eram os meus irmãos, de um homem adulto que era o meu pai, de uma mulher adulta que era a minha mãe. Então isso foi sempre muito natural lá em casa. As perguntas que surgissem eram respondidas com muita naturalidade, com muita tranquilidade. Eu não vivenciei isso de vergonha. E quando eu li isso aqui, tudo me remeteu a essas lembranças mais primeiras que eu tenho sobre isso. Mas as mulheres, muitas vezes, elas têm vergonha de coisas que são fisiológicas

Por exemplo, os pequenos lábios maiores do que os grandes lábios. 50% das mulheres têm os pequenos lábios maiores, mais proeminentes. Então, uma coisa que acontece é que 50% de uma população não pode ser anormal se é considerado fisiológico. E aí a gente tem a questão: quem é que deu nome às partes do corpo da mulher? Quem é que falou que os lábios externos chamariam grandes lábios e os internos pequenos lábios? Foram homens, os anatomistas, foram os homens que deram nome para essas coisas todas. O que eu noto às vezes são mulheres com um problemão que chegam para consulta e querem fazer plástica porque, culturalmente, colocou-se na cabeça delas que deve ter alguma coisa errada. Isso é uma coisa que me assusta, a quantidade de mulheres que fica com essa ideia. Com relação ao assoalho pélvico, o períneo, a gente vê também muitas mulheres que começam a ter dificuldades no relacionamento e aí a primeira coisa que elas pensam é que elas estão largas. E elas procuram consultas para saber o que que aconteceu e, muitas vezes, elas caem nas mãos de médicos, tanto médicos homens ou médicas, que reforçam aquela ideia que elas já estão tendo e que propõe cirurgia e dizem "vamos consertar (consertar!) esse períneo". Muitas vezes, em casos que não têm a menor indicação e não tem nada de errado. Se você quer fazer uma plástica no seu rosto porque a vida foi trazendo alguma queda dos tecidos, tudo bem!

Mas de achar que é uma coisa errada, então o que eu vejo mais, esses dois aspectos que são para mim os que me ressaltam mais com relação a vergonha e com relação ao corpo. Eu penso que se a mulher tem alguma coisa no corpo dela que ela não aceita, que ela tem vergonha, como é que fica a força dela de acreditar que ela pode alguma coisa? A gente tem mulheres que estão presas a um padrão que foi estabelecido e se ela não atende a esse padrão a autoestima dela é mais baixa mesmo, ela não sente que ela pode e esse empoderamento fica enfraquecido.

Essa questão do aborto, é uma questão bastante importante, cada vez mais. Eu estou com uns 30 anos de prática obstétrica dentro da ginecologia e obstetrícia. E o que eu vejo é que ao longo da vida eu fui procurada por inúmeras mulheres que estavam grávidas, uma gravidez não desejada e que elas procuravam abortar. E eu sempre acolhi essas mulheres, sem julgá-las, sem julgar, mas ouvir o que que elas queriam. E elas me falavam: "olha, eu vou em uma clínica e depois se eu tiver algum problema você me atende?" Claro que eu atendo! E, dessas mulheres que me procuraram e que se diziam decididas a praticarem um aborto, muitas fizeram mesmo e uma grande parte não fez, desistiu. E eu fico me perguntando se não foi esse espaço de acolhimento, de não julgamento que propiciou a ela, uma condição de reavaliar isso. Eu sou a favor de descriminalizar o aborto, eu sou a favor disso. Eu estou querendo dizer que eu sou a favor do aborto? Não! Eu não sei se... Eu, quando eu era jovem, eu tinha uma coisa clara dentro de mim, embora uma gravidez consequente de um estupro seja uma das condições em que o aborto é legal no Brasil, eu tinha dentro de mim que se acontecesse uma coisa dessas comigo, que eu não iria fazer uso desse direito legal. Eu achava dentro de mim, eu sentia que eu iria escolher levar a gravidez adiante, mesmo tendo sido uma gravidez produto de um estupro. Coisa pessoal, mas isso é o que eu decidiria, talvez, não sei, porque graças a Deus, eu não passei pela experiência, não precisei pensar sobre isso seriamente a ponto de tomar uma decisão, mas eu tinha uma sensação dentro de mim que eu não usaria esse direito. Então, eu não sou a favor do aborto, mas eu sou a favor da liberdade de cada uma escolher o que ela quer. Eu acho que tem que descriminalizar para todas as situações. Eu penso que uma mulher leva uma gravidez adiante se ela desejar. E aí, o que eu acho interessante, é que o aborto, mais uma vez, ele traz à tona uma discriminação social muito violenta. Porque o número de abortos provocados no Brasil é altíssimo. É altíssimo entre mulheres ricas e entre mulheres pobres. A diferença é que a mulher rica aborta tanto quanto a pobre. Mas a mulher rica ela aborta em uma clínica onde o aborto é clandestino, é ilegal, mas ele é dentro de todas as medidas de segurança de uma cirurgia. Ele obedece a toda segurança de esterilização de um procedimento cirúrgico, então, elas não morrem. Elas abortam e não têm consequências. E as mulheres pobres, elas procuram o que elas podem arcar e elas morrem. O número de mulheres que morrem em consequência de aborto provocado no Brasil, é muito alto. E, criminalizar o aborto, comprovadamente, não está melhorando essa situação. A descriminalização pode melhorar. Porque a partir do momento em que a mulher sabe que se ela quiser ela pode abortar, pode acontecer o que aconteceu na minha experiência a vida inteira, a mulher chegava para mim, compartilhava o que ela estava pensando e como ela era colhida, não era julgada e eu me colocava à disposição, não para fazer o ato, mas para atendê-la caso ela necessitasse, e muitas mulheres desistiam. Eu penso que quando ela tem esse espaço de liberdade para refletir sobre essa questão, muitas irão desistir. Eu acho que nós precisamos, urgentemente, lutar pela descriminalização do aborto. Se eu sou a favor do aborto? Não, não sou. Eu sou a favor de que cada uma tenha direito de escolha. E vai aumentar o número de abortos? Não, pode até diminuir porque os países que têm essa experiência de descriminalizar, têm mostrado números muito melhores do que os países onde o aborto é considerado um crime. E além do mais, têm o seguinte, se descriminalizar, vamos dizer que eu sou contra, e que diferença isso fará para mim? Eu vou abortar ou não abortar se eu desejar. Não é porque descriminalizou que irá mudar minha convicção pessoal. É a mesma coisa entre o casamento entre pessoas do mesmo sexo. Que diferença faz para mim? Eu não tenho interesse em me casar com uma pessoa com o mesmo sexo que eu. Então, não faz diferença para mim se é permitido, se não é permitido, não irá fazer diferença na minha vida. Mas irá fazer diferença na vida das pessoas que têm essa opção. Então, por que que a gente tem que dar palpite em uma coisa que para a gente não fará diferença? Por que que a gente tem que ser contra a descriminalização do aborto? Ué, se descriminalizar, aborta quem quer, quem não quer, não aborta. Quem é contra não aborta. A lei não irá obrigar a ninguém, ninguém é obrigado a nada. A história é essa, ninguém é obrigado a nada. É a mesma coisa que se foi falado recentemente a respeito do armamento. A "direita" veio exatamente com esse argumento: "não, gente, não estamos liberando o porte de arma, mas quem é contra o porte de arma, não precisa usar. Ninguém é obrigado". Ótimo!!! Exatamente! É esse raciocínio que a gente quer trazer: não, gente, nós estamos legalizando o aborto, mas ninguém é obrigado a abortar. Aborta quem quer. Usa a arma quem quer. Casa com pessoas do mesmo sexo quem quer. Então a lei não é para obrigar, é apenas para descriminalizar.

Essa figura me remete a algumas ideias. Ela me remete à ideia da impotência, ela me remete à ideia de uma pessoa que não pode fazer nada. Então, apesar dela parecer ser uma imagem forte, de alguém mostrando força, o que que essa pessoa com essa mão fechada pode fazer? Nada! Essa mão não faz nada porque ela está fechada, ela não está aberta. Ela não faz nada, ela está fechada, paralisada, imobilizada, então, essa mão, apesar de ser uma imagem agressiva, ela me passa mais uma imagem de impotência do que de poder. Eu não me identifico com essa imagem. Por exemplo, isso, não simboliza a minha luta. Porque é uma imagem de força e eu não acredito no movimento, na tentativa de mudança a partir de uma coisa fechada. Essa coisa fechada é assim, "eu tenho a verdade", não é o que eu acredito. Eu acredito em ouvir a verdade do outro e, por mais que eu discorde, legitimar essa verdade que eu estou ouvindo. E eu acho que quando eu ouço a verdade do outro e legitimo, eu contribuo para ele se abrir e ouvir a minha verdade. Essa mão fechada como se fosse um símbolo de poder, eu não me identifico com ela, eu não me identifico com a força, eu não me identifico com a coisa fechada. Eu me identifico com ouvir o outro e, por mais que eu discorde, eu vou respeitar a legitimidade do que o outro pensa. E é só assim que eu faço com que o outro se abra para ouvir a minha verdade e legitimar a minha verdade. Quando eu chego com a minha verdade e o outro com a verdade dele, eu acredito que a gente não sai do lugar. Mas quando eu escuto o outro e eu pergunto a ele: por quê? Por que que você pensa isso? Ele irá me explicar por quê. Porque eu estou perguntando. A sua perplexidade diante de certas coisas é tão grande que você não pensa "gente, mas como que alguém pode pensar assim?" Não te desperta um profundo estranhamento? Então, eu acredito e isso é um trabalho que eu tenho feito comigo. Em transformar a minha indignação diante da fala que me deixa indignada pelas atrocidades, transformar essa indignação em um interesse verdadeiro, sincero de entender por que ele pensa assim, age assim, está falando assim. Por quê? O que que o move a pensar assim? E a experiência que eu tenho tido é que quando esse interesse em entender o porquê é sincero, e você pergunta isso com respeito, (com respeito!), e isso é um exercício, você não está dizendo assim [em tom agressivo]: mas como? Por quê? Como assim? Espera aí. Não, você diz [sem tom agressivo]: "olha, você está me falando assim, assim e assim, mas por quê?" Quando essa minha indignação (porque o que costuma ficar mais forte na gente é a indignação), se a indignação é tão grande, você não consegue dar espaço. Porque dentro dessa indignação você fala assim: "mas como assim, gente, como que essa pessoa pode falar uma coisa dessas?" Só que a indignação é tão grande que você não consegue dar força para o "Como assim? "Por que assim?" Porque a gente é tomada pela indignação. Esse é um exercício que eu tenho feito, de transformar e trazer a força desta indignação para ressaltar uma outra coisa que está acontecendo ao mesmo tempo que é a incompreensão e a vontade compreender como que uma pessoa pode agir dessa maneira. E eu acredito, minha hipótese, a partir de algumas coisas que eu tenho experimentado que quando você consegue fazer essa pergunta para o outro de uma forma sincera, que você realmente está interessado em compreender por que, muitas vezes, será a primeira vez na vida que aquela pessoa irá refletir. Muitas vezes ela nunca refletiu sobre aquilo. Ela foi reproduzindo uma coisa que ela foi achando que era assim mesmo, mas ela nunca parou para realmente refletir no porquê. Então, a sua curiosidade, a sua vontade de entender como que essa pessoa pode pensar assim e se isso for levado de uma forma respeitosa, "não, e estou mesmo querendo entender o que te leva a pensar assim", muitas vezes será a primeira vez que a pessoa irá refletir e, muitas vezes, ela irá soltar um destampatório agressivo e você, não retrucando, não replicando, porque você está deixando ele botar tudo aquilo para fora e você sai dali e fala, "não adiantou nada, olha tudo o que ele me falou", mas a reflexão precisa começar em algum momento. E aquela pergunta que você fez e aquele destampatório que apareceu ali e, muitas vezes, foram argumentos agressivos e de defesa, a pessoa se defendendo, aquela pergunta vai ficar na cabeça da pessoa. E aquilo tudo que a pessoa falou vai ficar reverberando e as coisas vão se modificando. Aquela pessoa vai modificando o seu pensamento. Então, eu não acredito nisso [força da imagem do punho], eu acredito na reflexão. Eu acho que não existe mudança sem reflexão e o espaço para a reflexão, é o espaço do acolhimento. Na hora em que eu acolho o outro na sua atrocidade, por mais que isso me cause indignação, mas se eu conseguir acolher, se eu conseguir transformar minha indignação numa curiosidade, em um interesse de entender o porquê dessa pessoa pensar assim e eu ouvi muitas vezes o destampatório agressivo, mas é aí que muitas vezes a reflexão começa. Eu tenho tido muito esse tipo de experiência. E nessa coisa com os obstetras, porque eu não posso me indispor com eles, então, eu tive que criar uma forma de conviver e eu coordeno uma residência de ginecologia e obstetrícia, eu preciso dos obstetras todos que estão lá de plantão. Porque são eles que recebem os residentes e estão ali em contato direto com eles, e eu preciso manter uma relação tranquila. E eu pergunto e falo: "fulano, violência obstétrica, o que você pensa disto?" E eu escuto. Eu escuto e acolho. E aquilo que ele está falando é a verdade dele e é aí que se eu tenho uma chance de ir buscando mais porquês, porquês que sejam sinceros, não é aquele porquê da indignação: Por quê? Como assim? [entonação alta]. Mas é aquele porquê sincero. Porque a atitude é tão estapafúrdia, a fala é tão atroz que a gente precisa entender por quê. Eu tenho visto que, depois, quando você tem uma outra oportunidade de conversar com a pessoa, ela fala assim: "aquele dia que você me perguntou sobre isso, eu falei isso, isso e isso, mas depois eu fiquei pensando..." Então, eu acredito que a única forma de você ir transformando o estilo de pensamento e transformando as falas, os paradigmas, é produzindo reflexão. E nós somos pouco afeitos à reflexão. Eu acredito que as pessoas precisam falar e isso não é de uma vez. E que também precisamos aprender a não sermos imediatistas.

Sobre o "pare", eu acho que eu tenho uma visão muito concreta demais dessa imagem. Pare porque você não tem permissão para passar daqui e é bem a placa de trânsito mesmo. Pare porque a preferência não é sua e pronto.

E, nessa imagem, eu vejo aqui alguém e a pessoa está vendo o reflexo dela, mas parece que o reflexo do rosto está bem diferente. É uma pessoa que se vê no reflexo como alguém diferente do que ele é. É isso.

Na minha experiência, todos os dias eu sou incomodada com a distorção que acontece nas coisas, nos movimentos. A coisa mais imediata para mim da ideia de distorção, é exatamente ver o que os grupos de mulheres estão reivindicando dentro dos direitos da assistência ao parto e como é que os médicos ouvem esse discurso e distorcem completamente. Ninguém vai lá no conceito de violência obstétrica para ver o que está enquadrado naquilo ali e aí, eles saem distorcendo e dizendo "ah, porque hoje tudo que a gente faz, não pode. Não pode fazer uma episiotomia, não pode ligar o soro, tudo o que a gente faz é violência obstétrica". Inclusive, eu estou em um processo de uma desidentificação com os segmentos da classe médica. Eu não me identifico com muitos posicionamentos de grupos médicos e por isso estou tendo um processo de desidentificação muito grande, porque eu vejo que eles estão em um lugar de poder e querem assumir um lugar de poder cada vez maior e subjugar o que as pessoas que não são médicas, aquelas que não têm autoridade para falarem dos assuntos, essas pessoas estão cada vez mais subjugadas e esse processo está muito relacionado à distorção. Eu vejo que os médicos não param para ver o que realmente os grupos de mulheres estão solicitando, estão pedindo com relação à violência obstétrica. Porque as coisas da violência obstétrica elas são indiscutíveis, qualquer médico que tenha um mínimo de compromisso ético, ele não irá discordar de que aquelas coisas não devem ser feitas mesmo. Mas existe uma distorção. E uma distorção no sentido de falar assim, "ah, hoje você não pode mais fazer episiotomia". Não, não se pode fazer se não houver uma indicação. "Ah, hoje a gente não pode nem botar a mão mais na parturiente que é violência obstétrica", isso é uma distorção. Elas não querem é que você faça exames desnecessários, não é que você não coloque a mão. "Ah, a gente não pode mais indicar uma cesárea porque as pacientes colocaram na cabeça que querem ter parto normal e que não querem aceitar", não é isso, ela não quer aceitar o processo que ela não está acreditando que é aquilo mesmo. E, infelizmente, nós não podemos negar que aquilo que a gente já falou inicialmente, que os médicos fazem muitas coisas em benefício próprio.

A minha lágrima hoje está onde eu estou sentindo mais dificuldade em trabalhar. Então, eu vou voltar à questão em que a violência obstétrica está em uma situação mais privilegiada do que o restante da assistência à saúde. Eu penso que no restante nós não temos respeito, nós não temos amparo e a violência corre muito mais solta. Então, essa lágrima, o lugar dela está aí e, no momento, eu acho que quando eu passei toda a experiência da minha mãe e toda a dor, toda essa lágrima, ela foi canalizada para a oportunidade que eu tenho hoje de trabalhar na formação dos próximos médicos. E saber que eu posso contribuir para formar médicos com pensamento, com uma postura, com um estilo de pensamento diferente.

O meu grande sonho, hoje, é a gente ter uma sociedade onde as pessoas se escutem de forma respeitosa, onde as pessoas possam se expressar, serem ouvidas e de uma forma em relações mais horizontais. Essas relações, essas hierarquias que é nosso modelo, nosso paradigma, nosso paradigma é o paradigma da hierarquia, então, quem está aqui em cima tem mais poder para falar do que aquele que está aqui para baixo. E esse poder vai só diminuindo.... Eu não acredito nisso. Eu acredito em uma sociedade onde as relações são horizontais, sem relações hierárquicas e onde a fala de cada um é respeitada da mesma forma. É eu saber que quando eu ouço pessoas que neste modelo de hierarquia estão "abaixo" de mim, eu vou ouvi-las na legitimidade do lugar que ela fala e ela é que sabe. Daquele lugar ali, é ela que sabe o que acontece, o que ela tem para falar. Então meu grande sonho hoje, sonho mesmo, é de uma sociedade onde as pessoas se respeitem, se escutem e escutem de forma respeitosa e tomem como legítima a fala de cada um, mesmo que seja contrária a sua.

Ser professor: a utopia está no horizonte

Eu tenho 38 anos. Sou formado em Ciências Sociais. Eu estudei nesta escola, em que eu sou diretor hoje, até os 12 anos de idade. Dos 12 aos 19 anos eu fiquei sem estudar, eu tinha apenas a sexta série completa. Um dia eu encontrei um professor na rua que me marcou muito na época que ele dava aula como professor substituto nesta escola. Ele começou a conversar comigo e a me puxar para o interesse que eu tinha na época, pois eu gostava de música, de *rock*. Ele começou a me dar livros e revistas sobre isto e aos poucos eu fui começando a ler. Ele era bibliotecário no Cesec (Centro Estadual de Educação Continuada) e quando eu fui ver, aos 19 anos eu estava fazendo o Cesec. Fiz o Ensino Fundamental em 1 ano e quando faltavam 5 meses para terminar o ano, eu decidi que faria o Ensino Médio nestes meses. Então eu passei a morar no Cesec e ficava lá de manhã, tarde e noite e assim, concluí os estudos. Logo depois eu fui aprovado no vestibular da faculdade em primeiro lugar e por isso recebi uma bolsa de estudos de 1 ano. No segundo ano, uma professora aqui do município pagou meu transporte de ida e vinda da faculdade que ficava numa cidade próxima. Pagou meus lanches e xerox. Com 21 anos eu entrei na faculdade.

Quando eu terminei de cursar a faculdade, a prefeitura abriu um concurso para professor de sociologia que era de uma vaga. Eu prestei o concurso e fui aprovado. E a partir do ano de 2005, eu me tornei professor de sociologia. Entre 2012 e 2013 houve concurso para ser professor no Estado, eu prestei e passei e fui nomeado professor nesta escola em que estou hoje. Dois anos depois saiu um edital para a direção da escola, eu me candidatei. Apesar de certa rejeição por vários colegas, eu fui eleito diretor com 95% dos votos dos alunos e na somatória entre pais e professores, eu tive 60% dos votos. Tinha sido um ano difícil, eu tinha 44 turmas para dar aula e havia dias em que eu faltava na escola de tanta canseira. Mas eu tive uma ótima equipe para trabalhar na escola.

Quando eu me tornei diretor, a proposta era realizar aquele monte de sonhos pedagógicos que nós tínhamos: uma escola sem repressão, sem machismo, onde o estudante tivesse a voz, onde as meninas que ficavam na cozinha também participassem das reuniões pedagógicas, porque elas também faziam parte do processo. E eu comecei a implementar essas pequenas mudanças apesar da resistência de muitos professores, mas aqueles que mais resistiram, foram os mesmos que se aposentaram. Para mim, a imagem do punho é um símbolo de luta, de coragem e de resistência, de "somos fortes e vamos enfrentar o que vier". E isso é muito marcante. Eu penso que talvez a palavra luta defina essa imagem.

Ano passado a escola fez um festival fantástico focado na desconstrução de práticas machistas. Também trabalhamos a desconstrução do conteudismo com os professores e o trabalho na construção de habilidades dos alunos. E neste processo de trabalhar as habilidades dos alunos, nós trouxemos diversas entidades para dentro da escola como os coletivos feministas, OAB (Ordem dos Advogados do Brasil), conselho tutelar, centro cultural afro-brasileiro, doulas para falar sobre parto natural, diversos palestrantes e foi um trabalho muito grande que envolveu a escola inteira, foi algo muito maior do que eu havia pensado e foi maravilhoso! A escola até pode ainda ter pessoas que são machistas, com certeza sempre tem porque nós temos essa cultura do machismo. Mas não se tem machismo sem que haja agora discussão dentro da escola. O dia que nós terminamos o projeto com a apresentação dos alunos, todos da escola pública, lindos, eu chorei nesse dia. Eu pensei: missão cumprida, já posso morrer porque deixei uma marca! E é isso, nós temos trabalhado! E eu sou uma pessoa que acredita na mudança no mundo e tem muita coisa para ser mudada.

Agora, no Brasil, nós estamos em um momento difícil, mas a gente não deixa de acreditar. Eu acredito muito na dialética e por mais que tudo esteja difícil, algo novo virá. E nós podemos contribuir nesta dinâmica, mas o novo virá. A minha luta é aquilo que me toca. E me toca muito o desprezo das pessoas por quem precisa de apoio, aquela pessoa que fecha o vidro do carro para quem está no semáforo, o que bate à porta para o mendigo e nem o escuta e já fala: "Hoje não!" Eu penso que a luta é essa, é por justiça social para que todas as pessoas vivam bem em um planeta sustentável, sem ambições pequenas de bens materiais porque dá para todos viverem bem. Com tecnologia é possível que todos possam comer bem, possam ter lazer, possam cuidar de sua família e isso é uma mudança utópica, mas é no caminho que a gente faz. O Eduardo Galeano fala, "a utopia está no horizonte". Eu não acredito que sala de aula seja militância. Eu penso que a sala de aula é onde o professor militante faz seu trabalho pedagógico e isso dá um diferencial muito grande. Eu acredito que nós temos que ir além da sala de aula como trabalhadores, como classe e por isso eu me dedico a participar de alguns sindicatos da maneira como eu posso. E na escola eu faço também a utopia que eu acredito, tal como fizemos nesse projeto.

Em 2016 nós tivemos as ocupações das escolas pelos estudantes secundaristas[98]. Aqui na escola nós tínhamos um grupo de estudantes que eram muito engajados, sempre participavam de encontros de juventude e até representavam a escola como alunos em reuniões com a superintendência de ensino. Muitos disseram que fui eu o responsável para o início das ocupações aqui, disseram que eu manipulei e influenciei os alunos, mas isso não é verdade. Eu percebi que algumas estudantes estavam se levantando para ocupar a escola. Eu sabia que elas ocupariam por várias ações que elas mesmas fizeram de convidar alguns palestrantes para conversar, dentre outras coisas. O dia que eu cheguei e a escola estava ocupada, já haviam 460 escolas ocupadas no Brasil. Quando eu cheguei, havia uma faixa enorme na frente da escola escrito: "Fora Temer!" Muitas mães estavam do lado de fora e bem bravas, exigiam que eu retirasse os estudantes de lá. Eu pensei: o mundo vai cair nas minhas costas! Então, eu chamei os alunos para conversar e perguntei: vocês estão ocupando a escola? E eles responderam que sim, que estavam e não iriam parar naquele momento. No exercício da função de diretor e pela escola ser propriedade do Estado, eu entendi que deveria entrar em contato com a superintendência para avisar do ocorrido e também chamar a polícia para um boletim de ocorrência. No outro dia de manhã, chegaram alguns estudantes querendo entrar e bater naqueles que haviam ocupado a escola e também chegou a polícia. Um policial arrancou o porrete e disse: "pode deixar que eu resolvo isso já, eu vou tirar os alunos de lá!" E foi para cima dos alunos. Aí eu chamei uma colega professora que, inclusive, era mais conservadora, mas ela teve uma postura muito correta, ela também defendeu os alunos. Quando o policial foi para cima dos alunos, eu entrei na frente e falei: Não, o senhor não vai bater nos alunos. E ele começou a discutir comigo e disse: "Eles estão em flagrante e eu não preciso de autorização para agir!" E eu respondi: O senhor está dentro de uma escola e não é assim que funciona. E eu achei que ele fosse passar por cima de mim e, obviamente, ele teria que me derrubar porque eu não iria sair da frente. Eu vi que ele iria passar por cima de mim, mas os alunos estavam tão articulados que um aluno que veio ajudar na ocupação, pegou o celular dele e entrou no meio e disse: "Policial, só um minutinho, o secretário estadual de direitos humanos quer falar com o senhor". E aí, na hora, passou o telefone para ele e o secretário falou: "Espera a superintendência chegar e você apenas mantenha a segurança". O policial ficou bem bravo e saiu. E havia um pessoal incitando briga na rua, então o policial chegou e disse que ele iria retirar os

---

98. Em 2016 houve no Brasil uma série de manifestações e ocupações de escolas secundárias e universidades. Esse movimento estudantil ficou conhecido como Primavera Secundarista. Os protestos foram contrários aos projetos de lei da PEC do Teto de Gastos, PEC 241, PL 44, medida provisória do Novo Ensino Médio e projeto Escola Sem Partido, também conhecido como Lei da Mordaça. Cerca de 22 estados brasileiros, além do Distrito Federal, tiveram escolas e universidades ocupadas por estudantes. Segundo dados da União Brasileira dos Estudantes Secundaristas, 1.197 escolas, institutos e universidades federais, estaduais e municipais foram ocupados (UBES, 2016).

estudantes de lá, mas que eu, o diretor, é que impedi. Tudo isso foi bem tenso! Depois disso, foi feita uma reunião com uma comissão formada por pais, professores, alunos e advogados da ocupação. Eu fiquei como um mediador entre os estudantes que ocuparam a escola e a superintendência, e eu penso que a postura do Estado foi muito boa, porque eles tiveram cautela e paciência para tratar a questão e as negociações com os alunos. Eu como diretor, procurei sempre ter um cuidado com os alunos porque eles foram ameaçados por muita gente que ficou revoltada com a ocupação da escola aqui como no resto do país. Então, sempre tinha um adulto dormindo na escola com eles. E o mais interessante é que a grande maioria dos professores, mesmo aqueles que eram mais conservadores, na convivência com os estudantes que ocuparam a escola, eles compreenderam que foi, realmente, uma iniciativa consciente dos alunos. E neste movimento, com o passar dos dias, eu percebi que os alunos também foram aprendendo a melhor se organizar para permanecerem dentro da escola. Eles organizaram esquipe de limpeza, de comida, de estrutura, de segurança e começaram a gerenciar o espaço da escola. E os professores que entravam, percebiam isso e aqueles que eram mais progressistas, também passaram a ajudar a partir de oficinas pedagógicas, darem aulas referentes ao conteúdo que seria avaliado no Exame Nacional do Ensino Médio (Enem) e, dos 21 dias de ocupação, nós tivemos 18 dias considerados como letivos pelo Estado porque tiveram atividades para os alunos. Eu penso que a ocupação foi muito positiva neste sentido, foi um momento de muita aprendizagem para os alunos. No entanto, as expectativas dos estudantes secundaristas aqui do município e também em nível nacional é que eles teriam apoio de outras organizações como sindicatos e organizações de movimentos sociais para suas reivindicações. E eles não tiveram apoio. Eles acreditavam que iriam derrubar a PEC 241, mas ficaram sozinhos, sem esse apoio necessário. Ou seja, algumas dessas organizações deram apoio no sentido de enviarem alimentos e advogados, mas o movimento das ocupações era tão novo, tão dinâmico que os velhos movimentos sociais se mostraram engessados, sem movimento. E isso foi muito dolorido para os secundaristas. Eu penso que em nível nacional, o ganho foi maior do sujeito da ocupação do que a própria ocupação em si. O movimento das ocupações das escolas foi muito espontâneo, mas eu vejo que esses estudantes se tornaram pessoas mais fortes, eles se fortaleceram muito, pois vários deles ficaram muito mais engajados com o movimento estudantil, eles cresceram. Ao término das ocupações, eu tive esse cuidado de trabalhar essas questões com eles. De dizer que a vitória que eles tiveram era qualitativa e subjetiva, mesmo eles tendo sido massacrados pela mídia, nas redes sociais e sociedade em geral. Isso para eles foi muito doloroso! Dizer que eles se tornaram fortes e para que compreendessem que muitas outras lutas ainda virão. E eu percebi que o movimento de juventude aqui no município, cresceu muito.

Eu tenho comigo uma imagem dos estudantes no Chile quando eles iniciaram a luta pela educação pública, há uns cinco anos, que eles aparecem carregando uma faixa com uma frase de Paulo Freire que diz: "ser professor y no luchar es uma contradicción pedagógica". Não tem como você ser professor e não lutar. Isso seria muito incoerente. Eu considerava um absurdo, alguns professores se manifestarem contra as ocupações. O papel do educador é ser engajado, o papel de qualquer trabalhador é ser engajado com sua classe. Mas o professor, ele lida com o conhecimento, ele é um formador de opinião e ele precisa ter esse engajamento. Mas esse "tem que ter engajamento" é algo que precisa vir de dentro dele, da experiência dele, de sua consciência. Hoje, eu acredito que exista uma visão crítica aqui dentro da escola, mesmo havendo pessoas que se posicionam de uma maneira mais conservadora. Mas eu creio que o papel do educador é transformar. Para mim, o que falta para muitos professores é a utopia. É preciso olhar para esses estudantes, se emocionar com as conquistas que há na escola, junto com eles e dizer: vocês precisam honrar a escola pública, a história de vocês, a origem de vocês, é vocês precisam se tornar juízes para um dia poderem analisar o direito de uma pessoa que é cozinheira e que não tem nem vale-transporte e que o processo irá cair na mesa de um juiz. Então, esse amor, essa utopia de vamos mudar o mundo, ela é necessária ao professor. Já há 2 anos que tivemos 2 alunas que ganharam concursos e como prêmio, receberam bolsas de estudo na faculdade. Esse prazer de dizer: puxa, conseguimos, é aluno da nossa escola que é uma escola pública! Eu também fui pedir bolsa para nossos alunos em uma outra faculdade e eles deram uma bolsa de 50%. Pode não ser muito, mas é alguma coisa. E eu me lembro de um aluno que quando eu fui ver a relação daqueles que ficaram em primeiro lugar, tinha um menino lá que eu não sabia quem era. E quando eu fui me informar sobre quem era, eu soube que era um aluno negro que apesar de todo o preconceito que ele sofre, de poucos recursos e de estar aqui na escola pública, ele está indo para a faculdade. Eu acho que muitos professores não têm isso da utopia dentro de si e por isso eles não desenvolvem muito amor pelos alunos e aí, você se torna apenas um trabalhador que vem, cumpre sua jornada de trabalho, dá as suas aulas e vai embora. Então, a questão para mim é muito mais ideológica de querer formar este amor, de vontade de mudar o Brasil, esse sentimento que a escola pública somos nós.

Sobre a imagem "Pare", bom, é uma orientação. Eu estou vendo uma placa de "pare", uma orientação que nesse momento eu devo parar, devo respirar e olhar para um lado e para o outro, pensar e continuar. É uma imagem que me diz que não é para seguir sem ter esse cuidado. Eu acho que essa placa também me demonstra um pouco de compromisso, porque esse "pare" não é só para você parar, mas é também em relação ao outro. Às vezes você precisa parar, pensar que a rua não é só sua. Ela nos dá um sentido de prudência, de calma. Mas não é um "pare" com um ponto-final, não é um acabou! Lenin dizia: "um passo atrás para dar dois à frente".

E também é importante parar para pensar sobre a sociedade do culto ao eu, uma sociedade líquida, assim como a imagem de Narciso. Eu vejo que os alunos sofrem muito hoje por causa disso, por causa da atenção à aparência. Um dos eixos do nosso projeto na escola era também sobre padrões de beleza. O nosso vídeo que ganhou um prêmio, feito por alunos do sexto ano, falava exatamente sobre isso. Hoje em dia esse culto à beleza é explorado por uma indústria e acaba sendo trabalhado e incorporado na cultura e as pessoas se encontram muito presas a isso, a aparência. Eu penso que a distorção tem um viés de maldade quando é intencional, tem um viés de leitura equivocada e é muito ruim quando tem uma distorção intencional das coisas. Quando as pessoas mudam aquilo que foi falado ou aquilo que realmente está acontecendo. Hoje há muita distorção da realidade, muita mesmo. A nossa própria campanha eleitoral foi baseada em muita distorção. Questões que eram próprias de políticas públicas de combate à exclusão social foram distorcidas. A Escola Sem Partido, por exemplo, ela não vive sem a distorção. As questões de gênero, a violência contra a mulher, eu já falei muito sobre isto e, mesmo explicando, por causa das distorções, muitas pessoas ainda não querem ouvir e entender de que se tratam essas políticas. Então, a distorção, hoje no Brasil, é muito forte e as pessoas se encontram tão vazias de conteúdo que às vezes, a distorção por ser pautada pelo senso comum, ela é mais fácil de ser assimilada. Tem gente que associa o amor à religião. E eu creio que uma coisa não tem que ver, necessariamente, com a outra. Amor é um sentimento que vem de dentro da gente, mas ele não é narcisista. Não existe amor sem relação. E eu acho que gente ama as pessoas. Ah, eu amo muito! Tem dia que eu estou aqui na escola e eu penso: para com tudo, eu preciso é abraçar essas crianças aqui. E daí eu saio abraçando um aqui e outro ali, e brincando e correndo. Outro dia eu estava brincando de esconder com os alunos que saíam correndo atrás de mim pela escola. Tudo isso é amor! Como dizia o Che Guevara, o revolucionário é movido por sentimentos de amor. Se não tiver amor, não há nada. E é um amor diferente do amor pela esposa, pelo pai, pela mãe. Amor é muito mais que isso. E eu também acredito que tem uma dose grande de amor pela ocupação da escola. Amor de quem tem aquela consciência de que está lutando por algo que irá afetar os próximos 20 anos e isso não é um projeto direcionado exclusivamente a mim, mas é direcionado ao outro. Se eu fosse um sujeito egoísta, eu poderia até ver uma forma de me adaptar melhor a esse projeto, mas não é assim. Eu penso que todas as pessoas que querem um mundo melhor, elas têm muito amor no coração e também deseja muito amor aos outros. Já no caso do ateísmo, eu penso que não tem a ver com amor, mas sim, é uma pessoa que não foi convencida e que vive bem sem essas explicações mágicas sobre as coisas, é uma pessoa que não tem apego às crenças. Eu gosto muito dos ensinamentos de Cristo. Eu considero muito útil nessa luta nossa. Acho importante discutir sobre o amor que Cristo dizia. O amor é o sentimento mais nobre que a gente tem quando ele é um amor amplo, um amor sem amarras, um amor livre. Um amor que não é machista e que não faz da mulher sua propriedade. Eu não sou dono da minha mulher e ela não é dona de mim, não somos propriedades um do outro. E tudo isso é uma grande luta em nossa cultura. Como diz o Raul Seixas[99], eu te amo tanto, eu te amo tanto que não vou te acorrentar, mas vou te libertar. Porque se eu te acorrento, eu não estou te amando. Se eu te amo, eu amo também a sua liberdade. E se eu prezo tanto pela liberdade que é um valor tão grande, eu é que serei o responsável por aprisionar sua liberdade? Então, a liberdade do amor, do viver, do pensar, do sair, isso é demais! Não é um ato de amor um rapaz proibir a namorada de sair com suas amigas, isso não é amor. Não é admissível um rapaz bater em uma menina, um homem bater em uma mulher ou querer proibir que ela tenha suas próprias amizades e suas próprias escolhas daquilo que quer fazer. Isso para mim é horrível e é doentio! Isso não é cuidar e isso não é amor. Amor é liberdade, é respeito.

Para mim, como professor, Paulo Freire é o símbolo do educador que eu respeito. Porque é por amor que nós somos educadores. Ninguém sai do conforto do *status* que ele tinha para alfabetizar pessoas lá no continente africano ou mesmo naquelas regiões em que ele foi no Nordeste. Não era um professor em busca de um reconhecimento pelo método. Ele não fez isto para mostrar o método que tinha para alfabetizar. Na verdade, eu entendo que para ele, o método era um caminho para a utopia dele. E é isso que faz a beleza do Paulo Freire. Ele queria que as pessoas tivessem condições de fazer uma leitura do mundo, que as pessoas entendessem, que elas perguntassem "por que que Eva viu a uva" e, poxa, compreendessem que homem come uva, que ele produz uva. Eu penso que essa preocupação dele é muito superior. Muita gente, muitos professores, têm uma frase pronta do Paulo Freire, muitos dizem: é, verdade, tem que respeitar a realidade do aluno. Mas como eles não vivem isso, eles também não vão além disso. De todos os educadores que eu já li, ele é um dos mais completos e é o que eu mais aprecio, que eu mais gosto. Essa amorosidade dele, esse amor e esse cuidar, esse desejar a libertação da pessoa e não somente sua alfabetização. É claro que a alfabetização é muito importante para a pessoa ir mais longe, ter mais acesso a oportunidades. Mas, como diria Paulo, eu alfabetizo para você ter condições de ler o mundo, para você compreender esse mundo e então parar e pensar: poxa, isso precisa mudar, eu preciso ajudar a mudar isso que é necessário. E assim, eu entendo que também sou sujeito desse mundo. E como professor, eu posso dizer então: missão cumprida com meu aluno!

---

99. Raul Seixas (1945-1989) foi um cantor e compositor brasileiro. Tinha um estilo considerado místico e contestador. Demonstrava seu interesse pela filosofia, história, psicologia e literatura. Era cético e agnóstico. A música à qual se refere o entrevistado era *A maçã*, na qual afirma que "o amor só dura em liberdade".

Tem uma dinâmica que eu gosto de fazer com meus alunos. Digo a eles que se passaram 10, 20, 30 anos e todos os sonhos que eles tinham, foram realizados, todos! E aí eu digo para colocarem no papel qual o resultado disso. E sempre vêm as mesmas respostas: eu me casei e tive filhos, viajei, tenho um bom emprego, fiz faculdade do que eu queria, comprei um carro e uma casa e ajudei a minha família. E então eu pergunto: ninguém sonhou que a fome do mundo havia acabado? Ninguém sonhou que as guerras acabaram no mundo? A cura das doenças? Os sonhos que nós temos são lindos e eu desejo que todos alcancem, assim como eu também quero alcança-los. Eu quero a minha família bem, mas eu quero que a sua também esteja bem. Então, o meu maior sonho é ver o contrário de muita coisa que estamos vendo hoje. Eu quero ver as pessoas mais amorosas, com mais respeito, tendo mais oportunidades, ver as pessoas mais em pares, mais conscientes, mais compromissadas e menos egoístas, menos violentas. Esse é meu sonho maior de todos! E esse sonho é ideológico.

Eu penso que é a diferença que nos une. Isso não é só um clichê. Nós somos diferentes. A diferença não deve significar hierarquia, significar desigualdade. Mas a diferença é maravilhosa e isso não é clichê e nem discurso de diretor de escola. Depois que os alunos com deficiência começaram a frequentar essa escola, a escola mudou, ela é outra. Eu vejo o cuidado que os colegas da sala têm com eles. A diferença é maravilhosa! Depois que nós fizemos aquele projeto sobre padrão de beleza que eu citei, é bonito de se ver meninas empoderadas com *Black Power* andando pela escola e eu vejo que eles estão, muitas vezes, juntos, em rodinhas, conversando sobre essas questões. Poxa, nós nascemos no Brasil! Você entra na sala de aula e não tem uma pessoa igual, não tem um padrão e o nosso padrão é a diferença. O dia que nós tivermos em sociedade a consciência de que a diferença nos enriquece, eu creio que muitas coisas boas irão acontecer e essa exclusão social irá diminuir, o narcisismo irá diminuir, essa busca por viver em padrões também irá diminuir, as pessoas serão mais felizes e, com certeza, serão vendidos menos remédios contra depressão, haverá menos pessoas tirando sua própria vida e as pessoas irão brigar menos. Porque hoje, eu vejo que a juventude sofre muito. E um dos motivos é que eles acabam vendo que não são aquele ideal padrão que é vendido pelos padrões da sociedade. Trabalhar a diferença é a antítese de tudo isso, é o caminho.

A última vez que eu chorei foi no natal, porque eu me lembrei de tudo o que o Lula fez para melhorar essa questão social que nós estamos falando aqui. Eu choro de emoção, de saudade, choro quando algo muito forte acontece e me emociona, como foi o dia de nossa premiação no festival pelo curta-metragem feito pelos alunos da escola (cerca de 1.250 alunos) contra práticas machistas e violência contra a mulher. No dia da formatura eu chorava de ver os alunos e lembrar: aquele já passou por tantas dificuldades, aquele outro tem tais problemas, aquele ali quase desistiu de estudar. Mas eu creio que derrama lágrima quem tem sentimento, quem sente uma dor, quem tem amor. Uma vez eu ouvi uma professora que eu gostava muito dizer: "sentimento todo mundo tem, a questão é o que te comove".

Tem uma frase que quando eu escuto, eu refuto na hora e há muitos professores que sempre repetem: educação vem de casa, escola é escolarização. Para mim isso é um absurdo! É uma falta de leitura e compreensão de contexto. De compreender quem são as famílias, de ondem vêm esses alunos, como eles vivem, qual é a visão de mundo que eles trazem consigo, qual é a perspectiva que eles têm da vida. Por isso é que muitas vezes os professores não conseguem chegar até os alunos e é quando o grito vira autoridade e a nota vira chantagem. Mas para mim, escola é um lugar de acolher as pessoas e é esperado que o professor tenha essa sensibilidade de compreender que aqui haverá dia em que você terá que esquecer a sua matéria, o conteúdo, para então falar do problema que o aluno trouxe para dentro da escola e que mobilizou a fala. E, às vezes, é algo que não tem nada a ver com aquilo que o professor planejou trabalhar. Mas isso também é importante. Acolher os alunos, tocar com afeto. Os alunos que ainda são pequenos, tocam muito a gente, eles abraçam! Os maiores, já não gostam de tocar, mas gostam de conversar. Eu penso que nós professores precisamos ter esse amor. Eu acredito que nós professores temos que buscar dessa utopia porque nós temos o nosso papel social que é muito importante e vai muito além do conteúdo. E aquele velho discurso que nós não estamos preparados, que na faculdade não foi passado como lidar com essas questões, bom, eu acho que na faculdade nos ensinaram como ensinar matemática, mas você não é alguma coisa como um botão que se aperta e se começa a jorrar matemática. É uma relação com alunos que têm dias que também não estão muito bem, que às vezes está triste, está com fome, que às vezes passa por mil coisas que a gente não está sabendo. Então, o papel do professor é muito bonito e a escola é um lugar sagrado, porque aqui é como se fosse uma fonte de rejuvenescimento, porque a gente envelhece, mas os alunos sempre são jovens. Sem querer reproduzir clichês e sem, de forma alguma, querendo desmerecer qualquer profissão, porque todas as profissões são importantes, mas ser professor é sim, uma das profissões mais nobres que existe. É dar de si para os outros e a nossa recompensa é um abraço, um carinho, uma brincadeira, é ouvir dos alunos: você é muito amigo, não é professor? Mas isso tudo é uma utopia!

Profissão professora: resistência e luta por uma educação libertadora

Eu tenho 50 anos, sou doutora em Educação e com pós-doutorado em Filosofia e História da Educação pela Universidade Estadual de Campinas (Unicamp). Sou professora de História e Filosofia da Educação e fiz minha trajetória como professora tanto na instituição pública como na privada.

A experiência do século XX afetou tantos os países desenvolvidos como os países em desenvolvimento. Para que fosse virada essa página do século XX para o século XXI, novas escolas de interpretação da realidade foram surgindo. Nós temos a filosofia, a psicologia, nós temos várias áreas do conhecimento. Mas o que essas escolas têm em comum? Elas têm em comum a humanidade, a questão humana. No mundo ocidental, o mundo que fez escolha lá no século XX por uma sociedade capitalista (e quando você pensa em uma sociedade capitalista, você não pode se desprender da realidade, porque senão ela te engole), nos faz perceber que esta realidade afetou os seres humanos de uma forma de destruição. E logo após a década de 1950, nascem essas escolas querendo interpretar, querendo saber como educar esse ser homem para sua humanidade, para seus valores humanos e não só para seus valores materiais. Essas escolas fizeram um trabalho imenso e fazem até hoje. Só que eles identificam, já no final do século XX, que a realidade é tão drástica que surge uma visão onde é preferível que o homem do século XXI olhar para sua realidade de fato ou é preferível nós criarmos semblantes, criarmos cenários, criarmos possiblidades, imagens? Porque se tirar a casca da ferida, ele irá se matar ou ele irá ressuscitar as ditaduras, os sistemas totalitários e a humanidade dará um fim em si própria. Então, nós percebemos que as pessoas de hoje, do século XXI, elas olham para a realidade, mas não estão vendo a realidade. É algo parecido com o mito da caverna do Platão. Todos estão amarrados na condição de exploração do trabalho e acorrentados. Quando este ser sai da caverna, já há quem o direciona e na cultura, principalmente, na América Latina, é a religião que faz isto e com propriedade para que nos "horários de descanso", possam colocá-lo dentro de instituições que já darão um outro cenário, uma outra visão de mundo. Então, quem é que olha para a realidade? Quando nós olhamos para o espelho, nós não estamos olhando para a realidade em que nós vivemos. Quando você olha para o seu trabalho, você está enxergando por semblantes que foram criados, e é lógico que você acaba incorporando isso, mas não é a realidade. Por que que no século XXI está aumentando muito os casos de suicídio? É porque esta geração da tecnologia, ela se desprende da realidade, mas ela retorna para a realidade. Essa geração da tecnologia, ela questiona. Então, se ela olhar para sua imagem, ela poderá até negar sua própria imagem. Ser criança, hoje, no Brasil, em idade escolar, nos faz pensar: que escola é essa? Estão lá nos documentos, nas legislações, elas criam uma imagem, as políticas públicas parecem reforçar essa imagem, mas só que aquele pai que é trabalhador, que tem poucos anos de escolaridade, quase não tem acesso ao conhecimento, ele leva seu filho lá na rede regular de ensino e o está matriculando numa escola que é real. Uma escola que em sua realidade não tem, muitas vezes, estrutura física. Uma escola que tem um professor que, muitas vezes, quando muito, só tem aquele curso que ele fez lá na faculdade há muitos atrás e dentro de um plano de carreira que até pode atender à ascensão... Mas eles criaram formas de não efetivar professores através de processos seletivos. Ou seja, eles não criaram estruturas, eles apenas criaram a vaga. Ou seja, o professor não tem estrutura dentro das escolas. Nem estrutura física, material, pedagógica, de formação, não tem. E por isso no Brasil há muita confusão de conceitos, pois as pessoas acham que entendem das coisas, só que elas são informadas apenas pela mídia. E assim, nós temos uma população que é educada pela mídia, só que elas têm acesso apenas a cenários. E eu questiono, nesta minha trajetória como professora, a quem eu estou atendendo? Porque hoje, nós continuamos sendo colonizados. A quem nós atendemos? É ao mercado do consumo? Você quer um valor mais presente na escola de Educação Infantil do que o consumo? Para nutrir quem? Um sistema que está lá fora. Ainda há outro valor, o valor estético, mas não da beleza do humano por si só, de acordo com o seu tempo. Mas sim da beleza produzida, daquilo que é bonito hoje, nesse mundo materializado de hoje e isso é feito nas escolas, isso é feito no seio da família. Na verdade, nós vivemos aquele momento que poucos saíram da caverna e quem são estes que saíram? Eles não deixam as pessoas saírem da caverna. Eles querem que as pessoas permaneçam acorrentadas lá dentro, igual o mito do Platão. Então, há uma população totalmente acorrentada e que mesmo que tenham aqueles que se soltam, aqueles que vão até o Ensino Superior, que têm acesso à leitura, os poucos leitores voltam para falar com essas pessoas que estão ainda dentro da caverna, mas, muitas vezes, elas não querem ouvir. Porque as correntes que os aprisionaram são muito fortes! E mais fortes são, aquelas feitas de seda, como a Hannah Arendt nos diz. Aquelas que a religião planta, aquelas que as políticas públicas dizem: vamos pensar no Ensino Médio. É linda a reforma do Ensino Médio, mas é para quem mesmo? Vá verificar em quantas escolas de Ensino Médio houve a reforma, vá lá dentro das escolas para você conhecer na realidade, o que é a reforma que não saiu do papel. Tudo é apenas uma adaptação, apenas um semblante, uma imagem construída que está nos papéis, nos documentos oficiais, mas que não fazem parte daqueles atores, naquele protagonismo dentro da escola, consequentemente, a escola não faz diferença na vida de muitas pessoas, pois elas vivem de aparência. Isto me choca? Sim, isto me choca desde o momento que eu nasci! Eu tenho 50 anos, eu tenho assistido isso. Eu assisto que, por mais que eles queiram nos segurar, nós avançamos, mesmo que pouco. Há momentos de retrocesso, onde vamos retroagindo e retroagindo fortemente, e poucos avançam. Nós ainda não chegamos aos 50% da população brasileira escolarizada. Consequentemente, nós temos muitas dificuldades em trabalharmos valores em que se trabalham e abraçam a consciência de sua cidadania. Nós ainda não conseguirmos ter uma população crítica e agora, atualmente no Brasil, não pode nem se falar disso que já se é perseguido. Uma população crítica que questione: por que não pode isso? Por que não se tem acesso a uma saúde pública de qualidade? Por que o médico me trata desse jeito? Por que está acontecendo isso com o professor? E na falta dessa consciência, as pessoas preferem mesmo é viver de aparência. O Brasil é conhecido como um país alegre, mas o Brasil não é um país alegre! O Brasil é um país com milhões de pessoas alienadas, muito trabalhadoras, sofridas, mas, completamente guiadas por pessoas, por uma classe social que tem outros objetivos e, consequentemente, no meio da ignorância, no meio da falta de estrutura, nossa sociedade se torna muito violenta e reproduz, então, todos os preconceitos desde os mais simples. Isso nós não conseguimos quebrar, por mais que o século XX tenha conseguido quebrar em outras culturas, eu entendo que no Brasil nós ainda não conseguimos sofrer essa ruptura. Então, a realidade incomoda, ela incomoda tanto que a nova geração está se matando, porque o mundo não é aquilo, as pessoas não se identificam mais com esse projeto de sociedade. Eles estão querendo passar para nós, para a escola, um papel que não é dela, não é o papel da escola. O papel social da escola ninguém pode cumprir. Só que outras instituições sociais passaram por reestruturações ao longo do tempo, passaram por transformações e não vou entrar no mérito se são transformações boas ou ruins. A mão de obra deixou de ser aquela manufatura ou aquela fábrica e passou para uma empresa de tecnologia de ponta. Lógico que isso iria mudar a forma de trabalho dos trabalhadores, lógico que iria exigir mais conhecimento, trabalho em equipe. A família também mudou de configuração. Na saúde, a estimativa de vida do homem aumentou com a descoberta das vacinas, dos medicamentos, dos tratamentos. Então, o homem sofreu na segunda metade do século XX muitas coisas ruins, mas houve grandes avanços da ciência. A ciência transformou a visão do homem. Só que tudo é na base e, principalmente na nossa cultura, tanto no trabalho da escola como no trabalho da empresa, sempre se está preocupado com a mesma preocupação colonial: formar mão de obra! Formar mão de obra é dar para o outro o conhecimento da técnica, da técnica pela técnica para que ele possa produzir. Mas não permite que a pessoa discuta o que ela está produzindo, de que forma está produzindo. Hoje, no Brasil, na escola, antes de discutir metodologias de ensino, é preciso discutir conceitos, ou seja, o que eu estou entendendo por ensino, o que eu estou entendo por avaliação, o que nós entendemos, hoje, 2019, por inclusão. Entender quais são as estruturas que temos, o que nós entendemos por essas estruturas e conceituar essas questões. É preciso saber o que nós entendemos e não o que os documentos querem que a gente entenda. Os documentos mostram uma luzinha que ele quer que nós entendamos, bem como as declarações, as políticas públicas, o sistema de avaliação. Mas o que o homem, este ser do século XXI, que nasceu no ano 2000 e já tem seus 19 anos, o que ele entende por inclusão, nessa caminhada que ele já teve na escola? Converse com os jovens de 20 anos de hoje que você irá descobrir que homem novo é esse. É um homem totalmente diferente e desprendido de tudo que eu, por exemplo, sou constituída.

Então, a palavra distorção, nós precisamos olhar para que ponto de referência nós estamos olhando. Há um agente que distorce? A própria realidade é feita a partir de uma leitura distorcida? A inclusão para mim, na educação escolar brasileira, a primeira coisa que precisamos pensar é: onde é que eu vou discutir sobre isso? Ainda se pensa sobre inclusão? Ficar apenas a cargo de, por exemplo, o município fazer com que a escola receba os alunos, não é suficiente. Tratar essa questão como algo sempre novo, é para mim uma distorção. Incluir o outro não pode ser algo novo. Incluir o outro em uma país que é feito de por imigrantes, não pode ser algo considerado novo. Como quebrar isso, essa visão distorcida? Como nós, culturalmente, fazermos essa ruptura? Para piorar o cenário, o mundo do trabalho como é constituído na realidade, ele limita essas pessoas. Ele cria na pessoa por meio das propagandas quando você vai ao *shopping center*, quando vai às festas, a aparência que elas podem tudo o que quiserem, basta acreditarem em si mesmas que elas podem tudo. Só que eles não criam estruturas e aí essas pessoas vivem de aparência, de ilusão, e levam aqueles tombos e mais tombos e mais tombos, até que chegam a desistir de suas próprias vidas. Porque a distorção foi tanta que elas não enxergam mais aquilo que são, apenas são eles (os que dominam) nesta imagem. Quem sou eu? Eu sou uma farsa? De que forma eu fui criada? E assim, hoje, eu percebo que este cenário é muito horrível. Ele é horrível, mas eu também entendo que parece que nós teremos que piorar ainda um pouco mais. Piorar no sentido de chegar a um ponto que as pessoas que conseguiram sair daquela caverna, ganhem, realmente, forças e confiabilidade daquele que está ali, solto, já não acorrentado mais, porém, não quer sair da caverna. Isto porque estar na caverna ainda é mais confortável. Eles nem têm consciência disso, que é confortável. E quem saiu da caverna, sabe que lá dentro é mais confortável, mesmo que ele esteja sendo explorado. E nós podemos perceber isto nas pequenas relações da nossa vida. Às vezes você quer conversar em um grupo, você é tomado como alguém inconveniente. Às vezes você fica pensando que é melhor não falar nada e ainda dão um toque em você para que não fale mesmo. Você percebe isto nos seus círculos mais próximos e, inclusive, dentro da escola, nas reuniões. Por que eu vou ficar discutindo sobre inclusão, se dentro da minha escola eu não tenho crianças "deste jeito"? Muitos professores falam assim, abertamente. Mas, porque eu não tenha essa criança com esta condição, então eu não vou discutir, nós não vamos discutir? E respondem: ah, mas está na sala dela, é problema dela! Então, nós ouvimos essas coisas na rede pública quando fazemos nossas pesquisas. Nós ouvirmos que a inclusão não é algo que afeta a preocupação a ponto da sociedade se sentir responsável por aquilo. A sociedade brasileira está totalmente instrumentalizada e, inclusive, dentro dos valores capitalistas, no individualismo. E dizem: isto é problema lá daquela escola, é problema daquele professor e se ele não conseguir dar conta disso, o problema é dele. Eu não vejo um cenário educacional brasileiro que dê margem, eu acredito em outra estrutura, em uma outra forma, mas que para isso é preciso quebrar com vários valores que a nossa cultura brasileira ainda reproduz com propriedade, alimentada por um monte de instituições interessadas apenas no seu bem-estar e não da cidadania, do cidadão em si.

Eu parto do princípio aristotélico que nós vivemos de tal forma que tudo aquilo que você fizer, consegue mudar sua vida pessoal, a sua vida enquanto cidadão e sua vida enquanto humano. Para que eu possa viver desta forma como disse Aristóteles, eu não posso sonhar somente com a minha vida, eu não posso ter objetivos só para mim mesma, eu não posso me desvincular da responsabilidade com o outro. E quem é esse outro? Esse outro é a população que vive no mesmo tempo histórico que eu vivo. Então, eu não posso estar feliz e bem para uma viagem de férias, sendo que para chegar lá no aeroporto eu vi crianças abandonadas e crianças que têm a idade do meu filho. Eu sofri um choque imenso quando eu entrei em uma sala de aula na zona rural lá de Porto de Pedras, lá no norte de Alagoas, à noite, e eu me deparei com um rapaz de 16 anos que não sabia ler e escrever e ele tinha a idade do meu filho que estava no Ensino Médio. E eu não me contive porque isso me afetou em um ponto profissional, mas também me afetou como mãe e eu precisei conversar com ele, sobre o que houve com ele. Ele estava em uma sala de EJA (Educação de Jovens e Adultos) e nunca havia ido à escola. Ele tinha a mesma idade do meu filho que estava no Ensino Médio! Quantos anos meus filhos já tinham de escola e ele ali? E eu me perguntava: por que uns têm acesso, por que uns têm uma conjuntura e outros não têm direito a essa mesma conjuntura? Eu não via isso como um benefício de como eu e o pai dos meus filhos, proporcionamos essa condição para eles. Não, eu não pensava assim! Eu pensava nele, naquele rapaz. Por que uns podem e outros não? E é o que eu ainda penso hoje. Por que poucos jovens têm acesso ao Ensino Superior, nem vou discutir se é público ou privado, e a grande maioria não tem? Eles já entram no mercado de trabalho sendo excluídos. A condição básica em nossa sociedade é o trabalho para poder sobreviver e ele está sendo excluído? Isso é um desafio!

O que eu sonho? Bom, eu me lembro de novo do Aristóteles, eu penso que nós adultos e eu também me lembro aqui na Hannah Arendt que influencia meu pensamento, nós precisamos ter muitos pés colados no chão e muita responsabilidade com aqueles virão depois de nós. Não é nem uma responsabilidade com a nossa geração, mas com aqueles que virão depois de nós, aqueles que são os mais jovens. Que mundo nós deixaremos para eles? É preciso ter consciência para termos responsabilidade sobre isso. Eu penso que a criança precisa compreender que ela pode não ter condição econômica e nem condição social, pois às vezes, ela nasceu em uma família muito desestruturada no sentido de ser um contexto de muita violência e ela já chega até você muito agressiva, porque este é o mundo que foi apresentado para ela. Mas que isso tudo, não determina a vida dela. E é aqui que eu entendo o sonho. É quando cada professor vai para a sala de aula com a preocupação de enxergar o estado em que se encontram suas crianças e seus adolescentes e de mostrar a

212

eles que aquilo que aconteceu com elas, é uma visão do mundo, mas que eles podem se tornar outras pessoas. Não por elas só, porque sozinhas, elas não conseguirão nada. E foi isso que sempre foi alimentado pela nossa cultura, que sozinho ela consegue tudo o que ela quiser. Mas se for por uma consciência coletiva, com uma consciência de cidadania, com uma consciência de valorização da escola pública, então será possível. Porque se é este espaço que nós temos e é aqui que nos deixaram ficar, então será aqui que eu irei trabalhar, será aqui o meu primeiro começo. Nesse sonho é que eu acredito. Um sonho onde as pessoas possam sair da forma, sair de sua gavetinha e entender que esse filho que está analfabeto, esse mesmo que eu encontre, não é um menino. É o meu menino que é exceção. Aquilo, aquele menino, era a regra. E a maior barreira é fazer isto, é quebrar esse vidro-espelho que não é essa imagem que eu quero ver. É questionar as proibições: por que que uns podem e outros não podem? É, com a luta, sim, mas com a luta no sentido de estabelecer o diálogo a partir da realidade, do conhecimento. É lógico que haverá muita destruição e isso a história também mostra. Porque a grande questão é este povo perderem os seus privilégios, o seu poder, o lugar de onde eles façam e eles, os poderosos, não querem dividir o lugar de onde eles falam. E hoje, na sociedade brasileira, o que eu vejo que une esses dois mundos, o pequeno mundo daqueles que detêm o poder naquela maioria, é a escola. Por isso a escola é sempre marginalizada e crucificada e sempre tudo vai parar na figura do professor. Sempre é a escola! E isso acontece porque a escola pode muita coisa! Ela pode conscientizar essa massa toda. Ela não pode dar para essa massa toda essa estrutura, mas ela pode conscientizar e o que vem depois disso, a história mesmo mostra, é um modelo novo de sociedade. Então, eu penso neste sentido do sonho, não é um sonho produzido e idealizado pela mídia, pelas propagandas e pelo consumo, mas é o sonho de cada um fincado com seu pé no chão. Um sonho que eu tenha a escola e a escola tenha o que me oferecer, tenha conhecimento, porque esse conhecimento irá ajudar a transformar a minha vida. Mas não porque eu mereço transformar a minha vida, mas porque eu tenho direitos e cidadania. Nesse sonho que é também do Paulo Freire, é as crianças, as pessoas sentirem que elas podem. Os gregos diziam que as pessoas nascem para ser felizes, só que, a que preço, em cada período histórico, essa felicidade custou? Talvez no nosso cenário brasileiro atual, o maior preço para as elites que estão no poder pagarem, é dar conhecimento para esse povo sofrido. E o maior preço desse povo, é ter uma vida como a gente tem. Então, o povo acaba preferindo mesmo viver da imagem produzida, porque isso causa menos sofrimento.

Hoje uma professora me disse que ela foi conhecer a realidade dos alunos que ela tinha, alunos que eram muito violentos na sala de aula. Quando ela retornou, ela disse que os olhou de outra forma. Então, na verdade, eu entendo que o mundo humano, é um mundo de dores. É um mundo onde você já nasce dependendo muito do outro e você depende por muito tempo. O ser humano demora muito em sua evolução, no seu desenvolvimento para experimentar a liberdade de ser o que ele é, de ter conhecimento e isso é natural. Mas quando chega o momento em que ele precisa se assumir ou de mostrar quem ele é, ou pelo menos, quem ele quer ser, é tudo muito doído. E isso acontece no seio da família, nas instituições de trabalho... quando você mostra quem você é, há lágrimas, há sofrimento. Há feridas e sofrimento que são cicatrizados e nós aprendemos com elas, mas há outras que são ignoradas, e há outras que serão lágrimas para o resto da vida e será assim até morrer. Quando o Paulo Freire diz em seu conceito de alfabetização que é mais abrangente, que nós iremos morrer e não estaremos alfabetizados, tem a ver muito com essa questão do sofrimento. Porque quando você se alfabetiza para o mundo, você entra em uma condição diferente, você conseguiu se alfabetizar em alguma coisa, então você adquiriu mais conhecimento. E olhar para essa realidade irá te fazer sofrer. A exemplo, quando eu quero incluir os jovens na educação superior e eu digo: vamos lutar pelas bolsas de estudo! Nós, professores, causamos uma alegria que você pode ver essa alegria no aluno quando ele consegue ter aquela bolsa. Mas, e quando essa bolsa de estudos é cortada pelo governo? Aí é aquele sofrimento! Então, quando ele se forma, quando ele, finalmente, conseguiu se formar na educação superior, ele chega no mercado de trabalho que é totalmente desumano. Não tem uma política para o primeiro emprego no Brasil. Eu vi muitas coisas fortes e desumanas, mas a questão de entrar no mercado de trabalho, essa é uma das coisas mais doídas! Porque o mundo convence o jovem que ele é incapaz, que ele é burro, que ele não terá chance nunca e por isso, precisa sempre de alguém para estar ali estimulando, porque senão, eles acabam desistindo, indo por vias mais fáceis, eles desistem de seus sonhos. Muitos que iriam seguir uma determinada profissão, desistem. Muitos desistem e se entregam às drogas ou vão fazer qualquer coisa, mas pelo menos, na sexta-feira, eles irão tomar cerveja e fazer um churrasco durante o final de semana inteiro e ser feliz. E isso, eu acho muito doído. Mas é essa a realidade da maioria dos jovens brasileiros. Por que eles saem da escola? Porque ele sabe que lá no final da escola, o que essa escora trará para a vida dele? Qual é a perspectiva que a escola trará para ele? O que acontece é que lá no final, é dito a ele: toma, você tem um diploma, um mundo é seu! Mas, e daí? A questão do sofrimento tem duas leituras: aquela onde você seguirá enfrentando barreiras que geram lágrimas, geram sofrimento, mas a gente amadurece, você consegue evoluir e isto são questões pessoais. Mas também, eu penso que as lágrimas mais terríveis, são aquelas que, inclusive, nem a própria população tem consciência delas. São aquelas que séculos e séculos vão causando uma imagem de que você agora é trabalhador e por isso, agora você não é mais escravo. Como assim, nós não somos mais escravos? Houve a abolição dos escravos no final do século XIX, o Brasil foi o último país da América a libertar os seus escravos. Passamos o século XX inteiro com o trabalhador lutando para ter os seus direitos e ainda você vê trabalhador dizendo que, se ele puder explorar o outro, ele também explora. Então, as lágrimas nós não podemos esconder das nossas crianças, dos jovens, dos excluídos. Os excluídos já vêm e já vivem na lágrima, porém, muitas vezes, ele, o excluído, não tem consciência disso. E é aí que eu penso que nosso papel como professores, o papel da escola, é conscientizá-los. A lágrima em si não é o problema, porque as lágrimas correm na alegria e na tristeza. Mas que as lágrimas de tristeza nós temos que ter consciência de cada uma delas, porque as lágrimas de alegria, passam. Mas as lágrimas de tristeza nós temos que ter consciência delas para que depois, nós não sejamos instrumentos para também provocar essas mesmas lágrimas em outras pessoas. Ainda mais, quando você pega, por exemplo, crianças que têm dificuldades para aprender. Crianças que passam por um monte de avaliações, crianças que recebem um diagnóstico e aquilo se torna um fardo nas costas daquela criança, um fardo tão pesado que ela, muitas vezes, desiste da escola. Para não desistir da escola, ela precisa ter uma estrutura familiar e boas instituições que não a deixem desistir. Porque é muito desigual. A desigualdade na hora da luta é enorme. De um lado as equipes de pessoas estudadas, professores, médicos, decretando, muitas vezes, que a criança tem aquele determinado problema, mas o que é que esses adultos farão com eles daí para frente? Para inserir essa criança lá naquele mercado de trabalho ou para que ela saiba lidar com suas lágrimas ou para buscar uma realidade que não seja distorcida, o que esses adultos farão? O mal maior para mim, é o mundo da aparência que criaram lá fora, o mundo da mídia, as leituras distorcidas, as verdades que eles operam, as coisas que eles colocam dizendo que: você pode tudo, acredite em você! Discutir a autoestima é uma coisa, mas colocar isso na cabeça das crianças, é outra bem diferente. Então, a verdade é que você pode com tudo isso junto, mas com muita luta e com muitas lágrimas. O professor, a equipe pedagógica, a escola, a família, todo mundo junto e ainda assim, haverá muita luta para efetivar o direito da educação de seus filhos. Porque sozinho, não é possível, mas na coletividade, é possível. Nós estamos em uma era em que o conhecimento liberta, mas o mesmo conhecimento que liberta, também escraviza. Então, quando nós tomamos consciência disso, o que nos resta, é darmos a mão um para o outro que está na mesma circunstância. Porque se você não foi excluída agora, nesse momento, daqui a pouco, você será excluída de alguma forma. De alguma forma neste país, todos os trabalhadores sofrem alguma forma de exclusão. Assim, nossas crianças precisam saber disso desde cedo e nós passemos a instrumentalizá-las para também saberem lidar com isso, porque haverá muitas lágrimas, muitas dores, muito sofrimento. Nós não vivemos em uma sociedade que nos trata com bondade. As próprias leis também são uma aparência e não saem do papel. O cidadão sempre precisa lutar por aquela lei, por um direito que a lei diz que ele tem. E muitos desistem porque demora tanto para efetivar o direito que ele já foi prejudicado. O papel do professor em uma circunstância dessas, é crucial! E é por isto que se criam projetos de lei como o projeto da "escola sem partido", porque assim eles acusam os professores de propagarem uma ideologia, sendo que a ideologia religiosa sempre esteve no currículo da educação brasileira, ideologia do consumo também está lá e há várias ideologias. Então, há várias ideologias, mas qual é a que eles dizem que agora não pode? A ideologia que não pode ser propagada na escola é a da visão crítica. É você parar e dizer: olha, eu não queria ter que te mostrar esse mundo, mas é neste mundo que você está inserido e é este mundo que te nega isso e aquilo, e ainda fizeram estas leis para mostrar que você pode, só que para você poder algo, você também terá que lutar muito para isto. Então, eu penso que, nós, professores, a escola em si, teria que decidir no século XXI o que ela vê, o que ela enxerga. Ela irá reproduzir a aparência ou ela, realmente, irá abraçar a realidade irá lutar junto com seus alunos?

Eu achei lindo aquele movimento dos secundaristas na escola, eu achei que foi o máximo, foi um ânimo para mim. Porque eles, os próprios alunos pararam, pensaram e disseram: espera aí, vão tirar a nossa escola? A escola era a única coisa que eles tinham. Então, aquele movimento foi uma lição e eu ficava emocionada de ver as escolas, a forma como os alunos se organizaram, aquilo tudo teria que ser mais longo e a escola teria que ser, realmente, deles. A escola teria que ser pensada por eles e não por nós. Porque é assim que eles se apropriam do espaço que é deles e é desse espaço que eles irão falar. O problema nosso é: de onde que as pessoas falam? Na verdade, elas não falam! No trabalho não se pode falar senão perde o emprego, na família não pode falar senão fica excluído, na igreja não pode falar porque ou você segue o dogma ou você está fora, no espaço público tem até lei para te lembrar que você não pode falar. Então, aqueles secundaristas falaram do lugar deles, a escola é deles. Mas as políticas públicas não escutam, as legislações, os governos, eles não escutam e apenas sabem dizer que os alunos são o problema, que eles são desvirtuados, que eles não querem saber de nada, que eles não têm educação. Mas, eles têm uma força! Quantas instituições abraçam isto?

Há professores isolados, tidos como idealistas, que a sua condição de vida é tão difícil que ele desiste e se ele não desistir, irão fazer tentar desencadear que ele desista e então o perseguem se ele está na instituição pública, demite se ele está na instituição privada. É preciso ser muito forte, é preciso estarmos unidos, porque senão, não se resiste. O projeto de inclusão da educação brasileira é muito mais abrangente, ele é um projeto da sociedade. Eu tenho que me sentir incluída nesta sociedade em que eu estou, que eu nasci. Eu não estou de fora! E se eu não estou de fora, eu também sou responsável por ela. E qual é a minha ação social sobre isto? Dentro de um cenário desse, ainda há um outro tipo de exclusão que é de uma população muito pequena e que conseguiu se educar, estudar. Uma população de profissionais. E nesse contexto, você quer um lugar mais cheio de lágrimas e dolorido do que a pesquisa no Brasil? Do que a pesquisa em ciências humanas no Brasil? Nós quase não temos fomento, não temos incentivo, nós não conseguimos estrutura nas instituições públicas de ensino, as instituições privadas não dão estrutura para o professor. E é a pesquisa em ciências humanas que conseguiu e que pode dar um retorno a esses que virão depois dele, esses jovens, no entanto, eles, governantes, podam tudo isso. Eles passam a foice com tudo, seja na universidade pública com as perseguições, ou seja, nas universidades privadas, eles excluem! E isso acontece porque no Brasil ainda há a cultura do colonizador: eu tenho que controlar e que eu não controlo, eu ponho para fora! Quem eu não controlo, eu não aprovo artigo para revista científica. Quem eu não controlo e que tem uma ideologia que não é a minha, não irá publicar isso e não irá receber o fomento e nem essa bolsa. E isso acontece em todos os níveis, do mais ignorante até aquele que conseguiu um grau de científico no Brasil, eles sofrem da mesma exclusão. Tão dolorida e tão cheia de lágrimas! E assim o que nós vemos são os cientistas do Brasil indo para fora do país. Então, há um problema cultural seríssimo, mas que não nos deixa olharmos para essa realidade. São poucos os pesquisadores que estão aí na luta e é assim que nós temos que estar mesmo: na luta! Eu não vejo o contrário disso, nós temos que estar na luta. Porque uma vez conhecida a realidade e a verdade, você tem uma condição política que me pergunta: o que eu quero? Com certeza, se você optar pelo lado dos oprimidos você terá muito sofrimento e muitas lágrimas e custará um preço muito alto.

Eu queria dizer que seu pudesse escrever sobre isto, eu não deixaria de falar e pensaria nas estruturas que nós temos hoje na educação pública, na formação de professores e buscaria, nisso que nós temos hoje, aquilo que eu irei falar para minhas alunas e meus alunos amanhã, no curso de pedagogia. Qual é a esperança que eu mostrarei a eles? A esperança não no sentido de que irá acontecer tudo de um jeito maravilhoso. Mas numa tríade onde há uma perspectiva, há um caminho, existe esse caminho e eu quero ter certeza e descobrir que ele realmente existe. Porque nós não vemos a história ficar se repetindo e porque ser educador no Brasil de hoje, é muito dolorido. Eu tenho visto muitos desistirem da profissão de ser professor e isto porque eles não veem uma luz no final do túnel, não se encontram com aquele que voltou lá de fora da caverna, hoje nós todos estamos acorrentados dentro de uma caverna que é uma realidade que não nos permite sequer sabermos de que lado está essa porta dessa caverna. Eu penso que nós temos que falar sobre isso com nossos jovens, e talvez eles tenham mais condições de ver essa condição do que nós que já sofremos tanto. Porque o sofrimento ele amadurece, mas o sofrimento também trava. Ele tira, muitas vezes, a coragem das pessoas, ele desanima e é difícil você vislumbrar um mar de esperança para quem está totalmente mergulhado na desesperança. Essa reflexão precisa ser pensada e falada sobre ela. É Isto!

Suicídio: o grito silenciado das dores de uma sociedade adoecida

Eu tenho 57 anos e sou professora aposentada e diretora de uma escola, pós-graduada em gestão escolar. Sou mãe de 3 filhos, um rapaz de 35 anos e uma moça de 14 anos e também tenho 3 netos. Minha segunda filha que completaria 30 anos, faleceu em abril de 2018 em decorrência de suicídio. Hoje, eu vivo um dia de cada vez. Cada dia que passa, cada mês, são dias vencidos.

O suicídio para mim significa a pessoa chegar em um ponto em que ela pensa que é melhor estar morta do que estar viva. O sofrimento ou a dor de estar viva é tão forte, tão insuportável que o soro da morte acaba sendo desejado. Porque estar vivo às vezes é muito difícil. Estar vivo e ter que conviver com tantas situações, principalmente com situações adversas, às vezes é muito difícil. Então, é claro que é preciso que a pessoa tenha uma estrutura de apoio para suportar tudo o que às vezes acontece com ela e, que nem sempre, isso nos agrada. E, às vezes, você não tem nem a força nem mental, nem emocional e nem espiritual para poder vencer. Então, nesse momento, a pessoa desiste, assim como minha filha desistiu. Conviver diariamente com a dor da perda, não importa qual seja, no meu caso, a perda de uma filha, é como se arrancasse de você um membro, é algo tenebroso. Eu posso garantir a você que é tenebroso!

É muito difícil de se prever o suicídio. Mas eu posso dizer às outras mães, às outras famílias, que passam por situações em que os filhos estão prestes a fazer qualquer tipo de tentativa contra sua própria vida, é que fiquem muito atentos aos sinais que eles podem estar dando. E que sinais são esses? São sinais que a gente percebe um pedido de ajuda mesmo! E daí, é preciso dar atenção, conversar muito com o filho. Na minha experiência, eu posso dizer que eu jamais poderia imaginar que a minha filha era uma candidata ao suicídio. Jamais! Pelo tipo de pessoa que ela era e pelo tipo de relacionamento próximo que nós tínhamos. Tanto que o fato que aconteceu espantou a todas as pessoas que nos conheciam. Então, o que nós, mães, podemos fazer? Nós podemos é procurar estar próximos aos nossos filhos. Às vezes, há algumas barreiras que nos impedem de ficarmos mais próximas, de ouvirmos, de tentarmos compreender certas questões deles ou até de realmente conseguirmos nos aproximar mesmo. Às vezes aquela determinada situação em que como mãe você precisa educar seu filho, e nesta educação, às vezes a sua palavra é mais forte que a do filho. Às vezes você quer que prevaleça a sua palavra e às vezes, ele não se sente ouvido, acolhido, não se sente à vontade para poder falar aquilo que acontece com ele. Mas eu penso que o melhor caminho é procurar estar atento e ver os sinais. Ver se o filho está se cortando, se está se machucando, se está com a vida totalmente desregrada, se o filho está mostrando que precisa de ajuda. E a gente tentar ajudar.

Minha filha foi socorrida por uma amiga, que foi a pessoa que me telefonou quando tudo aconteceu. E quando ela foi socorrida, ela demonstrou à amiga que já estava arrependida de ter tentado, naqueles minutos, tirar sua vida. Mas ela fez isto em um momento de desespero, de insanidade. Ela vinha passando por algumas situações, que às vezes a gente não consegue entender, como é que uma pessoa consegue ter a capacidade de suportar tanta coisa ruim acontecendo ao mesmo tempo. Minha filha era homossexual, tinha um relacionamento há 6 anos que terminou, e então, começou um outro relacionamento que foi muito conturbado. Um relacionamento que ela queria estar perto da pessoa, queria estar próxima, mas ao mesmo tempo queria se afastar porque, na verdade, elas não faziam bem uma para a outra. Elas chegaram a terminar esse relacionamento. Minha filha estava fazendo faculdade, concluindo artes visuais, mas perdeu a bolsa de estudos. Ela havia passado em um concurso público em primeiro lugar e não foi chamada para assumir. O pai dela se mudou para outro país. E ela se sentiu abandonada. Uma semana antes do pai ir embora, o irmão foi preso. Então, nós vivemos uma série de situações difíceis em um espaço pequeno de tempo, e ela estava muito abalada e estressada emocionalmente. Eu não estava em casa quando ela teve uma discussão por telefone com a moça com quem se relacionava. E no calor da discussão, ela disse que tinha vontade de morrer e a moça respondeu que ela estava querendo chamar a atenção. E foi neste momento que tudo aconteceu. A ligação terminou e a moça tentou chamar por telefone outras vezes, mas ninguém atendia e não fazia conexão com a internet. E foi quando a amiga dela foi até a casa e a encontrou ainda viva. Ela foi levada ao hospital que fez alguns procedimentos, mas mesmo assim ela teve uma parada cardíaca. Os médicos fizeram uma ressuscitação cardiopulmonar para reverter a parada cardiorrespiratória. Conseguiram, mas depois de uma meia hora, ela teve outra parada cardíaca. Ela ficou em atendimento por 3 horas no hospital. Então, eu me pergunto: o que eu poderia ter feito? Eu gostaria muito de poder ter chegado a tempo para conversar melhor com minha filha. Mas não foi possível.

Eu penso que, o que eu diria, em termos de prevenção ao suicídio, se eu estivesse próxima de alguém que estivesse vivenciando essa situação de desespero, eu tentaria acalmar essa pessoa. Dizendo que aquele é um momento de desespero, mas que passa. E, realmente, passa! Não há mal que dure para sempre e isso é uma realidade. Não há mesmo, nenhum mal que dure para sempre. E aquele momento particular de desespero, não deve determinar, como muitas vezes determina, a perda de sua vida. Porque uma vez a vida perdida, já não tem mais o que fazer. Não há nada que faça com que a vida volte. A vida simplesmente se vai e depois que se morre, tudo se acaba. Então, o que se pode fazer é conversar com esta pessoa, dizer que há pessoas que poderiam ouvi-la e que há até canais como o Centro de Valorização à Vida (CVV) que fazem isto e que salvam muitas vidas. Se eu estivesse em uma situação assim, eu procuraria trazer essa pessoa para perto de mim e dizer que enquanto há vida, há esperança! Quando eu vejo a imagem do punho, eu penso que a força do fechar das mãos se esvai quando a vida...

A imagem do "pare" é muito significativa em todos os sentidos. Mudanças na vida. Parar, significa você se olhar e se dar um tempinho, dar uma parada. Você olhar e ver por outros lados, ver o que vem a sua frente, ver o que está do lado. Então, a parada, ela é essencial, tanto para quem vai como para quem vem. Parar, em todos os sentidos, às vezes é importante. Fazer uma parada para pensar naquilo que se está fazendo, no que se está vivendo, aquilo que você quer e o que você não quer. É se olhar, pensar sobre aquilo que você está fazendo, para que lado você deseja seguir e decidir que direção se quer tomar. Então, o "pare" é muito significativo, muito!

Essa imagem do Narciso é forte! É como ele se vê olhando para a sua própria imagem. Ela me dá um misto de tristeza. A impressão que dá é que ele está preso na água, alguém que eu não queira ver ou alguém que de lá sairia. É uma mistura de sentimentos! Dá uma impressão de presente e futuro ao mesmo tempo, de passagem pela vida. Quando você se olha, nem sempre você se vê. E às vezes você vê aquilo que você não é de verdade. Às vezes eu me vejo de uma forma, mas que não representa muito bem aquilo que eu sou na realidade. Quando eu vejo essa imagem, é uma mistura do que eu sou hoje e do que eu posso ser no futuro. Quando eu vejo uma imagem de mim, será que é aquilo mesmo que eu sou? Será que é aquilo que eu represento para outras pessoas? É muito importante nós termos uma boa autoestima, a gente gostar do que vê e daquilo que não gostamos, procurarmos um caminho diferente para poder mudar. E aí, vem a questão da necessidade. É preciso sentir a necessidade disso, de mudar.

Em relação à diferença, essa palavra é muito rica. Eu posso ver a diferença entre pessoas, a diferença entre idades, entre seres, entre as classes sociais, a diferença daquilo que se deseja para um e se deseja para outro. Mas é a diferença que nos enriquece. Seres diferentes normalmente se aproximam e isso faz com que a relação seja rica. E a diferença em si mesma, precisa ser respeitada. Nós vivemos em um mundo de diferentes, onde muitas vezes, uns massacram os outros e não há o devido respeito. Então, a diferença precisa ser respeitada e ela faz parte da nossa vida, faz parte do nosso dia a dia. Conviver com pessoas tão diferentes e saber lidar com cada um na sua diferença, aproximar nas igualdades, é uma sabedoria muito grande e eu mesma, busco muito por ela.

Eu tenho uma crença religiosa diferente da maioria das pessoas que a gente conhece. Pois há muitos que acreditam que quem comete o suicídio não tem a salvação, de que irá viver em um fogo eterno, que não consegue se salvar. Eu não acredito nisso, não! Eu acredito que Deus é maravilhoso e que Ele sim, tem o poder de julgar aquilo que vai no coração de cada pessoa. Ele tem o poder de falar se essa pessoa é ou não é merecedora de salvação. Então, minha filha, morreu em uma condição que pode não ser a melhor e a mais aceita, mas eu creio que Deus, em sua terna misericórdia, dará nova vida a ela um dia. Aquilo que cada um faz da sua vida, aquilo que cada um merece ou deixa de merecer, só Deus pode dizer. Só Ele tem esse poder para saber o que vai dentro do coração de cada um. E, penso eu que Ele compreende a agonia de cada um, que Ele entende o desespero de cada pessoa e que quando você busca por Ele, quando você busca ajuda, essa ajude vem. E às vezes, essa ajuda vem até de uma forma bem incompreensível, mas ela vem. E para isso, é preciso ter fé. Quando você não tem fé para poder pedir ajuda, porque, às vezes, a gente não quer ajuda de ninguém, não é mesmo? Então daí, é a decisão de cada um e essa liberdade Ele nos dá e respeita. Então, eu creio que é um mito essa coisa toda da religião quando diz que você não é passivo de salvação se tirou a própria vida. Eu acredito que Deus que tem misericórdia, compreende que o sofrimento dessa pessoa é tão grande que jamais Ele puniria ainda mais essa pessoa que decide retirar a própria vida. Ao contrário, Ele é um Deus amoroso e misericordioso. A distorção da realidade, dos fatos, daquilo que eu vejo, distorção tem um monte de significados. Você escutar uma coisa e entender outra, você repetir uma coisa diferente do que você ouviu. A distorção pode estar em todos os momentos desde que você não tenha clareza de pensamento para analisar, para refletir, para pensar sobre as coisas. A distorção é uma palavra que está ligada à confusão mental.

Mas o sonho, o sonho é vida! Enquanto você sonha, enquanto você tem o desejo de estar vivo, você deseja realizar algo. Então, o sonho é o que te move, que te dá condições de fazer mais e de fazer diferente. Se eu falo que sonho é vida, então as pessoas que não sonham, já são pessoas que estão mortas e ainda não perceberam. Quando você pergunta para uma pessoa o que a move, o que te faz sonhar e a pessoa responde, "nada" ou nem responde, é que eu penso o quanto a nossa juventude está sem sonho. O quanto é necessário nós disseminarmos essa vontade, esse querer que eu acredito que as pessoas sejam capazes de fazer. De você conseguir passar para o outro a vontade, mas é preciso querer e tem aquela coisa de que o sonho que se sonha sozinho, é sonho, mas o sonho que a gente sonha junto é realidade, é possível fazer. Então, quando você sonha sozinho, tudo é mais difícil e quando você sonha junto, quando você tem uma família, um amigo ou alguém do seu lado, é mais fácil.

Eu não tenho apenas uma lágrima. Eu tenho muitas lágrimas! Pela minha filha, pelos diferentes, pelos que sofrem, pelos excluídos. São muitas lágrimas! E eu penso que "as mãos que se estendem, são mais que entendem". A vida é um dom de Deus e a morte é o contrário da vida. A vida é um dom que nós devemos aproveitar para viver da melhor maneira possível e também para fazermos o bem a nós mesmos e as outras pessoas. A vida nos é dada para que nós façamos a diferença.

Ser migrante: dor que dói profundamente

Eu sou haitiano e tenho 31 anos, minha esposa tem 33 anos. Eu deixei meu país para vir para o Brasil para buscar uma vida melhor. Quando eu estava no Haiti, nós deixamos tudo e viemos para cá. Meu irmão vivia no Brasil e me falou que aqui era melhor para viver que lá em nosso país. Quando eu cheguei no Brasil em 27 de julho de 2016, eu cheguei em Manaus e fiquei lá por 11 dias. Mas como não havia trabalho lá para mim, então eu decidi mudar de cidade. E meu irmão arrumou um trabalho para mim aqui na cidade em que estou agora. Quando eu cheguei aqui na cidade em que estou agora, as coisas se puseram ainda mais difíceis para mim porque eu não falo bem português e, também, não posso trabalhar em qualquer lugar por causa de minha religião. Mas a diretora de uma escola privada me perguntou se eu tinha todos os meus documentos em ordem e eu respondi que sim. Então ela decidiu me dar a oportunidade de trabalhar lá na escola e eu e minha esposa trabalhamos como zeladores e às vezes nós ajudamos a cuidar das crianças e fiz outros serviços também. Eu e minha esposa viemos para o Brasil legalmente. Eu não vim como refugiado, porque o refugiado não tem um visto de entrada no país. Eu vim primeiro e trabalhei, juntei dinheiro para então trazer depois minha esposa para viver comigo aqui no Brasil.

Para mim, aqui no Brasil, tudo, tudo é muito diferente. É uma montanha de dificuldades para se acostumar e se relacionar com as pessoas. Quando eu falava com as pessoas, elas não me entendiam porque eu falo francês e não sabia falar nada em português e quando elas falavam comigo, eu também não conseguia entender. A comida também é diferente, a maneira de se viver é diferente, tudo, tudo para mim era diferente. Pouco a pouco eu estou me acostumando a viver no Brasil, mas vida para a pessoa que é migrante, não é fácil de se viver. O idioma é a principal barreira. Se nós falássemos português, poderia ser muito mais fácil porque desde que eu cheguei aqui, eu quero conversar com as pessoas, mas não tem como. Às vezes o pessoal quer sentar comigo para traduzir, mas não é fácil. Então aos poucos, estou me acostumando.

Quando eu digo a palavra "diferença", você já vê que minha língua é diferente da sua. Tudo está diferente: língua, costume, comida. Por exemplo, lá no meu país eu não comia arroz todos os dias, aqui no Brasil se come arroz todos os dias aqui onde eu vivo. Com relação a ser migrante no Brasil eu vejo que todas as pessoas são uma mesma criatura, mas eu posso dizer que a maioria das pessoas "fica na sua". Eu já sei que sou haitiano, sei que sou migrante, eu sei que aqui não é o meu país, eu já sei que as pessoas irão ver a diferença que eu sou preto e ela é branca. Mas eu tenho muito medo é que as pessoas falem mal comigo, então eu já fiz isto, já deixei de me sentar em lugar e preferi ficar em pé.

Para mim o Brasil é a mãe e a mãe poderia receber todos os filhos, mesmo se o filho não fosse natural dela. O Brasil aceita bem. Muitos migrantes de outros países buscaram refúgio aqui no Brasil. Mas a maneira em que o Brasil está funcionando agora, não dá muito certo para receber migrantes. O migrante sai do país dele para buscar trabalho, mas aqui no Brasil, antigamente, há cinco ou 10 anos atrás, tinha como vir para trabalhar. Mas nesse momento em que nós estamos agora, é difícil para receber um migrante, um estrangeiro, porque quando este estrangeiro deixa seu país, ele vem com o objetivo de buscar trabalho, mas agora, não há trabalho suficiente para receber as pessoas. Há muitas pessoas que se encontram sem trabalho neste momento. Mas se o Brasil melhora, então ele pode receber estrangeiros como era antes.

O meu grande sonho é poder voltar para o Haiti. Eu não poderia voltar agora para o meu país, porque eu estou economizando para poder voltar e conseguir viver lá. Se eu voltasse para lá amanhã, eu iria passar fome porque eu não terei como continuar vivendo lá. Então, eu estou economizando para ter condições de voltar e viver lá em meu país. Essa realidade dói muito. É uma dor que dói profundamente. E cada dia essa dor está mais profunda, é como pegar uma furadeira e fazer um buraco que a cada momento fica mais profunda essa dor no meu coração. Isso porque quando eu já estava aqui no Brasil, eu não conseguia ajudar os meus irmãos que estão no Haiti. E quando eu estava lá no Haiti, eu tinha condições para ajudá-los, mas aqui no Brasil, eu não tenho condições. Por isso, é uma dor que é muito profunda para mim. Para minha esposa ainda é muito pior. Porque ela também tem familiares lá e quando ela estava no Haiti, ela tinha o negócio dela, ela era comerciante. Mas aqui no Brasil, ela só consegue trabalhar como zeladora.

Nós vivemos em uma distorção. A maneira como nós vivemos aqui no Brasil é uma distorção da maneira como nós vivíamos lá no Haiti. Eu e minha esposa estamos aqui no Brasil e nossa família está lá no Haiti. Quando você está em um lugar e sua família está em outro lugar, você tem muita saudade deles. Isso para mim é o que quer dizer o sentido da palavra distorção, uma parte de mim não está aqui comigo, está lá no Haiti.

Quando eu vejo essa imagem do punho, para mim, simboliza ser forte, ter coragem. Coragem para viver e força para trabalhar. É preciso ter coragem para sair de seu país. Mas se nós já estamos aqui, é preciso ter coragem para conseguir trabalhar e viver e, se puder, coragem para voltar e viver lá. Quanto a imagem do "pare", para mim não se pode utilizar essa palavra. Pode-se usar esta palavra para dizer "pare" para não viver? Não pode! Não tem como parar. Não se tem vida se parar. Eu não posso usar essa palavra.

Jesus, quando estava na Terra, usou uma palavra muito, muito forte, mais forte que a palavra cristão. Ele usou a palavra amigo. Ele usou a palavra amigo porque sabia que aqueles que estavam lá com ele, os seus discípulos, eram amigos dele, que tinham amor. O povo do Brasil tem amor, mas precisa de mais amor. Eu sou cristão e eu estou procurando a paz. Quem é cristão deve procurar o amor de Deus. E quem procura o amor de Deus não pode desejar ou fazer o mal às outras pessoas. Eu preciso ter amor por você também, amor por todo o mundo. Tem pessoas que têm falta de amor e por isso tratam pessoas como eu, que são migrantes, sem amor, pessoas que não sabem viver no amor. Mas há pessoas que têm amor, assim como aquela pessoa que me chamou para perto e me convidou para sentar perto, com ele. Nós estamos precisando do amor, não do amor para viver só com os seus familiares, mas o amor para viver com todas as pessoas, como o amor para com o morador de rua, por exemplo. Precisamos viver o verdadeiro amor. O Brasil é um país que eu estou gostando muito, mas o Brasil precisa do amor de verdade para viver de verdade.

Eu tenho tantos sonhos! Meu sonho é viver bem. Mas meu grande sonho é ver o Brasil melhor do que está hoje. Uma lágrima que eu derramei foi quando eu estava procurando um emprego, eu entreguei meu currículo para o pessoal. E quando me chamaram, um funcionário do pessoal me perguntou qual era a minha religião. Quando eu respondi, ele me rejeitou. Isso foi uma vergonha para mim e eu chorei. Eu estava precisando muito do emprego, mas por causa da minha religião ele não me ajudou. Eu chorei muito! Exclusão é quando uma pessoa exclui você e você não faz parte de uma sociedade. Isso já aconteceu comigo muitas vezes. Eu desejo muito que se tenha uma vida melhor no Brasil para todas as pessoas, qualquer pessoa, negro, branco, para pessoas com diferentes pensamentos, qualquer nacionalidade. Já que o Brasil é mãe, o que eu desejo também de melhor para o Brasil em uma só palavra: eu desejo respeito para todo mundo e amor.

Política, diferença e movimento social

Eu tenho 30 anos de idade, atualmente estou vereador em meu município, Estado de Minas Gerais, Brasil, mandato 2017-2020. Eu tive uma experiência muito forte no Terceiro Setor durante 5 anos da minha história, onde eu tive oportunidade de fazer trabalhos voluntários e me envolver com a educação, conhecer diferentes realidades. E hoje, nos meus 30 anos, eu já conheci 30 países diferentes e destaco uma experiência que foi a de ter morado na Mongólia e ter trabalhado com Educação Infantil neste país. Lá eu tive contato com algumas questões da humanidade que eu ainda não havia tido oportunidade de presenciar aqui no Brasil. Eu presenciei a fome e a pobreza extrema. Isso tudo me ajudou a desenvolver uma consciência de coletivo e compreender que meu papel teria que ser muito maior dentro daquilo que eu já vinha fazendo. Eu comecei a empreender e prestar serviço às organizações com fins lucrativos por meio de consultoria focada no desenvolvimento humano, prestei serviço para empresas do Terceiro Setor e do Primeiro Setor. No Primeiro Setor me chamou a atenção o quanto de impacto positivo você pode gerar através do trabalho público e aí, eu me provoquei. Eu ainda não havia tido nenhum envolvimento com a política até meus 26 anos de idade. Eu acompanhava de longe, tinha um distanciamento e não gostava muito do assunto sobre política. Antes de entrar na faculdade, minha mãe sugeriu que eu fosse político para ajudar o Brasil, mas eu não gostei e associei político a ser corrupto. Na minha lógica de adolescente, era isto que para mim significava a política. Mas vendo que eu poderia ter um impacto muito maior com o meu trabalho, colocando os meus talentos, as minhas paixões, meus conhecimentos à disposição de algo muito mais amplo, eu consegui me desafiar para entrar na vida pública. A minha decisão de me envolver com a política foi de ampliar o meu impacto enquanto ser humano que teve uma oportunidade, que teve uma educação e formação muito boa e que não queria se limitar a fazer coisas comuns. Mas sim, somar a outras pessoas que também estavam tentando mudar realidades.

Essa imagem do punho me traz uma série de pensamentos. A primeira, é de luta. De você ter firmeza nos seus princípios, no seu propósito e lutar. É um gesto que, independente do conteúdo, eleva o senso de propósito e de consciência das pessoas. É um símbolo de que eu estou lutando por algo, eu estou me posicionando em algo e eu tenho força suficiente para estar nessa jornada. Por outro lado, quando eu olho essa imagem meio de lado, eu vejo como se fosse um soco sendo dado, um embate que também é muito presente na vida pública. Consigo imaginar claramente uma outra mão vindo aqui e tendo um choque entre esses dois braços e eu penso que tem tudo a ver com a questão de polarização, de ideias rígidas que entram em confronto e que ao invés de trazer um aspecto de luta pacífica, traz um aspecto de luta intensa e que pode machucar. É algo muito presente dentro da política, desde as brigas partidárias até a parte ideológica e até a parte de ego mesmo. No dia a dia você vê as pessoas lutando no sentido de um querer se sobressair ao outro e, muitas vezes, o impacto social, o ganho para cidade e para a população, acaba ficando em segundo plano. É como se a cidade estivesse atrás, com seus problemas e desafios, mas existe uma briga muito forte que no final das contas, embora disfarçada que seja em prol daquilo, na verdade, não é. Mas sim é em prol de ideias enraizadas, de pontos de vistas fechados e da incapacidade de dialogar de forma aberta. Eu estou colocando um pouco de movimento nela (na imagem) e agora, observando essas duas mãos coladas em forma de soco, eu gosto muito de olhar bem para o meio aqui, eu sempre falo que o caminho do meio é aquele que eu quero trilhar, sair das polarizações e ir encontrar um ponto comum entre esses diferentes pontos de vista. E se formos colocar as duas mãos juntas aqui, elas se entrelaçam em algum momento e, dependendo do ângulo que você olhar, você não sabe mais de quem é quem, essa mão. Eu acho que está aqui o caminho de solução que nós temos para boa parte das nossas questões socais. É a necessidade de encontrar o equilíbrio, o caminho do bem, algo comum que eu acredito que nós temos muitas coisas em comum. E a luta, voltando para a posição original da imagem, é algo em comum. Então, vamos lutar e lutar, mas juntos para conseguirmos algo que seja para quem está a nossa volta.

Eu tenho um conceito da palavra "social" que eu penso que tudo que nós fazemos, é social. Independentemente do setor em que estivermos, nós nos socializamos a todo momento. Para mim o conceito de movimento social está relacionado a você ter uma consciência de que cada ação sua, de cada atitude sua, de cada palavra dita, de cada gesto que você faz, você está, de alguma maneira, impactando a sociedade. Eu vejo o movimento social, nesse sentido, como algo imprescindível para o desenvolvimento da humanidade. Em cada conversa que eu tiver, eu também entendo que sou, naquele momento, responsável pela experiência de vida daquela pessoa e para mim, essa é a essência do movimento social. E aí, olhando para como nós enxergamos esse movimento social, é quando nós conseguimos encontrar pessoas com o mesmo propósito, com o mesmo impulso, com a mesma vontade de luta e que se reúnem para transformar algo. E hoje, sem esse movimento social, o governo não dá conta porque a gestão pública não dá conta de todos os desafios. A gestão pública precisa desse apoio, desses parceiros para conseguir lidar com todas as suas questões. Movimento social para mim também, é quando você consegue se articular entre setores. Não é apenas Terceiro Setor, mas movimento social é quando você consegue fazer um movimento envolvendo diferentes atores da sociedade para atuarem juntos, de forma articulada, em uma determinada questão. É você conseguir juntar esforços do Primeiro Setor, do governo, esforços da iniciativa privada para viabilizar questões de recursos ou de inovações que podem vir, e você juntar o Terceiro Setor que traz a parte de sensibilidade, de entendimento e de experiência na ponta, de conhecimentos desses cidadãos e cidadãs que têm diversos desafios. Movimento social par mim, é atingido quando você consegue movimentar toda a sociedade.

Para mim a palavra "diferença" é uma das mais inspiradoras porque eu vejo que é no diferente que nós conseguimos encontrar as melhores soluções. Vou trazer o exemplo da minha relação com o meu partido político. Eu optei pelo meu partido em razão das pessoas que se encontravam aqui no município, além de ter feito contas, obviamente, de quociente eleitoral para poder ser eleito, pois eu precisava de uma chapa forte e eu não sabia que seria tão bem votado como eu fui. Então, houve uma decisão estratégica. Mas hoje, eu transito entre todos. Apesar de em sua essência ser um partido de centro-esquerda, na prática ele nunca foi, ele vai mais para a direita, simplificando essas discussões.

Ele vai com um olhar muito mais para a privatização, mercado e não tanto para o social. Mas hoje eu vejo que o meu mandato cresce, ele fica forte quando eu converso com pessoas de diferentes espectros ideológicos. Se eu me fechasse na opinião unilateral de apenas um partido, eu estaria negligenciando a dinâmica e a vida que existe na sociedade como um todo. Então, eu me sinto motivado e inspirado a buscar a diferença. O meu assessor, que é o único que eu tenho, ele é de esquerda e não foi impensada essa decisão porque eu queria alguém que pensasse diferente de mim para enriquecer o meu trabalho. Quando eu penso na palavra "diferença", eu vejo como uma oportunidade de desenvolvimento e não como um bloqueio e uma diferença no sentido de não respeitar aquilo que eu penso, mas na verdade, é uma oportunidade de enriquecer aquilo que eu penso. E um educador, por exemplo, eu já tive a experiência de ser educador de crianças, e quão bonito que é você ter a diferença ali dentro, a diferença de gênero, a diferença de estrutura física, a diferença de capacidades, a diferença de ritmo de aprendizado, da forma de aprendizado. E tudo isso, é sempre uma oportunidade de enriquecer experiências da turma, do educador que sempre precisa estar se cobrando e compreendendo que cada ser humano é um e você só reconhece isso a partir do momento em que você reconhece que existem diferenças e que essas diferenças, no fim das contas, são muito mais benéficas do que qualquer outra coisa.

Dentro do meu contexto político parece que todo o tempo vem essa placa falando para parar. Eu senti muito no primeiro ano de mandato que eu consegui superar o que planejei. Eu articulei muito e fiz grande parte das leis que eu precisava fazer, que eu havia prometido durante a campanha. Inclusive, fui eleito um dos destaques do legislativo e sempre procurando trazer inovação e quebrando paradigmas, usando as redes sociais como um mecanismo não só de publicidade do trabalho, mas também de comunicação e interlocução com os cidadãos. Mas no segundo ano, eu senti que foram muitas as energias para me travarem: a burocracia da própria casa legislativa, o movimento de outros vereadores tentando ofuscar minha atuação e atrasar meus projetos, e eu mesmo me deixando e não me defendendo desses ataques. Eu sempre fui muito pacificador aqui dentro mesmo, o pessoal me chama assim. Porque eu dialogo com todos e tenho esse tom de voz em que eu dificilmente me exalto. Em dois anos foram apenas duas vezes que eu me exaltei e de falar um pouquinho mais alto do que eu falo, mas ainda assim, com muito respeito, porque isso faz parte da minha natureza. Então, eu senti que no segundo ano eu fui me fechando dentro do gabinete. Eu deixei de ir para a rua, de falar com as pessoas, de responder às redes sociais, de fazer minhas transmissões ao vivo. Essa placa de "pare" veio e eu a respeitei. No trânsito você tem que respeitar, mas na política nem sempre. E no final do ano me veio muito forte essa reflexão: será que eu, a pessoa que está aqui, é ela mesma? Ou ele está sucumbindo às formas partidárias, às forças políticas, ele está se deixando levar pelo sistema? Sistema que todos falam e que na verdade são pessoas, pois não existem sistemas, o que há são pessoas. E essas pessoas são as que controlam essas atividades. E chegou um momento em que eu resolvi virar essa placa e agora, o pare já não estava para mim, agora era eu mostrando que não iria parar, agora era para os outros pararem de tentar me bloquear. E assim, no fim do ano (2018) foi o processo de eleição da mesa diretora, o lançamento da primeira vez na história do município, de uma candidatura pública com propostas para este cargo, de componentes da mesa que sempre foi algo que ficou nos bastidores, entre quatro paredes da Câmara Municipal. Para mim, isso foi uma espécie de renascimento e reconexão a minha essência e eu pensei: não, eu vou desafiar esse sistema! Eu vou desafiar essas pessoas que estão tentando me minimizar e eu sei que posso contar com muita gente que está lá fora – que são os cidadãos e cidadãs que acompanham o meu trabalho e confiaram em mim para estar aqui. Então, dentro desse contexto, eu penso que a mesma energia que eu recebi do "pare", eu quis usar, mas no sentido de que "eu vou ser eu mesmo", eu vou parar de sucumbir, de me minimizar, vou parar de ser reativo e vou resgatar aquilo que sou. Então, essa imagem me traz esse movimento de quebra durante o mandato, após um período de muita produção e, ao mesmo tempo, a mesma essência de eu estar virando a placa, empurrando essa placa, a colocando em movimento e para todas essas forças negativas que colocaram obstáculos para mim, eu é que vou falando "pare", agora, pare porque eu vou seguir.

Essa outra imagem, até combina com a última do "pare". Esse reflexo... o que é que estou vendo? E mais do que isto, o que eu estou sentindo? Eu vejo que há muito sentimento nessa imagem, há muita reflexão e é um movimento necessário de você parar e se olhar. Há uma dualidade de luz e sombra, natural do reflexo, uma divisão muito clara. E eu conecto com a outra imagem. Aqui você tem uma junção dos dois e você tem um caminhozinho do meio, luz, sombra e o caminho do meio, e o equilíbrio constante que precisamos ter, a inteligência emocional que a gente precisa ter para em nenhum momento tentar ser mais do que você realmente é e, ao mesmo tempo, não tentar ser menos do que você é, mas você "ser", simplesmente, ser. Essa imagem tem tudo a ver com o movimento constante que todo ser humano, que gestores públicos precisam ter. Você precisa olhar para fora constantemente e verificar o que é que a sociedade está pedindo, mas você também tem que olhar para dentro de si, olhar para você mesmo e tentar enxergar: eu estou bem? Porque se eu não estiver bem, quem eu sou para cuidar da comunidade, para cuidar dos desafios que a cidade tem? Então, essa pausa é completamente necessária e eu percebi isso, porque eu comecei o meu mandato de um modo muito forte, eu sabia o que deveria fazer, mas eu fui perdendo isso, porque eu demorei para me olhar. E, quando eu me olhei, eu percebi que estava me perdendo e me perdendo em mim mesmo. Mas ao fazer esse reconhecimento, eu reativei todas as forças positivas que existem dentro de mim. Eu ativei toda a confiança que eu tenho nas pessoas e resolvi virar a chave e buscar esse reequilíbrio, essa junção da luz e da sombra para não tentar nem brilhar demais e nem escurecer demais, mas sim, ficar em um equilíbrio sadio em busca de uma missão, de um propósito maior que é, dentro desses 4 anos, transformar o município em referência nacional de uma cidade transparente e participativa na política.

Ao longo dessa jornada na política, eu entrei em contato com o mundo que me assustou demais no início. Eu sempre fui uma pessoa muito reservada, muito família. A partir do momento que eu entrei na Aisec[100], que é a organização que me permitiu fazer as viagens pelo mundo e trabalhos voluntários, eu sempre fui muito responsável com as minhas atividades e sempre busquei uma privacidade muito grande. E quando você se torna um gestor público, tudo o que você faz está sendo analisado a todo momento, inclusive, por pessoas próximas. Eu tive a péssima experiência de entrar em contato com o impacto das *fake news* no período do carnaval de 2018, quando em um dia antes, saiu uma foto minha com informações distorcidas sobre um projeto que estava sendo colocado em votação, passando a imagem e as informações erradas para a população, cuja boa parte desta, não teve a preocupação de verificar a veracidade do que estava sendo apresentado e reagiu com uma série de xingamentos. Para alguém que sempre teve uma vida tranquila e reservada, você ver sua foto com centenas de comentários xingando você dos mais variados nomes, dizendo que você é bandido e corrupto, que só está da política por causa do dinheiro e que você não vale nada é algo que não desejo a ninguém. Aquilo mexeu muito comigo e eu fiquei muito mal. Porque era inconcebível para mim receber aquele tipo de ataque sem ser por uma questão verdadeira, pois era uma coisa falsa e distorcida. Quando as pessoas fazem isso, na maioria das vezes elas estão alimentadas pela sua necessidade de se posicionar, de crescer, de aparecer sem a mínima preocupação do que isso irá gerar para outra pessoa, independentemente do cargo que ela ocupa ou de quem ela seja. Eu penso que nós perdemos muito, nessa era digital, a sensibilidade, o olho no olho, a aproximação verdadeira e humana com o outro, a gente perdeu a capacidade de dialogar, nós perdemos muitas coisas e tudo isso vem dessa distorção que é alimentada por esse choque de realidades e o mundo virtual. Para o gestor público é muito importante estudar tudo que nos chega de uma maneira profunda para que ele também não tome decisões com base em informações distorcidas, porque o nível de responsabilidades que um gestor público tem, muitas vezes, ele só irá perceber anos lá na frente, o impacto das decisões que ele toma hoje e os efeitos reais que terá daqui 5, 10 anos. É aí que você irá perceber se você teve o discernimento correto ou não. Distorção tem a ver com informação, você garantir que você tem a informação e garantir que você tem a formação para conseguir discernir e tomar decisões que sejam sustentáveis e, na medida do possível, as mais corretas possíveis. E aí, volta aquela questão da diferença: quando eu navego pelas diferenças, eu evito distorções, porque eu conheço o outro lado.

---

100. Association Internationale des Etudiants en Sciences Economiques et Commerciales. É a maior organização mundial de estudantes e é reconhecida pela Unesco.

Sobre religião, ciência e política, penso que sejam três energias fundamentais para o funcionamento de uma coletividade, mas obviamente, são energias que precisam ser utilizadas e exploradas de uma maneira sábia. Porque em todas aqui, eu vejo luz e sombra. Religião que ao invés de reconectar as pessoas a sua espiritualidade, ao seu propósito, a sua consciência, elas [religiões] prendem e bloqueiam. A ciência que ao invés de explorar, criar e pesquisar questões benéficas para a sociedade, para as pessoas, muitas vezes ela busca criar dependências, maneiras de também prender o cidadão. E a política também! Nós temos a política que emancipa, que dá autonomia, que fortalece e que respeita os indivíduos dentro de uma coletividade e você tem aquela política que prende, que torna dependente o ser humano, que dá um benefício disfarçado de ponto positivo, mas que na verdade, minimiza a potência que existe naquele ser humano. Então, em todas há luz e sombra. Mas são três energias fundamentais. Pegando um pouco da etimologia da palavra religião, é o religar, é o reconectar e tem muito a ver com essa imagem aqui, onde eu encontro as palavras, onde eu encontro a inspiração necessária para entender qual é o meu papel aqui. Qual é a minha missão? Qual é a minha vocação? A ciência é a mesma coisa: tem a ver com religar no sentido de "vamos entender" a lógica que há por detrás de tudo e de como nós podemos avançar, inclusive para facilitar essa reconexão, facilitar essa vida, equalizar melhor as diferenças no sentido das classes sociais e das pessoas. E a política também. Ela é um constante jogo de religar. A democracia provoca você a todo momento a se conectar com aquilo que você já se conectou, se conectar com o novo, buscar a essência de uma sociedade saudável. Eu, como político, primeiro, busco compreender a função de político que é criar algo que não é para mim, mas para as futuras gerações e para a sociedade que me confiou estar aqui. Eu busco na ciência as ferramentas necessárias para conseguir fazer isso. E eu busco na religião/espiritualidade, pois eu não tenho nenhuma religião definida, eu busco o equilíbrio comigo mesmo. Eu acho que consigo ser religioso o suficiente quando eu estou conversando comigo, porque aí, indiretamente, eu estou conversando com forças maiores. Quando eu paro para meditar, quando eu vou fazer minha reza no final do dia. Coincidentemente ou não, eu fiquei o ano passado inteiro sem fazer isso e aí, eu me perdi em mim mesmo. Então, são três energias que uma depende da outra.

Dentro do meu contexto, nestes dois anos completos de mandato, as lágrimas que eu presenteei o mundo, elas foram muito mais de alegria do que de tristeza. Exceto aquela situação das *fake news* e do impacto que houve, para mim, eu chorei muito mais ao longo desse ano ao celebrar coisas para a comunidade, ao ver apresentações artísticas, ao encontrar em contato com as entidades sociais, ao conversar com as pessoas e ver o quanto que é bacana você receber pessoas com grandes ideias no gabinete. Então, eu chorei bastante e me lembro de vários momentos assim, inclusive no plenário, quando havia alguma homenagem, foram lágrimas de alegria porque essas eu não faço esforço para não deixar cair, essas me fazem muito bem. De tristeza, apesar de terem muitas, eu sempre tento evitar que elas caiam. Busco transformar essas lágrimas que estão ali dentro em uma outra energia para mudar aquela situação. E eu não havia pensando nisso antes: será que dá para transformar a lágrima antes dela sair?

Quando eu sonho muito, no sono mesmo, significa que eu estou bem. Quando eu sonho demais, eu estou bem, estou relaxado, estou em um momento bom da minha vida. O sonho, neste sentido, é um apontamento que as coisas estão caminhando da maneira esperada. Ao mesmo tempo, é o sonho de ser melhor do que eu mesmo a cada dia que passa. Acho que esse é o único sonho que eu tenho, de me vencer. Mas é uma competição sadia, embora seja uma competição pesada para mim. Eu aprendi que quando você tem uma intenção muito clara no mundo, você não precisa ficar focado na forma como isso irá acontecer, mas você tem que garantir que isso vai acontecer, que sua intenção vai acontecer. Então, quando você tem sempre isso em mente, você se cobra todos os dias, ser melhor do que você foi ontem e aí, você se prepara para ser melhor amanhã do que você é hoje. Eu acho que o sonho, nada mais é do que isso, ele não tem forma, ele uma intenção, tem uma energia, um propósito e ele tem vida própria, ele é dinâmico. Então, se você focar nisso, as coisas irão acontecer.

Eu acredito que sozinho, é impossível fazer a sociedade sonhar de novo com um político que possa representá-la, sem já relacionar a imagem de político a corrupto. O desafio é grande! O desafio transcende a capacidade de um indivíduo corrigir isso. Por isso que eu não gosto desse endeusamento que nós temos presenciado da figura de alguns políticos, eu acho que isso vai à contramão daquilo que gente precisa. Nós precisamos de diálogo! E eu penso que a única forma de resgatar isso, é um trabalho de longo prazo. Mas é nós encontrarmos pessoas, conectarmos com essas pessoas e navegar por essas diferenças. Eu acredito que a mudança que nós precisamos, ela virá a partir do momento em que agentes de diferentes siglas partidárias, aprenderem a dialogar e, ao invés de deixarem os desafios da sociedade, as questões da nossa população em segundo plano, eles passem a colocar isso em primeiro plano. E dos embates ideológicos e de pontos de vista, eles encontrem soluções. Então, se nós não mudarmos essa chave de continuar fomentando uma cultura de bastidor em detrimento de uma cultura de transparência e de participação social, nós não iremos a lugar nenhum. Enquanto agente político, o que eu posso fazer e que eu consigo fazer, é tentar virar essa chave na minha localidade, buscar pessoas que estão fazendo a mesma coisa em outros locais e, juntos, vamos criando essa rede de transformação. Porque, eu vou ser muito sincero, eu preciso dessa ajuda, eu preciso dessa rede para conseguir entender todos os desafios. Eu sou um homem branco, de classe média alta, que teve toda uma educação e recebeu tudo o que podia dos pais, que teve todo o conforto para se desenvolver e estou dentro de uma minoria privilegiada em termos de estrutura de vida, mesmo. Para mim, é muito difícil acessar realidades diferentes da minha, é aquela história da bolha. E eu só consigo acessar essas realidades me conectando com pessoas que estão ligadas a movimentos sociais, que são lideranças nas suas comunidades, que têm esse impulso de gerar mudanças ali e eu chegar e dizer "vamos fortalecer". Então, eu estou aqui para isso, eu estou há quatro anos servindo vocês e a autoridade para mim são vocês, não são eu. Autoridade para mim é quem tem conhecimento, quem tem a vivência, quem sabe na prática e sente na pele os desafios do dia a dia. Então, é nos entendermos que essa autoridade tem que navegar por esses diferentes atores e é isso que deve estar em primeiro plano, essa conexão, esse diálogo saudável. E eu entender que a partir do momento que eu entro em contato com uma pessoa de uma realidade diferente, eu estou sendo parte responsável da experiência de vida dela naquele momento e vice-versa. Então, não bastam palavras para responder a isso, é preciso agir. Então, é como aquela frase: "Caminhante, não há caminho, se faz caminho ao andar"[101], e é um pouco disso que eu sinto. Essa construção só irá acontecer de uma maneira dinâmica e você vai co-construindo essas alternativas e a partir do momento que você tem como plano principal a transformação benéfica para aquela comunidade, para aquela cidade, você vai juntando outras pessoas com essa mesma intenção , vai ganhando força e, a partir do momento que você ganha força, você ofusca todo esse lado negativo do político corrupto, do político que não trabalha, que só vem à câmara uma vez na semana, que está nisso só para ter um bom salário. Mas a partir do momento que você consegue criar um movimento e mostrar que não é bem assim, você começa a mudar a opinião das pessoas e assim, elas começam a se aproximar mais da política, elas começam a ter mais interesse. E a mesma bola de neve que trouxe essa imagem negativa do político, ela só irá ser transformada por outra bola de neve criada com base sólida, com princípios claros. Aqui no gabinete, os princípios que nos norteiam são a questão da transparência, da representatividade de pessoas de diferentes locais e espectros ideológicos participando, a questão da participação. Porque uma coisa é você ter a representação e outra coisa é você participar. A questão da sustentabilidade, de se compreender o impacto disso no curto, médio e longo prazo e, principalmente, a questão da educação. Se eu fosse resumir em uma palavra tudo isso, eu diria que é a educação. A política tem que se reconectar com as crianças, com os jovens, o quanto antes porque senão, é a primeira impressão a que fica. E a primeira impressão eu vou ter em um jornal da TV? Então, nós precisamos criar essa primeira impressão logo no início e aproximá-los, mostrar o que é democracia, dar espaço para eles participarem.

---

101. Antonio Machado (Antonio Cipriano José María y Francisco de Santa Ana Machado Ruiz), nasceu em Sevilha, Espanha, em 1875. Autor de memorável obra poética. Seu poema *Caminhante* (1912) é considerado um dos mais conhecidos. Faleceu em 1939, em Collioure, Pirineus Orientais, na França.

Então, fomentar esses programas educacionais nas casas legislativas, entender que o vereador é também um educador, é um educador político e que toda postura que ele tem, todo conteúdo que ele posta precisa ser claro, objetivo e tem que trazer clareza. Porque senão você não transforma essa realidade.

Penso que nosso grande desafio hoje é criar amizade cívica. É compreender que independente do lado que você esteja, da opinião que você tenha, existe um caminho que podemos caminhar juntos. Essa expressão "amizade cívica" me representa muito isso e ao invés de repudiar aquilo que é diferente, eu aproveito aquilo que é diferente para construir algo novo daquilo que eu penso também. Ao invés de ir para o enfrentamento de ideias, eu vou para a construção de soluções. Ao invés de alimentar sentimentos de repúdio, ódio, coisas negativas, eu alimento sentimentos de desafio que nem sempre são positivos, às vezes são dolorosos, mas eu tenho a consciência de que eu posso encontrar algo interessante e que seja bom para todos ou, pelo menos, para a grande maioria. Então, eu penso que esse é o grande desafio da nossa época: encontrar um campo em que nós possamos trabalhar a amizade cívica e que essa amizade cívica seja produtiva. Porque também, só ficar no campo das ideias, nós já passamos da hora de superar essa barreira de ficar muito só no pensar, no sentir e se esquecer de querer. Nós precisamos querer transformar, querer agir e essa é a grande questão.

Penso que ambos os modelos, capitalismo e socialismo, estão ultrapassados. O capitalismo pode ser renovado, mas ele precisa ser reinventado porque estão aí as desigualdades que temos, os problemas sociais, as injustiças que temos, e isso tudo é fruto desse sistema. E, hoje, nós temos maneiras de melhorar com a criação da tecnologia, abundância de recursos, há maneiras de criarmos políticas públicas para transformarmos isso. E quanto à discussão capitalismo/socialismo, eu a vejo como muito superficial no sentido, não da importância desse debate, mas do conteúdo que tem sido gerado em cima disto. Há uma banalização tão grande do que é socialismo e do que é capitalismo, uma ignorância, muitas vezes, de trazer conceitos, fatos, dados que nada têm a ver com esses modelos e que mais tornam o debate inócuo e muito mais de arrumar briga do que, efetivamente, uma discussão que visa o bem social. Então, eu volto à questão da educação, nós precisamos inserir essa discussão de uma maneira mais propositiva. No campo do pensamento, na formação inicial para prover conteúdo para os nossos jovens e para as crianças, nesse sentido, mas é uma energia que nós perdemos com o passar do tempo e que eu penso ser de suma importância. Porque esses seres vão se desenvolvendo e daqui a pouco eles estarão na sociedade e lutarão pelos seus direitos com conceitos, completamente, distorcidos sobre o que é isso e mais do que isso, não terão ferramentas para poderem inovar e transformar essas realidades. Eu vejo que o caminho é a educação, que é muito delicada de fazer, e por isso se precisa tomar muito cuidado sobre como você irá organizar esse assunto para ser inserido nas escolas e no ambiente universitário. Mas, ao mesmo tempo, é preciso ver onde estão os modelos que têm dado certo e quebrado um pouco esses modelos que não têm funcionado no sistema atual. Eu vejo muitos negócios sociais sendo fontes de inspiração, várias escolas inovadoras que trazem princípios e que mesclam um pouco dos dois mundos, do capitalismo e do socialismo, mas que, de novo, encontraram um caminho do meio para viabilizarem a vida em comunidade, desde cedo, já trabalham o senso de responsabilidade coletiva e ao mesmo tempo, uma emancipação do indivíduo. Então, há essas organizações que já conseguem, ali no microcosmos, trabalharem algo que pode ser expandido para outros sistemas, mas eu penso que ainda temos um caminho muito longo e precisamos reaprender a dialogar para conseguirmos implementar isso de uma maneira mais organizada.

Então, a educação é a área primordial, é a prioridade total. Nós sempre vemos aquele discurso de político: pela educação, pela saúde e pela segurança pública! E, no fundo, é isso mesmo. Só que, na maioria das vezes, são palavras jogadas ao vento e aí, a minha visão, é a seguinte: para você conseguir gerar essa transformação, você precisa fazer movimentos de valorização e de verdadeiro entendimento do papel do professor. Resgatar o respeito do "ser professor" com a sua comunidade de alunos, que fomos perdendo isso ao longo do tempo e é prioridade resgatar isso. E você resgata, não só valorizando a profissão em termos financeiros, mas você resgata também, dando ferramentas e dando capacitação para que seja possível desafiar e provocar esse professor a inovar dentro do espaço educacional. Esse é o primeiro elemento que necessita ser trabalhado. E o outro, é a própria infraestrutura das escolas, repensar o modelo. Há aquela historinha de que se o cidadão fosse congelado há milhões de anos e voltasse à vida hoje, o único ambiente que ele reconheceria é a escola, porque ela quase não mudou. Então, para a própria estrutura física é preciso ter investimentos e isso é uma quebra de paradigma para conseguir readequar esses espaços e os alinhar ao momento atual, com as gerações atuais e tudo mais. E em terceiro lugar, definir bem o conteúdo, mesclar muito mais a experiência, a vivência, a prática, a mão na massa e não ficar apenas na teoria. Essas são algumas, de forma muito simples, as coisas que eu vejo. Só que para você conseguir fazer isso enquanto poder público, você tem que repensar a gestão como um todo. Onde que os recursos estão sendo gastos? Quais são as áreas que realmente precisam ficar sob a responsabilidade do poder público? A educação é a área prioritária, é serviço público básico e é fundamental para o desenvolvimento do ser humano e que precisa ser encarado como tal. Só que hoje, pela situação financeira e econômica na qual boa parte dos municípios está, você precisa começar a abrir mão de algumas áreas que o poder público toma conta hoje para que seja possível ter potência e recursos suficientes para fazer essa transformação. Então, eu vejo que seja necessário esse movimento de se repensar algumas áreas e articular com outros setores e passar para eles cuidarem sem onerar a população, sem onerar o município, mas pelo contrário, dando espaço para que o poder público possa investir em áreas prioritárias. Acho que chegamos em um momento que esse tipo de ação será necessário para dar conta do tamanho do desafio que nós temos com a educação. Então, eu vejo a escola pública como fundamental, é a principal peça de quando falamos em coletividade. Só que para a educação ter o seu verdadeiro papel sua função, ela precisa de muito reforço e por isso, ela precisa ser encarada de uma forma muito diferente de como tem sido. Educação não é um problema, ela é a solução. Muitas vezes eu vejo na gestão pública que o orçamento da educação é um dos maiores, e tem que ser! Mas será que ele está sendo utilizado da melhor maneira possível? Quais são os movimentos que estão sendo feitos com os profissionais e com os gestores para mudar? Por que a gente não faz? Para mim, a educação seria a plataforma principal, mas sabendo que eu teria que abrir mão de outras coisas, tomando decisões polêmicas em outras áreas, mas com esse enfoque. Educação é prioridade!

Imagem de Thereza Nardelli[102]

---

102. Thereza Nardelli é a criadora da arte *Ninguém solta a mão de ninguém* e nos cedeu gentilmente a imagem para publicação.

A condição revolucionária da Inclusão Menor

> *Nada é impossível de mudar. Desconfiai do mais trivial, na aparência singelo. E examinai, sobretudo, o que parece habitual. Suplicamos expressamente: não aceiteis o que é de hábito como coisa natural, pois em tempo de desordem sangrenta, de confusão organizada, de arbitrariedade consciente, de humanidade desumanizada, nada deve parecer natural, nada deve parecer impossível de mudar.*
> Bertolt Brecht[103], 1977.

As Vozes, cada qual em seu contexto histórico, cultural e social, cada uma a sua maneira, criam linhas de fuga para resistirem e re-existirem à brutalidade do sistema hierárquico de poder que flagela o oprimido e perpetua a opressão e a exclusão massiva na sociedade contemporânea.

Como protagonistas "menores", elaboram e escavam suas próprias trincheiras de resistência, condicionadas às conjunturas do terreno e do território a ser ocupado. Elas são abertas sem linearidade, com pequenas extensões de visibilidade do que virá à frente, mas com resguardos em situações e movimentos de luta e sobrevivência em nome de seu *belief system*. As trincheiras da resistência possibilitam deslocamentos estratégicos para a permanente luta pelos direitos sociais. Conscientes das hostilidades do território e dos perigos das fronteiras, sabem que importa mais a constância do que a velocidade, mais a resistência do que a força bruta, mais a educação que emancipa do que apenas a instrução que cativa.

Nas conversações com as Vozes, aquilo que enunciam e anunciam se entrelaça ao nosso movimento de escrita sobre a potência transformadora da Inclusão Menor que coexiste em um mesmo território com o gigante poderio do paradigma da distorção. Neste enfrentamento às tiranias da ganância e do

---

103. Eugen Bertholt Friedrich Brecht (1898-1956). Poeta alemão cuja obra se distanciava dos interesses da elite dominante, pois visava discutir a problemática das questões sociais de sua época.

poder que fabricam imagens de (in)verdades para exclusões em massa, as Vozes protagonistas re-inventam possibilidades e veredas de alcance e de chegada à enseada do respeito às diferenças de Ser e estar no mundo, com o mundo e com os outros.

As Vozes não são narcísicas e por isso não se apresentam de mãos cerradas e desalinhadas ao núcleo duro da Humanidade e do Amor. Mas de verso, elas abrem as mãos e as entrançam, acolhem outros que se encontram em movimento, pois compreendem que mãos fechadas e sozinhas não encorajam à metamorfose social. Encontram na diferença como maior atributo da espécie humana, a legítima identidade de Ser que desequilibra e desestabiliza a base da supremacia estrutural e hierárquica que governa as massas populacionais pela distorção das realidades e homogeneização das práticas docilizadoras e controladoras de corpos individuais e sociais.

As Vozes constituem a Inclusão Menor que não se vitimiza em poças de lágrimas, mas que delas formam correntezas que se movimentam com constância e rumos bem delineados, levando consigo o calor e a vida aos outros seres. E, neste movimento continuado, as correntezas da Inclusão Menor geram energia pela ação das Vozes, de maneira tal que muitos corpos excluídos são envolvidos e que, ao receberem esta energia, também se convertem em energia de movimento. Pois os mesmos não têm em comum tão somente uma lágrima...

A Inclusão Menor em dias trevosos, ainda que não seja possível acelerar os passos, permanece em caminhada constante. Recolhe-se, se preciso for, até que passe a saraivada. Re-toma, então, a andança com os seus pares, sabendo que em cada canto há um canto, uma esperança, um sonho de liberdade. A Inclusão Menor é múltipla e multiplicidade.

Seu objetivo não é a devastação, a guerra, a opressão, o subjugo, o controle, a eliminação do diferente e da diferença. Mas sim, a luta contra os processos de des-humanização e naturalização das várias formas de violência que produzem as muitas desigualdades sociais. Seu propósito é a resistência à biopolítica e ao biopoder que cuja produção de imagens e (in)verdades, massacram o oprimido e aniquilam sua identidade de Ser humano. Seu alvo é a justiça e a equidade social para todas e todos. Seu desejo é a re-união dos povos em Humanidade por meio do respeito que legitima as vidas e as Vozes, sem discriminação de qualquer gênero. Seu escopo é ouvir distintas Vozes, sem cálices de censura e sem esbarros sensacionalistas. Sua mira é pela Verdade que não faz acepção de pessoas para viverem livres. Verdade que desmascara o paradigma da distorção que tem por vez ludibriar incautos para seus próprios interesses e conveniências.

A Inclusão Menor labora pelo des-embrutecimento e questiona as tradições patriarcais excludentes. Ela rejeita a distorção da neutralidade e da omissão. Ela não se engaja no sistema, mas cria linhas de fuga, re-inventa seus modos de existir, resistir e re-existir, conflui para uma educação que transcende os muros e que compartilha saberes que elucidam e emancipam o oprimido. Ela acredita que a educação democrática tem potência para transformar o mundo em um lugar melhor para se viver.

Todas as Vozes repudiam o *apartheid* do diferente e todas acolhem a diferença em sua própria diferença. Porque é na diferença em que todos nós nos (re)conhecemos Seres humanos. É na diferença que somos potência de sustentabilidade e manutenção da vida. É nela que encontramos o sopro da vida, porque pessoas nunca se repetem. Na diferença não há representação de identidades únicas e estáticas, mas sim, pluralidade, multiplicidade, re-significações sociais.

A Inclusão Menor é como o Bolero de Ravel[104]. Ela atrai para si a potência das diferenças. Ela se constitui dessas diferentes potências. Ela vê em cada instrumento e em cada Ser em movimento, força e potência para resistir à monotonia de um ritmo e tempo invariáveis e se re-inventar pela dinâmica do viver a vida em amor e liberdade. Ela é como a mescla presente na *Construção* de Chico Buarque, onde a letra e a melodia se amam e geram movimento à vida que não se furta de (re)conhecer repressões e (des)construir cotidianos.

A Inclusão Menor não se resume em ser *isto* ou *aquilo*, em estar aqui ou acolá do território, em se configurar campo extremo para o confronto do *versus*. Não é a escolha da ópera ou do *rock*. Mas a Inclusão Menor é isto *com* aquilo, ela é ubiquidade, ela coexiste com a exclusão. É ópera-*rock*[105] que se (re) cria na linha de fuga entre a música clássica e a música pop. É re-invenção que encanta e quebra paradigma em sua forma de Ser e estar no mundo, com o mundo e com os outros.

A Inclusão Menor se faz na conexão Humanidade-Amor e ecoa no coração dos oprimidos que, somente *juntos*, é que nós podemos seguir em frente!

---

104. Maurice Ravel (1875-1937), em 1928, compôs a obra musical *Boléro*. A composição é reconhecida como uma das mais belas e é executada e interpretada por inúmeras orquestras pelo planeta.

105. Segundo Luft (2009), a ópera-*rock* se configura em uma narrativa coerente, pautada nos seres humanos e nos conflitos e problemas que vivenciam em sua existência. Permite uma rica possibilidade de interpretações, além de elevar o espetáculo e a perspectiva musical do *rock* ao caráter intelectual pela problematização dos problemas humanos. A exemplo, citamos a canção *Innuendo*, da banda britânica de *rock* Queen, formada por Brian May (guitarra e vocais), Freddie Mercury (vocais e piano), John Deacon (baixo) e Roger Taylor (bateria e vocais). Problematizando os problemas nefastos da humanidade relacionados aos preconceitos e discriminações, ressoam a mensagem vital: "até o final dos tempos, nós continuaremos tentando!"

Juntos, porque o núcleo duro da inclusão que fulgura a Inclusão Menor, demanda o Ser, o ir e o fazer-acontecer *com* os outros. Envolve não apenas o sentido e o significado de promover o acesso do outro ao grupo social. Mas a re-significação social do que significa o pertencimento a partir do movimento mútuo de abraçamento da inclusão que se dá quando: incluir o outro é, ao mesmo tempo, eu me incluir a ele. E nesta mesclagem muito peculiar da inclusão, não podem haver espaços e consentimentos para justificativas roçadas pelo paradigma da distorção para o favorecimento de des-responsabilizações histórico-sociais. E é nesse movimento consciente onde o respeito ao outro deve se mostrar soberano às macropolíticas ambivalentes.

Neste sentido, não sou resistência quando somente ferem a minha existência. Mas sou resistência quando ferem a existência de todos nós pela nossa diferença. E neste sujeito que também se (re)conhece como sujeito coletivo, emerge o sentimento de pertencimento à coletividade que, em movimento, trilha caminhos e edifica ações concretas na luta, acesso e garantia de direitos sociais.

E a partir do *belief system* da inclusão que constitui a Inclusão Menor é que ecoam as Vozes misturadas em sua complexidade. Elas não estão sós! Mas elas se entrecruzam em redes virtuais e reais e se fortalecem nas trincheiras dizendo umas às outras: "aguento tudo isso porque sei que tenho pessoas como você, espalhadas pelos diferentes cantos do mundo, dispostas a apoiar esta causa"[106]. Ao denunciarem a alta-roda dominante que fabrica os mecanismos de exclusão, as Vozes também indicam haver um processo de des-humanização daqueles que se aconchegam nas almofadas da ganância e do poder. Elas alertam que há um "pare" jogado na cara e que busca, incessantemente, intimidar e parar o movimento consciente emergido pela legitimidade dos direitos sociais a todo ser humano.

E nessa luta, mulheres em Vozes entrecruzam suas mãos e prosseguem marcando presença, fazendo passar novamente pelo coração, a memória histórica de que direitos sociais nunca poderão ser negociados. Em vários cantos e com cantos, ecoam *não* às mutilações da alma e do corpo. *Não* à desmoralização da mulher, ao seu encabrestamento e sua apropriação pela cultura patriarcal. *Não* às práticas de controle e violência médica, não médica e judicialização de seus corpos, de seu sexo, de sua sexualidade. *Não* à inferiorização e desvalorização da mulher, seja ela indígena, negra, quilombola, migrante, refugiada, estrangeira, nativa, branca, oriental, solteira, casada, viúva, divorciada, menina, moça, madura ou idosa, mãe, esposa, provedora do lar, profissional do sexo,

---

106. Voz de Fatumata Djau Balde sobre a luta contra mutilação genital feminina na Guiné-Bissau.

executiva, professora ou autônoma, homo, trans, letrada, iletrada, crédula, incrédula, pobre, rica, nua, vestida de rosa, azul ou multicores: nenhuma de nós a menos, todas somos mulheres!

Vozes que se encontram para resistirem à anulação e aniquilação do indivíduo enquanto sujeito e ator histórico. Para se posicionarem contrárias à naturalização do discurso opressor. Para juntas fortalecerem as lutas e as conquistas de todas as minorias sociais.

Vozes que não se silenciam porque sabem que, quando a alta-roda dominante começa a gritar, o problema fundamental dos problemas é aturdido e esquecido. E é assim que "eles" conseguem seu objetivo de desviar as atenções para suas maquinarias perversas. Porque dizer a verdade é também arriscar tudo, e isto soa como ameaça aos dissimulados do paradigma da distorção.

Amálgama de Vozes que se articula contra a distorção como estilo de vida político, institucional e de governamentalidade. Que se opõe às amenizações distorcidas das dores sociais dos sujeitos e dos povos. Dores provenientes de uma sociedade excludente e adoecida que ceifa alegrias, felicidade, vidas em curso. Que refuta mentiras e hostilidades em nome de deuses. Que proclama que a educação fundamentada nos princípios de cidadania colaborativa e respeito às diferenças constitui um ser humano consciente sobre a condição humana, autônomo e emancipado para fazer suas escolhas e ser o protagonista de sua própria história e junto à coletividade por um Estado democrático e laico.

Vozes que dizem *não* ao ódio e aos horrores das muitas facetas do fascismo em seus microfascismos. Vozes que existem e resistem, com amorosidade e humanidade, para deixarem às próximas gerações, um legado de paz como direito universal cujo alicerce angular é o respeito às diferenças em seus modos de existir, de Ser e estar no mundo, com o mundo e com os outros.

Ouçam as Vozes!

Infinitudes...

O paradigma da distorção que engendra imagens e novas imagens para a desrealização das realidades e dos acontecimentos histórico-sociais é motor da era pós-verdade que prima pela distorção do quem sou e da incapacidade de olhar para o outro e se (re)conhecer humano. Assim, des-conhece qual é seu próprio limite para ilimitar o outro a sofrer angústias e torturas no corpo e na alma pela vida afora.

Enquanto pessoas forem tratadas como coisas e enquanto a pobreza e a exclusão forem financiadas pelo tilintar das moedas e o estalar das palmas, as lutas serão infindas. Sempre que a vergasta da exclusão provocar chagas e dores profundas nos corpos e nas almas dos oprimidos, a Resistência será perene no velar a cicatrização e no (re)lembrar daquilo que os feriu.

Somos idealistas ou realistas quanto aos fundamentos da Inclusão, Humanidade e Amor? Deveras, nenhum nem outro. Apenas rompemos com o convencional fatalismo do mundo das (in)verdades e entendemos que tais fundamentos se contemplam no eterno movimento e seus devires como linhas de fuga e possibilidades de transformar o mundo, todos os dias, em um lugar melhor para se viver.

Ao longo da história da humanidade pessoas distintas se deram as mãos. Sob lentes teóricas múltiplas, nos palcos e nos bastidores, na ciência e na religião, nas ruas e nas casas, em territórios diversos, em posições sociais diferentes e nas suas muitas crenças – todas elas tinham em comum o entendimento e a convicção da diferença como valor humano. A compreensão da diferença como algo próprio da espécie humana. Essa percepção consciente mobilizou e ainda mobiliza pessoas a deflagrarem suas vozes na luta por direitos sociais. Não abrir mão das convicções, é permanecer vivo. Neste sentido, só pode haver conciliação quando há interesses em comum. E entre desiguais só haverá a coexistência. Não é possível a conciliação entre oprimidos e opressores, essa vil possibilidade é distorção. Sendo só possível, a coexistência deles nos territórios e nas fronteiras onde o perigo é iminente e as linhas de fuga são necessárias.

Sonhar o sonho do respeito às diferenças, é sonho coletivo das Vozes protagonistas de outrora e de hoje. O sonho do direito à diferença, sendo diferente em sua própria diferença nos modos de existir, de Ser e estar no mundo, com o mundo e com os outros. Sonho que se materializa aqui e ali quando a inclusão alcança sua potência revolucionária na humanidade. Sonho que necessita ser, ininterruptamente, (re)concebido por cada um de nós.

Há que se permanecer sonhando o sonho possível de uma sociedade para além desta que temos hoje, uma sociedade que se configure justa, inclusiva e, portanto, amorosa. Em concordância com Paulo, "daí a crítica permanente presente em mim à malvadez neoliberal, ao cinismo de sua ideologia fatalista e sua recusa inflexível ao sonho e à utopia" (FREIRE, 1996, p. 9). Há que se permanecer sonhando, lutando e resistindo às censuras obscuras que habitam no espírito das pessoas, pois estas são males de raízes piores do que aquelas materializadas por quem governa. Um sonho em movimento que se realiza na Inclusão Menor, portanto, materializa-se nos diversos espaços sociais pelos territórios adiante.

Há que se amar as pessoas intensamente para que aprendam, sendo amadas, a também amarem e escolherem o amor ao invés do ódio que promove a repressão, a perseguição, a tirania, a injustiça, a coerção, o exílio e tudo que descompõe nossa humanidade. Porque o resultado da cristalização das mentes à indiferença e desamor, bem como a consequência da naturalização da violência social, é a palpável sangria de um sepulcral processo de des-humanização de seres, a princípio, Filhos do Amor.

Resta-nos recordar, mais uma vez, à memória do coração, que os fundamentos do Amor, da Humanidade e da Inclusão, mesclam-se e se encontram no profundo respeito às diferenças de cada Ser. Essa tríade se movimenta de tal maneira e dimensão amorosa, que não é possível fazer concílio com distorções dos pressupostos do núcleo duro que as compõem. Do mesmo modo, não é exequível se nomear inclusivo quando, na verdade, as ações concretas são excludentes. Não é aceitável ser negligente às carências demandadas pelos que sofrem exclusão. Não é honesto conhecer quais são essas necessidades e fingir desconhecê-las. É profano mentir amor.

Será a partir da desterritorialização do território dos excluídos e dos incluídos que a Inclusão Menor mostrará sua força, resistência e potência. Será pela diferença como legítima identidade de Ser que ela acolherá e (re)colherá suas Vozes e deixará seu legado vanguardista às gerações vindouras. Será no protagonismo que a educação para a cidadania, em uma perspectiva democrática e inclusiva, desde a mais tenra idade, vencerá o ódio da alta-roda dominante e, enquanto houver vida, a Inclusão Menor em suas Vozes coexistirá e resistirá em sua infinitude, sempre proclamando...

Há Braços!
Sílvia Ester Orrú

Referências

ALMEIDA JÚNIOR, J.B.D. *Ter olhos de ver*: subsídios metodológicos e semióticos para a leitura da imagem. Campinas: Unicamp, 1989 [Dissertação de mestrado].

ALVIM, D.M. A megamáquina política: poder, resistência e deserção. In: *Kínesis*, IV, jul./2012, p. 303-319. Santa Maria.

Anuário Brasileiro de Segurança Pública. São Paulo: Fórum Brasileiro de Segurança Pública, 2016.

ARANTES, P.C. *Kairós* e *Chronos*: origem, significado e uso. In: *Revista Pandora Brasil*, n. 69, dez./2015, p. 1-9.

ARENDT, H. *A condição humana*. Rio de Janeiro: Forense Universitária, 2010.

ARNS, P.E. (coord.). *Brasil*: nunca mais. 32. ed. Petrópolis: Vozes, 2001.

BACHELARD, G. *A água e os sonhos*. São Paulo: Martins Fontes, 1989.

BAKKER, E. *Terrorism and Counterterrorism Studies*: comparing Theory and Practice. Leiden: Leiden University Press, 2015.

BARBOSA, R. *Discurso no Colégio Anchieta em 13 de dezembro de 1903*. Rio de Janeiro: Fundação Casa de Rui Barbosa, 1981.

BARROS, L. Governo do Estado fecha exposição na Casa França-Brasil que teria *performance* com nudez e crítica à tortura. In: *O Globo*, 13/01/2019 [Disponível em https://oglobo.globo.com/cultura/artes-visuais/governo-do-estado-fecha-exposicao-na-casa-franca-brasil-que-teria-performance-com-nudez-critica-tortura-23368861 – Acesso em 20/01/2019].

BARROS, S.R.D. Direitos humanos da família: dos fundamentais aos operacionais. In: GROENINGA, G.C. & PEREIRA, R.C. *Direito de Família e Psicanálise*: rumo a uma nova epistemologia. Rio de Janeiro: Imago, 2003, p. 143-154.

BARTHES, R. *Mitologias*. 11. ed. Rio de Janeiro: Bertrand Brasil, 2001.

BASÍLIO, A.L. *Paulo Freire em seu devido lugar*. São Paulo: Centro de Referência em Educação Integral, 2015 [Disponível em http://educacaointegral.org.br/reportagens/paulo-freire-em-seu-devido-lugar/].

BAUMAN, Z. *O medo líquido*. Rio de Janeiro: Zahar, 2008.

BEAUVOIR, S.D. *O segundo sexo*: a experiência vivida. São Paulo: Difusão Europeia do Livro, 1967.

BELTING, H. *Antropologia de la imagen*. Buenos Aires: Katz, 2009.

BERGSON, H. *Matéria e memória* – Ensaio sobre a relação do corpo com o espírito. Trad. de Paulo Neves. 2. ed. São Paulo: Martins Fontes, 1999.

BOFF, L. Lula, o carismático lider servidor. In: *Leonardoboff.wordpress.com*, 11/04/2018 [Disponível em https://leonardoboff.wordpress.com/2018/04/11/lula-o-carismatico-lider-servidor/ – Acesso em 2018].

_____. O poder de mobilização da esquerda não é efetivo para oferecer um projeto alternativo. *El País*, 29/05/2017. Madri [Disponível em https://brasil.elpais.com/brasil/2017/05/26/politica/1495833522_994721.html].

_____. *Ecologia: grito da terra, grito dos pobres* – Dignidade e direitos da Mãe Terra. Petrópolis: Vozes, 2015.

_____. A ternura: a seiva da amor. In: *Leonardoboff.wordpress.com*, 2014 [Disponível em https://leonardoboff.wordpress.com/2014/02/16/a-ternura-a-seiva-da-amor/].

_____. *A águia e a galinha*: uma metáfora da condição humana. 52. ed. Petrópolis: Vozes, 2014.

_____. Igreja deve renunciar à arrogância. In: *O Estado de São Paulo*, 17/04/2005, p. A26 [Entrevista realizada por Luciana Nunes Leal].

_____. *Jesus Cristo Libertador* – Ensaio de cristologia crítica para o nosso tempo. Petrópolis: Vozes, 1976.

BONOMI, F. *Vocabolario Etimologico della Lingua Italiana*. [Itália]: Versione elettronica, 2008.

BRASIL. *Lei n. 13.260, de 16 de março de 2016*: Regulamenta o disposto no inciso XLIII do art. 5º da Constituição Federal, disciplinando o terrorismo, tratando de disposições investigatórias e processuais e reformulando o conceito de organização terrorista. Brasília: Presidência da República, 2016.

_____. *Lei n. 8.069, de 13 de julho de 1990*: Estatuto da Criança e do Adolescente. Brasília: Presidência da República, 1990.

BRASIL/Ministério Do Desenvolvimento Regional/Sistema Nacional de Informações sobre Saneamento (Snis). *Diagnóstico do Manejo de Resíduos Sólidos Urbanos, 2017*. Brasília: MDR/SNS, 2019.

BRECHT, B. *Antologia poética*. Rio de Janeiro: Edil, 1977.

BRUM, E. Prefácio: os loucos somos nós. In: ARBEX, D. *Holocausto brasileiro*. São Paulo: Geração, 2013, p. 12-15.

BURROWS, W. Winter read: The Castle by Franz Kafka. In: *The Guardian*, 2011 [Disponível em https://www.theguardian.com/books/2011/dec/22/franz-kafka-winter-reads].

CAMÕES, L.V.D. *Rimas*. Portugal: Vercial, 2010.

CARROLL, L. *As aventuras de Alice no País das Maravilhas & Através do espelho*. Tradução de Maria Luiza X. de A. Borges. Edição comentada e ilustrada. São Paulo: Zahar, 2013.

_____. *Alice no País das Maravilhas* [Alice's Adventures in Wonderland]. São Paulo: Scipione, 1865/1987.

CHOMSKY, N. Terrorisme, l'arme des puissants [conferência]. Trad. de Iraci D. Poleti. In: *Le Monde Diplomatique*, 18/10/2001 [Disponível em https://www.monde-diplomatique.fr/2001/12/CHOMSKY/8234 – Acesso em 06/11/2017].

Comissão da Verdade. Universidade de São Paulo, 2019 [Disponível em http://sites.usp.br/comissaodaverdade/ – Acesso em 2019].

COMISSÃO NACIONAL DA VERDADE (CNV). *Relatório*: mortos e desaparecidos políticos. Vol. III. Brasília: CNV, 2014, 1996 p.

CPDOC/FGV. *Instituto Nacional de Assistência Médica da Previdência Social (Inamps)*. FGV/CPDOC, 2009 [Disponível em http://www.fgv.br/cpdoc/acervo/dicionarios/verbete-tematico/instituto-nacional-de-assistencia-medica-da-previdencia-social-inamps].

DEBRAY, R. *Curso de Midiologia Geral*. Petrópolis: Vozes, 1993.

DELEUZE, G. *A imagem-tempo*. Trad. de Eloisa de Araujo Ribeiro. São Paulo: Brasiliense, 2005 [Cinema2].

_____. *Proust e os signos*. Trad. de Antonio Piquet e Roberto Machado. 2. ed. Rio de Janeiro: Forense Universitária, 2003.

_____. *Conversações*. Trad. de Peter Pál Pelbart. São Paulo: Ed. 34, 1992.

_____. *Diferença e repetição*. Trad. de Luiz Orlandi e Roberto Machado. Rio de Janeiro: Graal, 1988.

_____. *O ato de criação*. Trad. de José Marcos Macedo. São Paulo: Folha de São Paulo, 1987/1999.

_____. Image-Mouvement, Image-Temps: Bergson, Matière et Memóire. In: *Cours Vincennes*, 05/01/1981. St Denis [Disponível em https://www.webdeleuze.com/textes/70].

_____. *Nietzsche e a filosofia*. Trad. de Edmundo Fernandes Dias e Ruth Joffily Dias. Rio de Janeiro, 1976.

_____. *Lógica do sentido*. Trad. de Luiz Roberto Salinas Fortes. São Paulo: Perspectiva, 1974.

DELEUZE, G. & GUATTARI, F. *O anti-édipo* – Capitalismo e esquizofrenia 1. Trad. de Luiz B.L. Orlandi. São Paulo: Ed. 34, 2010.

_____. *Kafka*: por uma literatura menor. Trad. de Rafael Godinho. Lisboa: Minuit, 2003.

_____. *Mil platôs* – Capitalismo e esquizofrenia. Trad. de Aurélio Guerra Neto et al. Vol. 3. 5. ed. Rio de Janeiro: Ed. 34, 1996.

_____. *Mil platôs* – Capitalismo e esquizofrenia. Trad. de Aurélio Guerra Neto e Célia Pinto Costa. Vol. 1. Rio de Janeiro: Ed. 34, 1995.

DELEUZE, G. & PARNET, C. *Diálogos*. Trad. de Eloisa Araújo Ribeiro. São Paulo: Escuta, 1998.

DERRIDA, J. *Esporas*: os estilos de Nietzsche. Trad. de Rafael Haddock-Lobo e Carla Rodrigues. Rio de Janeiro: NAU, 2013.

_____. *Spurs*: Nietzsche's Styles. Trad. de Barbara Harlow. Chicago: University of Chicago Press, 1979.

Dicionário Etimológico – Etimologia e origem das palavras. São Paulo: 7Graus, 2018.

FLORES, V. *A imagem técnica e as suas crenças* – A confiança visual na era digital. Lisboa: Nova Vega, 2012.

_____. Teorias da imagem e inconsciente óptico. In: *Dicionário crítico de Arte, Imagem, Linguagem e Cultura*. Lisboa: Centro de Estudos de Comunicação e Linguagens, 2011 [Disponível em http://www.arte-coa.pt].

FOUCAULT, M. *Nascimento da biopolítica* – Curso dado no College de France (1978-1979). Trad. de Eduardo Brandão e Cláudia Berliner. São Paulo: Martins Fontes, 2008.

_____. *As palavras e as coisas* – Uma arqueologia das ciências humanas. Trad. de Salma Tannus Muchail. 8. ed. São Paulo: Martins Fontes, 1999.

_____. *A ordem do discurso*. Trad. de Laura Fraga de Almeida. São Paulo: Loyola, 1996.

_____. O sujeito e o poder. In: DREYFUS, H. & RABINOW, P. *Michel Foucault, uma trajetória filosófica*: para além do estruturalismo e da hermenêutica. Rio de Janeiro: Forense Universitária, 1995, p. 231-249.

_____. *História da sexualidade I*: A vontade de saber. Trad. de Maria Thereza da Costa Albuquerque e Guilhon Albuquerque. 13. ed. Rio de Janeiro: Graal, 1988.

_____. *Vigiar e punir*: nascimento da prisão. 27. ed. Petrópolis: Vozes, 1987.

_____. Introdução à vida não fascista. In: DELEUZE, D. & GUATTARI, F. *Anti-Oedipus*: Capitalism and Schizophrenia. Trad. de Wanderson Flor do Nascimento. Nova York: Viking Press, 1977, p. XI-XIV.

FREIRE, P. Dez anos da morte de Paulo Freire – Entrevista com Mário Sérgio Cortella. In: *Revista do Professor*, 2007, p. 1. São Paulo: Sinpro.

_____. O papel da educação na humanização. In: *Revista Paz e Terra*, Ano IV, n. 9, out./1969, p. 123-132.

_____. Papel da educação na humanização. In: *Revista da Faeeba*, n. 7, jan.-jun./1997, p. 9-17. Salvador.

_____. *Professora sim, tia não* – Cartas a quem ousa ensinar. São Paulo: Olho d'Água, 1997.

_____. *Pedagogia da autonomia* – Saberes necessários à prática educativa. 25. ed. São Paulo: Paz e Terra, 1996.

_____. *Cartas à Cristina*. Rio de Janeiro: Paz e Terra, 1994.

_____. *Pedagogia da esperança* – Um reencontro com a *Pedagogia do oprimido*. Rio de Janeiro: Paz e Terra, 1992.

_____. *Pedagogia do oprimido*. Rio de Janeiro: Paz e Terra, 1987.

_____. *Extensão ou comunicação?* 7. ed. Rio de Janeiro: Paz e Terra, 1983.

_____. *Educação e mudança*. Rio de Janeiro: Paz e Terra, 1981.

FREIRE, P. & GUMARÃES, S. *Sobre educação* – Vol. 2: Diálogos. Rio de Janeiro: Paz e Terra, 1984.

FREITAS NETO, A. As universidades e as ditaduras. In: *Jornal da Unicamp*, 16/04/2018 [Disponível em https://www.unicamp.br/unicamp/ju/artigos/jose-alves-de-freitas-neto/universidades-e-ditaduras].

GALEANO, E. *O livro dos abraços*. Trad. de Eric Nepomuceno. Porto Alegre: L&PM Pocket, 2015.

_____. *Espelhos* – Uma história quase universal. Porto Alegre: L&PM, 2008.

_____. *Nosotros decimos no:* crónicas (1963/1988). Madri: Siglo XXI, 1989.

GOOCH, A. No pós-verdades, apud LLORENTE & CUENCA *A era da Pós-verdade:* realidade *versus* percepção. In: *UNO*, março, 2017, p. 14-15. São Paulo.

GUATTARI, F. & ROLNIK, S. *Micropolítica:* cartografias do desejo. 4. ed. Petrópolis: Vozes, 1996.

INSTITUTO BRASILEIRO DE GEOGRAFIA E ESTATÍSTICA (IBGE). *Produto Interno Bruto dos Municípios* – Ipojuca (PE) 2607208. Rio de Janeiro: IBGE, 2015.

KING, M. Discurso de Martin Luther King. In: *Palmares.gov.br*, 28/08/1963 [Disponível em http://anoticia.clicrbs.com.br/sc/mundo/noticia/2013/08/confira-a-traducao-na-integra-do-discurso-feito-por-martin-luther-king-ha-50-anos-4248603.html – Acesso em 09/04/2018].

KUCINSKI, B. *Jornalistas e revolucionários:* nos tempos da imprensa alternativa. São Paulo: Eccentric Duo, 1991.

KUNDERA, M. *A insustentável leveza do ser*. Rio de Janeiro: Nova Fronteira, 1985.

LISPECTOR, C. *Perto do coração selvagem*. Rio de Janeiro: Rocco, 1998.

LOWENTHAL, D. *Como conhecemos o passado* – Projeto História, 17. São Paulo: Educ, 1981.

LUFT, E.V.D. *Die at the Right Time!* – A Subjective Cultural History of the American Sixties. [USA]: Gegensatz Press, 2009.

MARTÍ, J. *José Martí*: obras completas. Vol. 1. Edición crítica. Cuba/Argentina: Centro de Estudios Martianos/Consejo Latinoamericano de Ciencias Sociales, 2016.

MATTOS, P.A. Martin Luther King: uma obra inacabada. *Revista do Memorial da Amércia Latina*, n. 24, 2006, p. 1-9. São Paulo.

MATURANA, H. *Emoções e linguagem na educação e na política*. Trad. de José Fernando Campos Fortes. Belo Horizonte: UFMG, 2002.

_____. *Cognição, ciência e vida cotidiana*. Belo Horizonte: UFMG, 2001.

_____. Reflexões sobre o amor. In: MAGRO, C.; GRACIANO, M. & VAZ, N. *A ontologia da realidade*. Belo Horizonte: UFMG, 1997.

MAUAD, A.M. Como nascem as imagens? Um estudo de história visual. In: *História*: Questões & Debates, 61, jul.-dez./2014, p. 105-132. Curitiba [Disponível em http://revistas.ufpr.br/historia/article/viewFile/39008/23769 – Acesso em 09/10/2017].

MELLO, T.D. *Faz escuro mas eu canto*: porque a manhã vai chegar. Santiago do Chile: Global, 1964 [Os estatutos do homem: ato institucional permanente].

Memórias da Ditadura – Frei Tito Alencar, s.d. [Disponível em http://memoriasdaditadura.org.br/biografias-da-resistencia/frei-tito-de-alencar-lima/index.html – Acesso em 2019].

Memórias da Ditadura – Sérgio Fernando Paranhos Fleury. *Memórias da Ditadura*, s.d. [Disponível em http://memoriasdaditadura.org.br/biografias-da-ditadura/delegado-fleury/ – Acesso em 2019].

MENDES CHAVES, D.G. Minorias e seu estudo no Brasil. *Revista de Ciências Sociais*, 1, n. 1, 1970, p. 149-168. Fortaleza.

MEYER, P. *O olho e o cérebro* – Biofilosofia da percepção visual. São Paulo: Unesp, 2002.

MICHAELIS. *Moderno Dicionário da Língua Portuguesa*. São Paulo: Melhoramentos, 2011.

MONDZAIN, M.-J. *Le commerce des regards*. Paris: Du Seuil, 2003.

ORGANIZAÇÃO DAS NAÇÕES UNIDAS (ONU). *Declaração Universal dos Direitos Humanos*. Rio de Janeiro: Unic, 1948/2009 [Disponível em http://www.onu.org.br/img/2014/09/DUDH.pdf – Acesso em 15/01/2018].

_____. *Declaração dos Direitos da Criança* – Resolução da Assembleia Geral, 1386 [20 de novembro de 1959].

ORGANIZAÇÃO MUNDIAL DA SAÚDE (OMS). *Eliminação da mutilação genital feminina* – Declaração conjunta: OHCHR, Unaids, UNDP, Uneca, Unesco, Unfpa, Acnur, Unicef, Unifem, OMS. Trad. de João Conceição da Silva. Genebra: Organização Mundial da Saúde, 2009.

ORRÚ, S.E. *O re-inventar da inclusão*: os desafios da diferença no processo de ensinar e aprender. Petrópolis: Vozes, 2017.

ORWELL, G. *1984*. Trad. de Alexandre Hubner e Heloísa Jahn. São Paulo: Companhia das Letras, 2005.

OXFAM. Documento informativo da Oxfam. In: *Oxfam.org.br*, jan./2017 [Disponível em https://www.oxfam.org.br/sites/default/files/economia_para_99-relatorio_completo.pdf – Acesso em 18/10/2017].

PARNET, C. & DELEUZE, G. *O abecedário de Gilles Deleuze*. Paris: Montparnasse, 1988 [Disponível em https://www.youtube.com/watch?v=vvSptvuiMGU – Acesso em 05/03/2018].

PERRAULT, A. Facilitating prior informed consent in the context of genetic resources and tradicional knowledge. In: *Sustainable Development Law & Policy* –"SDCP", 4, 2004, p. 21-26. Washington.

PIERUCCI, A. *Ciladas da diferença*. São Paulo: Ed. 34, 1999.

PINTO, V.B.N. História e imagem, metamorfoses. In: *Comunicação & Educação*, 10, set.-dez 1997, p. 15-23. São Paulo [Disponível em http://revistas.univerciencia.org/index.php/comeduc/article/viewFile/4364/4074 – Acesso em 05/10/2017].

PLATÃO. *A república*. Trad. de Carlos Alberto Nunes. São Paulo: Edufpa, 2000.

POMAR, P.E.D.R. *Massacre na Lapa* – Como o Exército liquidou o Comitê Central do PCdoB. 3. ed. São Paulo: Abramo, 2006.

POULET, G. *O espaço proustiano*. Rio de Janeiro: Imago, 1992.

PROUST, M. *Em busca do tempo perdido* – O tempo recuperado. Vol. 7. 10. ed. São Paulo: Globo, 1992.

RODRÍGUEZ, S. Solo el amor. In: *Cancioneros*, 1978. Cuba [Disponível em https://www.cancioneros.com/nc/1404/0/solo-el-amor-silvio-rodriguez].

ROSA, J.G. *Grande sertão*: veredas. São Paulo: Nova Aguilar, 1994.

ROSALES, F. Pós-verdade, uma nova forma da mentira. In: LLORENTE & CUENCA. A era da pós-verdade: realidade *versus* percepção. In: *UNO*, 2017, p. 49-50. São Paulo.

SANTOS, R. Baratária [conto]. In: *Literatura Exposta*, 2016 [Disponível em http://literaturaexposta.com.br/literaturas/barataria/ – Acesso em 20/01/2019].

SIGMUND FREUD ASSOCIAÇÃO PSICANALÍTICA (org.). *Clínicas do testemunho*: reparação psíquica e construção de memórias. Porto Alegre: Criação Humana, 2014.

SILVA, J.L.D. et al. Vitimização por *bullying* em estudantes brasileiros: resultados da pesquisa nacional de saúde do escolar (Pense). In: *Texto contexto* – Enferm., 09/08/2018. p. 1-10. Florianópolis.

SOARES, L.R. O Quilombo Mel da Pedreira – Macapá, AP: territorialidade e dinâmica socioespacial. In: *Planeta Amazônia* – Revista Internacional de Direito Ambiental e Políticas Públicas, n. 6, 2014. Macapá.

TELES, E. & SAFATLE, V. (org.). *O que resta da ditadura*: a exceção brasileira. São Paulo: Boitempo, 2010.

TESSER, C.D. et al. Violência obstétrica e prevenção quaternária: o que é e o que fazer. In: Rev.*Bras. Med. Fam. Comunidade*, 35, 2015, p. 1-12. Rio de Janeiro [Disponível em http://dx.doi.org/10.5712/rbmfc10(35)1013].

Torre das donzelas. Direção: Susanna Lira. Produção: Lívia Nunes. Intérprete: Dilma Roussef. [s.l.]: Canal GNT/Canal Brasil, 2018.

TZU, S. *A arte da guerra*. Trad. de Sueli Barros Cassal. Porto Alegre: L&PM, 2006.

UBES (União Brasileira dos Estudantes Secundaristas). UBES divulga lista de escolas ocupadas e pautas das mobilizações. In: *Ubes*, 28/10/2016 [Disponível em http://ubes.org.br/2016/ubes-divulga-lista-de-escolas-ocupadas-e-pautas-das-mobilizacoes/].

UNITED STATES HOLOCAUST MEMORIAL MUSEUM. Cronologia da negação do Holocausto. In: *Enciclopédia do Holocausto*, 2018. Washington, DC [Disponível em https://www.ushmm.org/ – Acesso em 13/03/2018].

VALÉRY, P. Del'historie. In: *Regards sur lê monde actuel*: Ouveres II. Paris: Bibliothèque de la Plêiade, 1960.

ZARZALEJOS, J.A. Comunicação, jornalismo e "fact-checking". In: LLORENTE & CUENCA. A era da pós-verdade: realidade *versus* percepção. In: *UNO*, março, 2017. p. 11-13. São Paulo.

CULTURAL
Administração
Antropologia
Biografias
Comunicação
Dinâmicas e Jogos
Ecologia e Meio Ambiente
Educação e Pedagogia
Filosofia
História
Letras e Literatura
Obras de referência
Política
Psicologia
Saúde e Nutrição
Serviço Social e Trabalho
Sociologia

CATEQUÉTICO PASTORAL
Catequese
  Geral
  Crisma
  Primeira Eucaristia

Pastoral
  Geral
  Sacramental
  Familiar
  Social
  Ensino Religioso Escolar

TEOLÓGICO ESPIRITUAL
Biografias
Devocionários
Espiritualidade e Mística
Espiritualidade Mariana
Franciscanismo
Autoconhecimento
Liturgia
Obras de referência
Sagrada Escritura e Livros Apócrifos

Teologia
  Bíblica
  Histórica
  Prática
  Sistemática

REVISTAS
Concilium
Estudos Bíblicos
Grande Sinal
REB (Revista Eclesiástica Brasileira)

VOZES NOBILIS
Uma linha editorial especial, com importantes autores, alto valor agregado e qualidade superior.

PRODUTOS SAZONAIS
Folhinha do Sagrado Coração de Jesus
Calendário de mesa do Sagrado Coração de Jesus
Agenda do Sagrado Coração de Jesus
Almanaque Santo Antônio
Agendinha
Diário Vozes
Meditações para o dia a dia
Encontro diário com Deus
Guia Litúrgico

VOZES DE BOLSO
Obras clássicas de Ciências Humanas em formato de bolso.

CADASTRE-SE
www.vozes.com.br

EDITORA VOZES LTDA.
Rua Frei Luís, 100 – Centro – Cep 25689-900 – Petrópolis, RJ
Tel.: (24) 2233-9000 – Fax: (24) 2231-4676 – E-mail: vendas@vozes.com.br

UNIDADES NO BRASIL: Belo Horizonte, MG – Brasília, DF – Campinas, SP – Cuiabá, MT
Curitiba, PR – Fortaleza, CE – Goiânia, GO – Juiz de Fora, MG
Manaus, AM – Petrópolis, RJ – Porto Alegre, RS – Recife, PE – Rio de Janeiro, RJ
Salvador, BA – São Paulo, SP